超级面试官

刘向明 著

化学工业出版社
·北京·

图书在版编目（CIP）数据

超级面试官/刘向明著. —北京：化学工业出版社，
2019.10（2024.7重印）
ISBN 978-7-122-34987-3

Ⅰ.①超… Ⅱ.①刘… Ⅲ.①企业管理－招聘
Ⅳ.① F272.92

中国版本图书馆 CIP 数据核字（2019）第 165560 号

责任编辑：罗　琨
责任校对：王鹏飞　　　　　　　　　　装帧设计：韩　飞

出版发行：化学工业出版社（北京市东城区青年湖南街 13 号　邮政编码 100011）
印　　装：三河市双峰印刷装订有限公司
710mm×1000mm　1/16　印张 16¼　字数 215 千字
2024 年 7 月北京第 1 版 第 6 次印刷

购书咨询：010-64518888　　　　　　售后服务：010-64518899
网　　址：http://www.cip.com.cn
凡购买本书，如有缺损质量问题，本社销售中心负责调换。

定　　价：49.80 元　　　　　　　　　　　　　　　版权所有　违者必究

前　言

时间，是面试官的最大挑战。如果我有机会和猪八戒做同事，共事3个月之后，我肯定知道猪八戒懒。但是，在面试当中，我只能用5分钟时间，去判断前来应聘的"猪八戒"，他懒不懒。5分钟判断一个特质，这是面试官的最大挑战。

为了应对挑战，我设计了一个"四维面试框架"，借助这个框架，能快速识别候选人的特质、能力。

四维面试框架，是以事为本的框架。从事的角度看，每一项任务都包括四种活动：计划、执行、合作、责任。例如，三国时，蜀国北伐魏国。这项任务先要精心规划，这是计划；诸葛亮按计划六出祁山，这是执行；北伐要获得蜀国军民的支持，这是合作；第一次北伐不成功，诸葛亮自降三级，这是责任。用面试框架来分析北伐这件事，它是高计划、高执行、高合作、高责任的任务。

四维面试框架，也是以人为本的构架。人的特质和能力，可以按四个维度来归类：计划性、执行力、合作性、责任心。用面试框架来分析诸葛亮，他的计划性、执行力、合作性和责任心都很强，所以，他能领导蜀国的北伐。

计划、执行、合作、责任，它们是工作任务中的四种活动；同时，计划性、执行力、合作性、责任心，它们是工作者素质的四个维度。四维面试框架，像一个桥，把工作和工作者联系到了一起。在面试之前，面试官可以用这个框架去分析工作，例如，唐僧师徒上西天取经，这是高计划、高执行、高合作、高责任的任务。然后，再用框架去分析工作者，唐僧有高合作、高责任的特质；孙悟空有高计划、高执行的能力，他们两人的特质能力，是取经成功的必要条件。

本书分四章，分别是计划、执行、合作、责任。每章对应着特质能力中的一个维度。每一章都有四篇文章，分别介绍特质能力的四个层级。为了方便理解，我为每个维度、每个层级的特质能力，找了一个代表人物，例如，以猪八戒代表部分执行，以孙悟空代表团队执行。

书中介绍的特质和能力，都可以在面试中测试，本书介绍了特质能力的测试方法。按本书介绍的方法，不需要和"猪八戒"共事3个月，只需要做5分钟的测试，就能识别出"猪八戒"的懒。

目 录

第1章 岗位计划：计划性的四层级

- 1.1 ◆ 部分计划：马谡为何守不住街亭 // 04
- 1.2 ◆ 个人计划：君子要怎样追求淑女 // 19
- 1.3 ◆ 团队计划：韩信为什么每战必胜 // 34
- 1.4 ◆ 组织计划：诸葛亮为何足智多谋 // 50

第2章 岗位执行：执行力的四层级

- 2.1 ◆ 部分执行：猪八戒为什么要偷懒 // 68
- 2.2 ◆ 个人执行：华佗为什么是发明家 // 83
- 2.3 ◆ 团队执行：孙悟空怎样领导团队 // 98
- 2.4 ◆ 组织执行：秦军为什么有战斗力 // 114

第3章 岗位合作:合作性的四层级

- ◆ 3.1 ◆ 部分合作:王后为什么和人比美 // 132
- ◆ 3.2 ◆ 个人合作:蒙娜丽莎有什么魅力 // 147
- ◆ 3.3 ◆ 团队合作:刘邦靠什么凝聚团队 // 162
- ◆ 3.4 ◆ 组织合作:孔子如何治国平天下 // 177

第4章 岗位责任:责任心的四层级

- ◆ 4.1 ◆ 部分责任:贾瑞有哪些个性缺陷 // 196
- ◆ 4.2 ◆ 个人责任:淳于意为什么写病历 // 211
- ◆ 4.3 ◆ 团队责任:曾国藩怎样重塑军队 // 226
- ◆ 4.4 ◆ 组织责任:吕不韦戈上为何留名 // 241

附录 定义汇总

第 1 章

岗位计划：计划性的四层级

不同岗位，对计划性有不同的要求：有些岗位，工作者不需要制订计划，或者只需要制订部分计划，这类岗位，对个人计划性的要求最低，这种程度的要求，是计划性要求的第一级；有些岗位，工作者要制订全部计划，这是计划性要求的第二级；有些岗位，工作者要为团队制订计划，或者，要为组织制订计划，这是计划性要求的第三级和第四级。

本章依次介绍个人计划性的四个层级，详见下表。

	1.1 部分计划	1.2 个人计划	1.3 团队计划	1.4 组织计划	层级
1 计划	困惑失察 断言推理 线性假设	长段思考 层面意识 进程优选	原理解析 性状提取 升维规划	多元视角 原则立场 概率估算	特质 能力
	马谡	君子	韩信	诸葛亮	代表

1.1　部分计划：马谡为何守不住街亭

本节介绍三个特质，**困惑失察、断言推理、线性假设**，这三个特质会妨碍计划能力。需要为工作制订计划的岗位，招聘的时候，要做一轮专门的面试，以确认候选人没有这三个特质。下文是这些特质的详细介绍，为了方便表述，我选择三国时期，蜀国阵营中的马谡，来代表这些特质。

刘备不看好马谡，在《三国志·蜀书》中，有这样的记载，"先主临薨谓亮曰：'马谡言过其实，不可大用，君其察之。'"

刘备这句话，不像他的风格，刘备看人总看优点，而且不说别人的坏话。《三国演义》的第二十一回（曹操煮酒论英雄，关公赚城斩车冑）中，曹操请刘备喝酒赏梅，并问刘备，谁是英雄。刘备说袁绍，"四世三公，门多故吏，今虎踞冀州之地，部下能事者极多，可为英雄？"曹操说袁绍，"色厉胆薄，好谋无断，干大事而惜身，见小利而忘命，非英雄也。"刘备说刘表、孙策、刘璋是英雄，曹操则说他们是虚名无实，不算英雄。刘备再说张绣、张鲁、韩遂，曹操说他们都是"碌碌小人，何足挂齿"。在刘备看来，人人都是英雄；在曹操看来，只有曹操自己是英雄。为了给刘备面子，曹操先用手指一指刘备，再指着自己说："今天下英雄，惟使君与操耳！"刘备以为曹操是认真的，吓得手一抖，筷子都掉到了地上。

不说人坏话的刘备，在临终前，说了他儿子刘禅的坏话。刘备对诸葛亮说："若嗣子可辅，则辅之；如其不才，君可自为成都之主。"刘备知道刘禅不行，没有诸葛亮辅佐，刘禅撑不起蜀国。刘备还说了马谡的坏话，说他"言过其实"，这是说马谡对不知道的事也敢发表观点，这样的人不能担当大事。

刘备看人很准，关羽、张飞都不是武将出身，刘备能看到他们的能力。徐庶、庞统、诸葛亮、法正，愿意跟随刘备，因为刘备能看到他们的才华。刘备看人也很客观，他知道儿子刘禅"不才"。对有才能的人，刘备都很尊重。但刘备不欣赏马谡，说他不可大用。马谡大意失街亭，证明刘备对马谡的判断是正确的。如果从心理角度去分析马谡，他有三个妨碍思维的特质，即困惑失察、断言推理、线性假设。

需要制订计划的岗位，面试要筛查的第一个特质是**困惑失察**。其定义如下：**对认知盲点的习惯性忽视**。

在《三国演义》第二十一回里，曹操和刘备煮酒论英雄，"酒至半酣，忽阴云漠漠，骤雨将至。从人遥指天外龙挂，操与玄德凭栏观之。"这一句中的"龙挂"，即龙卷风。曹操指着龙卷风问刘备："使君知龙之变化否？"玄德曰："未知其详。"操曰："龙能大能小、能升能隐……龙之为物，可比世之英雄。玄德久历四方，必知当世英雄。请试指言之。玄德曰："备肉眼安识英雄？"

在上面的对话里，曹操问刘备，了解龙吗？刘备说不了解；曹操再问刘备，知道谁是英雄吗？刘备说不知道。刘备有个习惯，对自己不知道的事情，就明白地说不知道。在第三十五回里，刘备拜访水镜先生，水镜曰："岂不闻孔子云：'十室之邑'必有忠信，何谓无人？"玄德曰："备愚昧不识，愿赐指教。"……水镜曰："伏龙、凤雏，两人得一，可安天下。"玄德曰："伏龙、凤雏何人也？"

不论是在曹操面前，还是在水镜面前，刘备对自己不知道的事，就坦然地说不知道。马谡不一样，他不知道自己不知道，不知道的事，马谡也以为自己知道。马谡的这种状态，就是刘备说的"言过其实"。

在《三国演义》第九十五回里（马谡拒谏失街亭，武侯弹琴退仲达），司马懿引兵二十万，从长安出发，准备进攻蜀军。听到探报，诸葛亮大惊曰："……今司马懿出关，必取街亭，断吾咽喉之路。"便问："谁敢引兵去守街亭？"语未毕，参军马谡曰："某愿往。"诸葛亮说："街亭虽小，干系甚重。倘街亭有失，吾大军休矣。汝虽深通谋略，此地奈无城郭，又无险阻，守之极难。"马谡曰："某自幼熟读兵书，颇知兵法。岂一街亭不能守耶？"

在上一段对话中，马谡转移了话题。诸葛亮说，街亭很重要，也很难守。如果马谡正面回应，他应该说他知道街亭重要，它是蜀军运送粮食的唯一通道，也是蜀军从关中退回汉中的唯一通道。然后，他应该说，他知道街亭难守；街亭是一个路口，没有地势依据。最后，他应该说，他有守街亭的计划，他会垒石墙、挖堑壕，建立一个易守难攻的据点。在与诸葛亮的对话当中，马谡转移了话题，说他自幼熟读兵书，怎么会守不住一个街亭。这好比诸葛亮说，今天这顿饭不容易做，而马谡说他从小看菜谱，怎么会做不好一顿饭。他们两人说的话，不是同一个话题。马谡这样说话，因为他没有想过，街亭为什么重要，如何才能守住街亭，但他又急于立功，就言过其实地说，"岂一街亭不能守耶？"

诸葛亮接着说："司马懿非等闲之辈，更有先锋张郃，乃魏之名将，恐汝不能敌之。"马谡曰："休道司马懿、张郃，便是曹睿亲来，有何惧哉……"

在这一段对话中，马谡再次转移了话题。诸葛亮说，司马懿、张郃都不好对付。如果马谡不转移话题，他应该说，他知道司马懿有谋略，也知道张郃善战，所以他准备垒高墙、挖深沟，把据点修扎实，再多储粮草、多备弓箭，坚守据点，避免正面交战，让司马懿的谋略，和张郃战斗力发挥不了作用。但在对话中，马谡又一次转移了话题，怎么对付司马懿和张郃，他想都没想，他再一次言过其实地说，"有何惧哉！"

在上面的两段对话中，马谡对自己不知道的事情，都巧妙地转移了话题，让诸葛亮觉察不到他不知道。面对未知，人们通常会有困惑感，而马谡不一样，面对未知时，他不但不困惑，还会表现出一种了然于胸的自信。这个独特的习惯，会导致他不知道自己不知道，马谡的这个习惯，叫作困惑失察。

在公司里，需要制订计划的工作，具体的工作者不能有困惑失察特质，因为困惑失察会让人盲目乐观，他们制订的计划，也会盲目乐观。

困惑失察的直接后果，是对困惑不敏感。人一旦对困惑不敏感，思考就容易出问题，因为困惑是思考的开关。人的行为，都以某种感觉为开关。例如，人先感到饿，然后去吃饭；先感到渴，然后去喝水，饥渴是吃喝行为的开关。思考也需要开头，思考的开关是困惑。人有困惑才思考，就像口渴才喝水一样。没有困惑的人，自然不会思考。聪明人犯低级错误，不是聪明人没有思考能力，而是他们没有思考。马谡是聪明人，诸葛亮评价马谡是"当世之英才"。但马谡的困惑感有问题，这使得他时常不思考。刘备说马谡"言过其实"，是说他什么都敢说，对自己不明白事情，也敢于"言过其实"地评说。

在公司里，困惑失察的人，不能给别人制订计划，也不能给自己制订计划。在《三国演义》第九十五回里，马谡对诸葛亮说："便是曹睿亲来，有何惧哉！若有差失，乞斩全家。"诸葛亮说："军中无戏言。"马谡曰："愿立军令状。"诸葛亮从之，马谡遂写了军令状呈上。马谡不知道如何守住街亭，他不去思考司马懿和张郃会怎样进攻。在全然无知的情况下，马谡就赌上全家人的性命，这不是他胸有成竹，而是他不知道自己不知道。

困惑失察的人，分不清思考和回忆。人在没有困惑的情况下，所做的"思考"其实是回忆。困惑之下的思考，才是真正的思考。

回忆和思考不同，回忆不能举一反三。只回忆、不思考的人，会把记忆中的知识片段当成全部的知识，这会导致他们把主观想法，视为理所当然。在刘向编写的《新序·杂事》中，记载了一个"叶公好龙"的故事。"叶公子高好龙，钩以写龙，凿以写龙，屋室雕文以写龙。于是天龙闻而下之，窥头于牖，施尾于堂。叶公见之，弃而还走，失其魂魄，五色无主。是叶公非好龙也，好夫似龙而非龙者也。"

叶公认为自己喜欢龙，这是他的主观想法，但叶公对龙的了解，仅限于他脑子里的主观知识。假如叶公能举一反三，他可以根据人际交往的经验，去假想他和龙的交往，通过假想，叶公会知道，他不一定喜欢真龙，因为龙的脾气秉性、行为习惯他都不了解。叶公不知道自己不了解龙，他凭主观知识和主观感觉，去喜欢他想象中的龙。

困惑失察，让不了解龙的叶公，自认为很了解龙。在现代公司里，一些不了解战略的高层经理，因为困惑失察，自认为很了解战略。在失败的商业案例中，经常能见到个人的困惑失察。1978年，福特汽车公司的总经理艾科卡，被董事会开除。同年，艾科卡以1美元的年薪担任克莱斯勒公司的CEO（注：首席执行官）。当时克莱斯勒公司濒于破产，艾科卡上任之后，他凭主观经验，先压缩成本，再开发新车型，带领公司取得节节胜利。到1985年，克莱斯勒成为全球第五大汽车公司。从那之后，艾科卡就像换了一个人，连续作出错误决策，深究失误的原因，根源是困惑失察。艾科卡对困惑不敏感，只对生死压力敏感，一旦摆脱了生死压力，他就失去了方向。因为艾科卡的决策失误，已经崛起的克莱斯勒，再次濒于破产，最终被并购。

困惑失察，是客观思维的障碍，需要制订计划的工作，招聘面试时要筛查困惑失察，因为它是经历塑造的特质，比较难改变。假如马谡小时候，看着桌上的橘子，他问大人那是什么，大人说是橘子。小马谡再问，什么是橘子，大人说橘子就是橘子，小孩子不准胡搅蛮缠。这样的经历不断重复，小马谡就产生了这样一个信念，有困惑是胡搅蛮缠。于是他模仿大人的样子，一遇到困惑，就转移思考方向，这样就能消除困惑。当这种行为变成了下意识的习惯，小马谡对困惑会变得麻木，这便是困惑失察。

如果马谡要改变困惑失察：首先，他需要承认自己的困惑失察；然后，他需要教练辅导，练习如何面对困惑、表达困惑。经过长期的练习，马谡能从困惑失察中走出来。如果企业不具备辅导条件，就应该在面试中筛查困惑失察。此外，另一个妨碍思维的特质，也需要在面试中筛查，那个特质是断言推理。

需要制订计划的岗位，面试要筛查的第二个特质是**断言推理**。其定义如下：**基于陈述性结论的推理**。

在《三国演义》第九十五回里，马谡和副将王平，带领二万五千精兵到了街亭，他们先查去看地势。看到路侧面有一座山，马谡曰："……此处侧边一山，四面皆不相连，且树木极广，此乃天赐之险也；可就山上屯军。"王平曰："参写差矣。若屯兵当道，筑起城垣，贼兵总有十万，不能偷过。今若弃此要路，屯兵山上，倘魏兵骤至，四面围定，将何策保之？"

马谡见路侧面有一座孤山，他觉得可以在山上屯兵。王平提议在大路边筑高墙，凭借工事，二万五千精兵可以抵御十万敌军。同时，王平不同意在孤山上屯兵，他认为如果魏兵把孤山包围，街亭就很难守住。

马谡大笑曰："汝真女子之见！兵法云，'凭高视下，势如劈竹'。若魏兵到来，吾教他片甲不回！"王平曰："……今观此山，乃绝地也。若魏兵断我汲水之道，军士不战自乱矣。"马谡曰："汝莫乱道！孙子云：'置之死地而后生。'若魏兵绝我汲水之道，蜀兵岂不死战？以一可当百也。吾素读兵书，丞相诸事尚问于我，汝奈何相阻耶！"

上面的对话，反映了马谡和王平的思维差异。马谡想在孤山上屯兵，他做决策的两个依据都来自兵书，一是"凭高视下，势如劈竹"，二是"置之死地而后生"。王平反对在孤山上屯兵，理由都来自对实战的推演，万一孤山被魏军包围，很难突围；万一取水的道路被魏军阻截，人马饮水会成大问题。

像马谡那样，不根据真实情景，而只是根据兵法上的教条来进行判断推理，这种思维方式，叫作断言推理。

断言推理中的"断言"，指一个陈述性的结论。例如，"今天星期三"，这句话是一个陈述性的结论，它就是一个断言。一切结论都是有条件。"今天星期三"，这个结论也是有条件，把条件说出来，这句话要这样说，"按照一周七天的星期制度，今天是星期三"。这样说话很麻烦，为了方便，人们在说话的时候，会省略彼此知道的默认条件，直接说"今天星期三"。在兵书上，"置之死地而后生"这句话是一个结论，这个结论也有条件。而马谡忽略了它的条件，并把它当成一个定律来指导下一步行动，像马谡这样的判断推理，就是断言推理。

街亭失守之后，诸葛亮唤王平进帐，责之曰："吾令汝同马谡守街亭，汝何不谏之，致使失事？"王平曰："某再三相劝，要在当道筑土城，安营守把。参军大怒不从，某因此自引五千军离山十里下寨。魏兵骤至，把山四面围合，某引兵冲杀十余次，皆不能入。次日土崩瓦解，降者无数……非某之不谏也，丞相不信，可问各部将校。"

诸葛亮责备王平，马谡要在孤山上屯兵，这么明显的错误，王平为什么不劝马谡。王平说他再三相劝，但马谡不听，还威胁要治王平的罪。王平怕诸葛亮不信，让诸葛亮去问一问其他军士。

王平担心诸葛亮不信，这个担心有道理，因为马谡所犯的错误违背常识，王平说服马谡，用常识就能说服。而王平确实是用常识在说服马谡，例如，他说山上屯兵，没有水源，士兵和马匹如果不喝水，会体力衰竭，如果作战紧张出汗，没有水，体力会更加衰竭，所以，在没有水源的山上，士兵的战斗力不会以一当百，而恰恰相反，军队会迅速土崩瓦解。

马谡不听王平的劝告，因为断言推理的依据不是逻辑性，而是权威性。马谡在山上屯兵，因为兵法有云"凭高视下，势如破竹"，在马谡心中，兵法比王平权威。而且，置之死地而后生，这是兵法大师孙子说的，孙子的权威性远胜过王平。如果王平想说服马谡，就要找出比孙子更权威的兵法大师，用权威大师的断言，去否定"置之死地而后生"，这样才能说服马谡。王平试图用逻辑性去说服马谡，而马谡只相信权威性，对于王平的逻辑性，马谡觉得是胡搅蛮缠。

在公司里，需要制订计划的工作，工作者不能有断言推理特质，因为断言推理会妨碍逻辑思维。

马谡不根据实情制订计划，也不被常识和逻辑说服，要等计划彻底失败，他才会得到一个惨痛的教训。探索性和创新性的工作，更加不适合断言推理特质的马谡，因为他会根据权威教条去做判断，这会让探索脱离现实。

公元 8 年，王莽推行改革，他的改革就脱离了现实，因为他的改革依据，是上古圣人的治国之道。《汉书·王莽传》记载，莽曰："古者，设庐井八家，一夫一妇田百亩，什一而税，则国给民富而颂声作……秦为无道，厚赋税以自供奉，罢民力以极欲，坏圣制废井田，是以兼并起，贪鄙生，强者规田以千数，弱者曾无立锥之居。"

王莽说，上古时代，八户人家共同耕作一片井田，一对夫妇耕作一百亩，夫妇按土地产出的十分之一交税，这样就能够国家丰裕、百姓富足。秦朝为政不遵循大道，他们废除了井田制，民间因此出现了土地兼并，人们也变得贪婪而卑鄙。因为兼并和贪婪，强者占田上千亩，弱者没有立锥之地。

为了让人人有地种，王莽重新推行井田制，不允许买卖土地。改革之后，经济全面恶化。因为王莽的改革改错了地方。土地兼并的问题根源，是税收不合理。汉朝税收主要是人头税，不论有没有田产，百姓每年要按人头交税，算赋、更赋、平赋等，一年大约交 300 钱。对穷人而言，这个税收太重；对富人而言，税收又太轻。汉朝的税收是劫贫济富，让穷人越来越穷，富人越来越富。汉朝初年，生产靠自耕农，遇到灾年，自耕农没钱交税，只好把土地和人身自由，都卖给豪强地主。穷人卖身为奴，是为了避免牢狱之灾，也能避免人头税。这就导致自耕农的人数减少，朝廷能收到的人头税也因此减少。

西汉末年，天灾人祸频繁，土地兼并和奴婢买卖愈演愈烈。正确的改革，是把人头税改成资产税,但是,王莽和马谡一样,相信权威的断言,不相信常识和逻辑。所以,王莽也和马谡一样,很难被说服,等计划彻底失败,王莽才得到一个惨痛的教训。

断言推理,会妨碍逻辑推理。需要制订计划的岗位,招聘面试要筛查断言推理,因为它是童年经历塑造的,比较难改变。假如童年的马谡向大人提问,为什么二三得六?大人说,因为乘法表上写着二三得六,所以二三得六。长期接受这种教育,小马谡就开始相信,权威观点就是客观规律。马谡这个观念保持到成年,就是断言推理。

如果一个小孩子问爸爸,为什么二三得六?爸爸让孩子从水果篮里拿出两个橘子,左右手各拿一个,然后把两个橘子都放在桌上,像这样放三次,再看桌上有几个橘子。孩子照着做,他先放两个橘子在桌上,接着再放两个,又放两个,然后一个一个地数过去,1、2、3、4、5、6,数完之后,孩子说是6个。此时,爸爸告诉孩子,这就是乘法口诀中的"二三得六"。这样解释"二三得六",孩子就知道了,每一个客观规律,都有真实的推导过程。这个孩子长大后,看到"置之死地而后生",他就会想,孙子这句话的推导过程是什么,像这样思考,就是逻辑推理能力。

断言推理的马谡,如果想摆脱断言推理,他先要自觉,知道自己有断言推理,然后需要教练辅导,教练让马谡把最权威的原理拿出来,然后引导马谡,去发现这个原理的前提条件,经过长期这样的辅导,马谡能摆脱断言推理。如果公司不具备辅导条件,就应该在面试中筛查断言推理。此外,另一个妨碍思维的特质,也需要在面试中筛查,那个特质是线性假设。

需要制订计划的岗位,面试要筛查的第三个特质是**线性假设**。其定义如下:**主观假设的线性延伸。**

在失守街亭之前,马谡坚信自己会立下大功,理由是"置之死地而后生"。马谡相信权威教条,并按教条安排战略。听说司马懿大军逼近,马谡主动提出守街亭，这是他第一次把自己置于死地；马谡立下军令状，这是第二次把自己置于死地；他在孤山上屯兵，这是第三次把自己置于死地，也把两万五千名士兵置于死地。如此坚决地置于死地，马谡相信，他自己能立下奇功，"若魏兵到来，吾教他片甲不回"。

王平苦劝马谡，在路边下寨，马谡不同意，王平曰："若参军欲在山上下寨，可分兵与我，自于山西下一小寨，为掎角之势。倘魏兵至，可以相应。"……马谡曰："汝既不听吾令，与汝五千兵自去下寨。待吾破了魏兵，到丞相面前须分不得功！"

王平提出分兵下寨，是希望马谡万一被困时，他可以来援救。而马谡觉得，王平分兵下寨也好，免得王平来分他的功劳。在和王平对话时，马谡的思维像在隧道里，他只能看到隧道口的光，那光就是马谡想象中的奇功。那个奇功来源于一系列"死地而后生"的主观假设。马谡从一连串主观假设中，而得出一厢情愿的理想结果，这种自娱自乐式的主观分析，叫作线性假设。

线性假设，是忽视多种可能性，只沿着一种可能性作推测。打个比方，假如某人捡到一个鸡蛋，他就沿着这个鸡蛋往下想，如果蛋生鸡、鸡生蛋，蛋又生鸡、鸡又生蛋，如此循环，他就会成为大富翁。这个"蛋生鸡、鸡生蛋"的发财梦，就是线性假设。

和线性假设不一样的假设，叫作树状假设，即把各种可能性都排出来，沿着多种可能性往下延伸，得出一个树状图，然后再看树状图上每个分岔的概率。

以"蛋生鸡、鸡生蛋"为例，树状假设是这样的假设。某人捡到一个鸡蛋，他想，第一步"蛋生鸡"，有3个分支，分支1，蛋是坏蛋；分支2，好蛋，没孵出小鸡；分支3，好蛋，孵了小鸡。第二步"鸡生蛋"，有4个分支，分支1，小鸡是公鸡；分支2，母鸡，但没长大；分支3，母鸡长大了，但不会下蛋；分支4，母鸡会下蛋。按这个步骤连续推算下去，从一个鸡蛋推算到大富翁，概率接近于零，所以，"蛋生鸡、鸡生蛋"的发财梦没有意义。像这样，把众多可能性都列出来，再按照概率进行决策，这样的思考方式，就是树状假设。树状假设的人，头脑开放，能看到各种可能。线性假设的人，会钻到牛角尖里。马谡就钻到了牛角尖里，他到了街亭，一眼就看中了那一座孤山，因为那是"蛋生鸡、鸡生蛋"的线性假设上，不可缺少的一环。

在公司里，需要制订计划的工作，工作者不能有线性假设特质，因为线性假设会误导分析，让计划失去理性的分析基础。

马谡守街亭，完全可以在路边下寨，这样下寨，就算被司马懿的大军包围，也可以从容抵抗，等待救援。但是，为了实现"蛋生鸡、鸡生蛋"的小概率胜利，马谡偏要冒无谓的风险。

在公司里，线性假设也有价值，边缘市场的开拓、局部技术的研发，可以适当冒险，如果马谡从事这类工作，更能发挥他的价值。而公司的主力市场、现金流产品，会因为线性假设的决策，而遭受难以承受的后果。

在蜀军北伐中，街亭是北上蜀军的运粮通路，也是蜀军回撤的通路，如果街亭失守，就意味着北伐失败。司马懿亲自率领二十万大军，进攻一个小小的街亭，因为他知道街亭是蜀军的咽喉。守街亭是战略性的任务，线性假设的马谡，不能胜任这种影响全局的任务。

迷信线性假设的人，不能制订计划的另一个原因，是因为他们的计划会浪费机会。在《三国演义》第九十二回（赵子龙力斩五将，诸葛亮智取三城）中，诸葛亮率兵北上，大军驻扎在陕西汉中，准备北伐长安。一日，诸葛亮在寨中商议进兵，魏延上帐献策曰："夏侯楙乃膏粱子弟，懦弱无谋。延愿得精兵五千，当子午谷而投北，不过十日，可到长安。夏侯楙若闻某骤至，必然弃城而走……丞相可大驱士马，自斜阳谷而进。如此行之，则咸阳以西，一举可定也。"

魏延向诸葛亮建议，他率五千精兵，行军十天到长安，先一举拿下长安，诸葛亮再率大军北上，这样可以一举收复长安西边的大片地区。

诸葛亮笑曰:"此非万全之计也。汝欺中原无好人物,倘有人进言,于山僻中以兵截杀,非惟五千人受害,亦大伤锐气。决不可用。"魏延又曰:"丞相兵从大路进发,彼必尽起关中之兵,于路迎敌,则旷日持久,何时可得中原?"诸葛亮曰:"吾从陇右取平坦大路,依法进兵,何忧不胜!"遂不用魏延之计。

诸葛亮不采用魏延的计策,因为这个计策的逻辑,是"蛋生鸡、鸡生蛋"的线性假设。魏延带五千精兵,急行军十天,不被魏军发现,这件事有可能实现。魏延希望用五千精兵,吓得长安守军弃城而走,这件事的概率接近于零。如果长安守军没有弃城而走,魏延靠五千精兵攻下长安,概率同样接近于零。如果魏延带领五千精兵,奇袭到了长安城下,长安守军把这支小分队包围、消灭,概率接近百分之百。所以,诸葛亮笑曰:"此非万全之计也。"

若诸葛亮采用魏延的计策,最大的损失是打草惊蛇,把机会浪费掉。从子午谷奇袭长安,这个机会只能用一次,如果一次利用不成功,魏军会派兵在子午谷驻防,这就导致从子午谷奇袭长安的机会彻底丧失。在隆中对的时候,诸葛亮对刘备说过,"待天下有变,将军身率益州之众以出秦川,百姓有不箪食壶浆以迎将军者乎?"诸葛亮早就告诉了刘备,可以靠精兵奇袭攻下长安,前提是"天下有变"。如果曹魏政权出现内讧,或者出现天灾人祸,让长安军民人心思汉,此时再奇袭长安,则大业可成,汉室可兴矣。

在现代商业经营中,常见打草惊蛇的案例。例如,电脑的图形界面,最早是由施乐公司在1973年研发成功,但施乐公司没有批量生产。到1981年,施乐推出商用级的图形界面,引起计算机的革命。可惜,施乐公司准备不充分,没有围绕图形界面,做好系统的和持续的开发。苹果公司看到施乐的图形界面后大为惊叹,集中力量推出升级版,结果,苹果公司推出的图形界面,后发先至,反超施乐。

线性假设,会妨碍理性分析。需要制订计划的岗位,招聘面试要筛查线性假设,因为线性假设是基因和经历共同塑造的,很难改变。假如马谡从幼年起，得不到大人的关注，除非他做了不同寻常的事，大人才把注意力放在他身上。例如，小马谡爬到桌子上站着，在水池边上奔跑，之前不关注他的大人，这时就会一起关注他。这样的经历，会让小马谡形成一个不自觉的信念，他要做出非同寻常的事情，才能获得爱。这个不自觉的信念持续到了成年阶段，就是线性假设。

如果成年后的马谡，要把线性假设改成树状假设，他先要找到情感归属，他可以爱上一个无条件关注他的人，消除他时刻想建奇功的冲动，他也可以通过教练的辅导，逐渐接受自己不被他人关注的事实。化解了内在的冲动之后，马谡再学习理性分析，就能从线性假设中走出来。这样的辅导条件，公司很难具备，因此，应该在面试中筛选线性假设。

需要制订计划的岗位，面试要筛查三个特质，**困惑失察、断言推理、线性假设**。其中，困惑失察会妨碍客观思维；断言推理会妨碍逻辑推理；线性假设会妨碍理性分析。

测试**困惑失察**，是做一个"三项失察测试"，测试困惑失察的三个特征，即定义失察、条件失察、过程失察。假如我们问困惑失察的马谡，"置之死地而后生"中的"死地"是什么意思，马谡会答不上来，这是定义失察。假如再问马谡，置之死地而后生，需要哪些条件，马谡也答不上来，这是条件失察。三问马谡，实现"置之死地而后生"的过程包括哪些步骤，马谡还是答不上来，这是过程失察。

困惑失察的测试，是问三个递进问题，依次测试定义失察、过程失察、条件失察。首先结合岗位，问一个引导问题。例如，产品岗位的候选人，引导问题是：你最喜欢哪种产品风格？候选人回答说，最喜欢简约风格。基于候选人这个回答，再进行测试。

第一个问题：如何定义简约风格？第二个问题：实现简约风格，需要哪些条件？第三个问题：请描述一下，实现简约风格，需要哪些步骤？

候选人回答第一个问题，要给出"简约风格"的描述型定义，例如，简约风格，是在设计环节，删除产品中不必要的刺激源，让用户的注意力集中到设计标的上。这样的定义，就是描述型定义。候选人回答第二个问题，要有清晰条件。例如，实现简约风格，需要四个条件；一是明确的设计意图；二是准确的设计标的；三是真实的用户体验；四是必要的设计能力。候选人回答第三个问题，要有清晰的步骤。例如，实现简约风格：第一步是理解，设计师要理解风格；第二步是启发，多名设计师相互启发；第三步是评估，多种方案的效果评估。

测试**断言推理**，是做一个"断言条件测试"。断言推理的马谡，会把他认同的断言，视为不变的定律，他看不到断言成立的前提条件。没有断言推理的王平，认为断言本身不是客观规律，而是客观规律的语言表达，因为表达的局限，断言的前提条件，并不包含在断言之中。根据这个特征，测试断言推理是问两个问题，第一个问题：你最欣赏的格言，或者，你最欣赏的名人名言是哪一句。等候选人回答之后，再问第二个问题：在这句格言（名人名言）里，没有说出来的前提条件是什么。

举例来说，候选人说他最喜欢的格言，是"不走捷径就是最大的捷径"。面试官就再问候选人，这句格言有哪些隐藏的前提条件？如果候选人说，没有条件，这句话很正确，候选人就没有通过测试。如果候选人说，这句格言有条件，条件一是选择，如果我面对多种路径选择，其中有捷径，也有非捷径，这句格言才有意义，如果我只面对一种选择，这句格言就没有意义。条件二是了解，当我面对多种选择时，我知道哪个选择是捷径，哪个是非捷径，这句格言才有意义。条件三是收益，当我面对捷径和非捷径时，我选择了非捷径，而且，我知道选择非捷径的收益，是选择捷径无法获得的，这个格言才有意义。如果候选人能像这样回答，他就通过了断言推理测试。

测试**线性假设**，是做一个"初始设计测试"，线性假设的马谡，认为成功是线性的，只要把一条线上的多个假设都变成事实，就取得了成功。因此，马谡相信，成功人士在最初的阶段，就已经设计好了自己的成功。而树状假设的诸葛亮认为，成功过程中的每一步，都有多种并行的可能性，经过一系列的理性分析，作出连续的合理选择，才会取得成功。因此，成功者在最初阶段，只会对成功有一个大概的方向，但最终的成功，和当初的设计肯定不一致。根据这个特征，测试线性假设，是问三个问题。第一个问题：你最景仰的名人、科学家或企业家是哪一位。第二个问题：回顾这位名人（科学家、企业家）的经历，他作出的哪些决策，对他的成功来说是至关重要的。如果候选人在回答第二个问题时，能说出三个或三个以上的决策，例如行业选择、技术选择、应用选择，候选人就通过了第二个问题的测试。

通过第二个问题的测试，再问第三个问题：这位名人（科学家、企业家）所取得的成功，和他最初设想的成功是否一致？如果候选人能说出，名人最初的设想和最终的成果有哪些差别，候选人就通过了测试。或者，候选人说，他不了解名人最初的设想和最终的成果是否一致，但他相信，最初的设想和最终的成果肯定有差别。这样回答，候选人也通过了测试。

困惑失察、断言推理、线性假设，这三个特质，会妨碍计划能力，需要制订计划的岗位，在招聘的时候，要做一轮专门的面试，以确认候选人没有这三个特质。

1.2　个人计划：君子要怎样追求淑女

本节介绍三个特质，**长段思考、层面意识、进程优选**，这三个特质，会提高个人的计划能力。需要制订个人计划的岗位，招聘的时候，要做一轮专门的面试，以确认候选人具备这些特质。下文是这些特质的详细介绍，为了方便表述，我选择《诗经·关雎》中的君子，来代表这些特质。

"关关雎鸠，在河之洲。窈窕淑女，君子好逑。"这四句诗，出自《诗经》中的第一首诗《关雎》。这首诗是讲一个君子，在思考如何追求淑女。

《诗经》是孔子编订的一部诗歌集，其中的每一首诗，原本都是一首歌，在流传的过程中，这些歌的曲调部分已经失传，只留下了歌词。孔子编辑这部诗歌集，是用来做教材，他开办了最早的管理学院，学生来自东周列国，例如，子路来自鲁国，子游来自吴国。学生毕业之后会去不同的国家工作，例如子路去了卫国做官，子游去了鲁国做官。为了让学生了解各国的风俗民情，也了解各国贵族的仪式庆典，孔子编订了《诗经》。孔子把《诗经》分成《风》《雅》《颂》三个部分。《风》是各国流行的通俗歌曲；《雅》是贵族仪式上唱的经典歌曲；《颂》是宗庙祭祀唱的庄严赞歌。有了这样一部《诗经》，学生不论去哪个国家工作，都能融入当地的文化环境。

在编订《诗经》的时候，孔子遇到一个难题，应该把哪一首歌放在第一篇？作为教材的开篇，孔子希望第一首歌，能体现他的学习理念。孔子的学习理念，来自他对人性的信念。孔子相信，人的本性接近，是习惯放大了人与人的差异，这就是"性相近也，习相远也"。基于这个信念，孔子认为，任何人只要以君子为榜样，学习君子的习惯，就可以慢慢地变成君子，这就是"正心""修身"。

孔子的学习理念，是"正心""修身"，即端正态度，再以君子为榜样，培养新习惯。假如孔子的一个学生，想成为君子，他应该从哪个习惯开始学习？《诗经》中的第一篇，为学生们树立了榜样。《关雎》中的君子，有三个值得学习的思维习惯，即长段思考、层面意识、进程优选。

制订个人计划的岗位，面试要测试的第一个特质是**长段思考**，其定义如下：**单一思绪的长时段思考。**

"关关雎鸠，在河之洲。窈窕淑女，君子好逑。"这四句诗描述了这样的场景，有一天，君子在河边听到"关关"的声音，顺着声音，君子看到河洲上，有一对叫作雎鸠的水鸟，在恩爱地对唱。雎鸠对婚姻很专一，夫妇一经结合，一生都会生活在一起。触景生情，君子想到了淑女，那是一位文静优雅的女子。君子认为，如果他和淑女结合，就会像雎鸠夫妻一样，一生一世、双宿双飞。

看到雎鸠，君子开始联想，他想到了爱情、想到了婚姻、想到他自己的婚姻，再想到淑女，最后假想他和淑女的完美婚姻。完成这一段思考，需要比较长的时间，像君子这样，针对一个念头进行长时段的思考，这样的思考叫作长段思考。

人的思考，是一段接一段的，当人们冒出一个念头后，会顺着念头再想一下，这个"想一下"的时间，叫作思考时段。人和人的思考时段不同，有些人是几秒钟，有些人是几十秒。稍微留心一下，思考时段很容易觉察，举例来说，张三和李四在大街上相遇，两人擦肩而过，他们觉得对方似曾相识，都想了一下对方是谁。他们两人"想一下"的时间，就是他们的思考时段。张三想，刚才那个人，好像在哪里见过。张三想了5秒钟，就转念去想别的事，这说明张三的思考时段是5秒。李四也想，那个人好像见过，李四把记忆当中，最近认识的人搜索了一遍，花了20秒，这表明李四的思考时段是20秒。

思考时段很容易觉察，诡异的是，它又很难觉察。多数人可能一生都不知道，自己"想一下"的时间是多少秒。遇事想 5 秒的人，想一切事情都会倾向想 5 秒；而遇事想 20 秒的人，想一切事情都会倾向想 20 秒。如果不经提醒，他们不会留意自己的思考时段，这种不自觉的状态，导致思考时段成了稳定的心理特质。思考时段是由基因和早年经历共同塑造的，在没有压力、没有冲动、没有诱惑的平常心态下，大部分人的思考时段在 10 秒以内。如果一个人，平常心态下的思考时段，能达到 20 秒以上，这就是长段思考。

在公司里，需要制订个人计划的工作，工作者应该有长段思考特质，因为长期思考是思维深刻性和全面性的基础。

长段思考对思维的价值，首先是思维的深刻性。人的思考和走路很像，走路是一步接一步走，如果沿着同一个方向走，积跬步可以致千里。思考也一样，思考是一段接着一段地思考，沿着同一个方向思考，思维可以很深刻。如果某人的思考时段是 5 秒，他听到"关关"的鸟叫声，会想到雎鸠之间的恩爱，然后他就分心了，去想别的事。如果《关雎》中的君子，思考时段有 20 秒，他想到雎鸠的恩爱，再想到夫妻恩爱，再想到他的婚姻，他思考的内容，可以比 5 秒时段的人深刻 4 倍。

长段思考的君子，思维可以继续深刻，因为他可以把两段思考连起来。君子在思考时候，如果发现自己分心了，他可以找回刚才的思绪，再沿着思绪继续思考。找回刚才的思绪，这个思考就需要 5 秒，假如君子的思考时段只有 5 秒，他就找不回自己的思绪，也无法做深入思考。君子为了追求淑女，"寤寐思服""辗转反侧"，他醒着也想淑女、梦里也想淑女，因为他能一次又一次地找回思绪，并顺着思绪做进一步的思考。

长段思考对思维的价值，还有思维的全面性。打个比方，假如玉器店里的一块玉佩很漂亮，某人的思考时段只有 5 秒，他看到玉佩，想了 5 秒钟，就决定把玉佩买下来。思考时段是 20 秒的君子，他看到玉佩，就想什么场合适合这个玉佩，什么衣服配这个玉佩，哪顶帽子配这个玉佩。沿着这个思绪，君子可以围绕玉佩，把和玉佩有关的场合、服装、季节等因素都想一遍，这样的思考就会很全面。

思考时段是稳定的特质，它导致"智慧"和"蒙昧"也变成了稳定特质。《关雎》中的君子，看到雎鸠对唱，能产生长时段的思考，他看到别的事，也会产生长时段的思考。因为长段思考，君子的思维会变得深刻而全面。假如某人的思考时段太短，一个念头刚起来，思路还没展开，另一个念头又来了，此人的思维会变得表面化、片面化。

孔子在《论语》中，说过这样一句话，"唯上知与下愚不移"，这句话里的"知"指的是智慧的"智"，这句话是说，唯有上等人的智慧和下等人的蒙昧是不变的。这是从社会阶层的立场，来看待智慧与蒙昧。换一个立场，从思考时段的立场看，这句话可以这样理解："上知"是指思考时段长的人，他们想一切事情，都会深刻而全面；"下愚"是指思考时段短的人，他们想一切事情，都会表面而片面；"不移"是指思考时段是不自觉的特质，它导致蒙昧的人会一直蒙昧，智慧的人会一直智慧。

在公司里，一些专业性强、独立性强的工作，例如咨询、设计、软件开发，不适合由别人来制订计划，做这些工作，长段思考是思维能力上的前提条件。

工作计划，最好是由本人制订。《关雎》中的君子，他要制订一个追求淑女的计划，在理论上，这个计划不需要别人帮忙，因为别人对君子的了解，比不上君子对自己的了解，别人制订的计划，不如君子自己制订的有效。但是，制订计划需要深刻而全面的思维，如果君子的思考时段太短，他制订的计划，就会漏洞百出，在这种情况下，别人帮君子制订的计划，反而比他自己的计划更有效。

长段思考，是思维深刻性和全面性的前提条件。在公司里，需要为工作制订计划的岗位，面试时要甄选长段思考，因为它主要由幼年的语言环境塑造，比较难培养。

假如两岁的君子，指着关关叫的雎鸠，问爸爸那是什么。爸爸说，那是一种鸟，叫作雎鸠，它们喜欢在干净的、河水不太冷也不太热的河边安家，因为它们喜欢吃鱼。雎鸠总是两只生活在一起，一辈子都不分开。就像爷爷和奶奶，他们结婚之后，就一直生活在一起。如果爸爸和小君子像这样说话，君子的思考时段自然就会很长。

如果两岁的君子，指着雎鸠问爸爸，那是什么，爸爸说是鸟。长期和这样的大人沟通，小君子的思考时段就会很短，而且，很可能会维持一生，因为思考时段会影响生活方式和人际关系。思考时段 5 秒的君子，他喜欢看的书、喜欢听的音乐、喜欢的食物，都是 5 秒钟内能够判断的，5 秒之外才能判断的事物，君子会觉得别扭。5 秒时段的君子，他身边的人都是同类，因为思考时段 5 秒的人，和时段 20 秒的人没办法交谈。20 秒的人还在说话，5 秒的人就开始插嘴；5 秒的人说完了，20 秒的人还在等他继续说。像这样谈话，总是话不投机。

思考时段 5 秒的君子，如果想把时段拉伸成 20 秒，他要离开原有的社会环境，去重建人际关系和生活方式，这对君子来说，是心理上的自我放逐。如果没有教练辅导，心理上的自我放逐很难成功。这样的辅导条件，公司不容易具备，因此，应该在面试中甄选长段思考。此外，另一个能促进计划的特质，也需要在面试中甄选，那个特质是层面意识。

制订个人计划的岗位，面试要测试的第二个特质是**层面意识**，其定义如下：**行为社会性的分层觉察。**

在《关雎》中，"窈窕淑女"这四个字出现了四次，第一次是"窈窕淑女，君子好逑"，翻译成白话文，意识是"文静优雅的女子，是君子的理想配偶"。《关雎》是以第一人称写的，"君子好逑"中的君子，既指诗中的君子，也指作为君子的那一类人。"逑"的意思是配偶，如果把这句诗的意思都说出来，应该是这样："那个文静优雅的女子，是我理想的配偶，社会伦理认为，像我这样的君子，应该娶文静优雅的女子为妻。"这句诗表明，君子认同有关婚姻的社会伦理。

在诗中，"窈窕淑女"的第二次出现，是"窈窕淑女，寤寐求之"。这句诗是一个画面：诗中的君子，忍不住思念淑女，他白天想、夜里想，醒着的时候想，睡着了就在梦里想。这句诗表明，君子对淑女极为爱慕，沉浸在对淑女的单相思中。

第三次出现"窈窕淑女"，是"窈窕淑女，琴瑟友之"，这句诗也是一个画面：诗中的君子在弹琴，淑女在鼓瑟，两人像老朋友一样，配合很默契。这句诗反映了君子对爱情的看法，他认为爱情的双方要平等相待，还要有共同的兴趣爱好。

第四次出现，是"窈窕淑女，钟鼓乐之"。这句诗还是一个画面：君子和淑女一起，在宗庙里举行婚礼。君子和淑女的族长、家长、长辈以及亲朋好友，聚集在宗庙前，见证这对恋人结为夫妻。宗庙里钟鼓齐鸣，既庄重又喜庆。这句诗反映了君子对婚姻的看法，他认为婚姻不只是两个人的结合，还是两个家族的联姻。

诗中四次出现的"窈窕淑女"，分别对应了爱情婚姻的四个层面。寤寐求之，是君子对淑女的爱慕；琴瑟友之，是君子和淑女之间的爱情；钟鼓乐之，是君子和淑女各自所代表的两个家族的联姻；君子好逑，是民众心目中的社会伦理。诗中的君子，能够从个人、两人、家族和社会这四个层面去预测婚姻，这个思维特质，叫作层面意识。

在公司里，需要制订个人计划的工作，工作者应该具备层面意识，因为它是系统思维的基础，也是预见性的基础，它能让计划者制订出周全的计划。

有层面意识的君子，知道爱慕是一个人的事，爱慕不是爱情。君子还知道，爱情是两个人的事，爱情不是婚姻，婚姻既要获得家族的祝福，还要遵从社会伦理。在君子的脑海里，婚姻不是单一事件，而是一个系统。层面意识，还是思维预见性的基础。《诗经》中另一首讲单相思的诗，诗中的主人公，预见到他的单相思不会有结果，就主动控制感情，那首诗是《汉广》。诗的第一段如下："南有乔木，不可休思；汉有游女，不可求思。汉之广矣，不可泳思。江之永矣，不可方思。"

这段诗是这个意思：南方有很高的树木，树冠非常高，使得树底下得不到树冠的荫蔽，所以，人没法在树下休息。在汉江边上游泳的女孩，我想追求她，但我知道追求不到。我和女孩之间隔着一条汉江。汉江水面宽广，我不可能游泳横渡，汉江水深流急，我不可能乘木筏横渡。

《汉广》中的男主人公是一位樵夫，他爱上了一位在汉江边上游泳的贵族女孩。樵夫知道，他对女孩的爱，是他的单相思，在爱情、家族和社会的层面上，他都不可能实现他的梦想，所以，他就默默地祝福那个女孩，希望女孩有幸福的婚姻。樵夫没有被单相思冲昏头脑，他对女孩的爱慕，就停留在爱慕的层面，因为他和《关雎》中的君子一样，有层面意识。

在公司里，制订工作计划的人，要具备层面意识，因为工作不只是个人这一个层面，它还包括团队层面、公司层面、社会层面。没有层面意识的人，只会在个人层面上去制订工作计划，这样的计划会行不通。

西周最后一个君主周幽王，他没有层面意识，他的计划都在个人层面上，这导致了西周灭亡。公元前779年，周幽王带兵攻打褒国，褒国为了求和，把国内最美丽的女子献给周幽王。褒国的美女叫褒姒，她嫁给周幽王之后，从来不笑。为了博得美人一笑，周幽王悬赏千金，求人出主意，还点燃烽火戏弄诸侯。如果周幽王像《关雎》中的君子一样，或者像《汉广》中的樵夫一样，他就会知道，他对褒姒的情感，是他一个人的爱慕，不是两个人的爱情，他们的婚姻没有得到家族的祝福，也不符合社会伦理。

没有层面意识的周幽王，不仅婚姻出了问题，工作也出了问题。周幽王不问政事，让虢公鼓主持朝政。虢公鼓贪财好利，引起诸侯的不满。公元前

774 年，周幽王废黜王后和太子，立褒姒为王后，立褒姒生的王子为太子。前王后的父亲，因为女儿和外孙被废黜，而感到非常愤怒，他联合游牧民族的军队，攻打西周都城。周幽王点燃烽火求救，而诸侯都对周幽王不满，看到求救的烽火，也不派兵去营救。周幽王战败被杀，西周灭亡。

有层面意识的人，能更加清楚地认识问题。公元前 481 年，孔子的学生颜回去世，孔子非常伤心，因为颜回是孔子最欣赏的学生。颜回的父亲请求孔子把车卖了，好给颜回办一个更高规格的葬礼。孔子拒绝了，孔子说，他经常向王公大臣推荐自己的学生，如果他连车都没有，王公大臣会不相信他。孔子知道，他欣赏颜回、喜欢颜回，和把车卖掉为颜回办葬礼，是两个层面的事。孔子也知道，他的车有不同层面的价值，它是个人代步的工具，也是社会交往的工具。孔子编订《诗经》，也表现出了层面意识。孔子没按他自己的喜好来编辑，而是按学生的使用频率来编辑。

在现代企业里，任何一个工作，都有四个层面，即自我、同事、公司、顾客。有层面意识的人，会不自觉地多花一些时间，理解工作在各个层面上的意义，然后再去制订工作计划。这样的计划，会有更好的系统性和预见性。

层面意识，是思维系统性和预见性的前提条件，需要制订计划的岗位，面试要甄选层面意识，因为层面意识比较难培养。《关雎》中的君子，他的层面意识来源于童年的经历。如果君子小时候，在自己的房间里，可以随自己的性子，穿舒服的衣服，唱流行的小调；到了厅堂里，他要换成长衫广袖，唱高雅的歌曲；到了宗庙里，他要峨冠博带，唱庄重的颂歌。这种经历的积累，君子自然就形成了层面意识。如果周幽王小时候，在自己的房间里，也不被允许穿自己喜欢的衣服、不被允许唱喜欢的歌，小周幽王就有一种冲动，希望自己能在一切场合，都穿喜欢的衣服、唱喜欢的歌。这种冲动持续到成年，它会妨碍周幽王形成层面意识。在成年阶段，如果周幽王希望自己具备层面意识，他需要在工作之外，培养一门艺术性的爱好，用艺术去承载他的个性冲动；然后，他需要一位教练，帮他看到行为在不同的社会层面上，有不同的意义。如果企业不具备辅导条件，应该在面试中甄选层面意识。此外，另一个影响个人计划的特质，也需要在面试中甄选，那个特质是进程优选。

制订个人计划的岗位，面试要测试的第三个特质是**进程优选**。其定义如下：**进程方案的开发与优选**。

《关雎》这首诗中，有两条线索，一条线索是"窈窕淑女"，另一条线索是"参差荇菜"。荇菜是在水面上生长的一种植物，类似浮萍，可以当菜吃。诗中的两条线索，是诗人打的比方，他把追求窈窕淑女，比喻成从河里捞荇菜。

"参差荇菜"第一次出现，是"参差荇菜，左右流之。"这句诗是一个场景，在河边采荇菜有女子，为了采到远处的荇菜，就用手划水。女子左手划一下、右手划一下，把水划向自己，这样能形成一股水流，水流把女子够不着的荇菜带过来。这个场景是比喻，指君子要想办法接近淑女。

第二次出现"参差荇菜"，是"参差荇菜，左右采之"。这也是一个场景，采荇菜的女子，把荇菜划得越来越近，探出身体、伸出手臂能够采到荇菜。这个场景是个比喻，暗示君子可以用音乐和淑女交朋友，即"窈窕淑女，琴瑟友之"。

第三次出现，是"参差荇菜，左右芼之"。这是女子把荇菜拉得更近，然后用双手把荇菜从水里捧出来。这比喻君子追求到了淑女，暗示君子用钟鼓齐鸣的隆重婚礼，把淑女娶回家，即"窈窕淑女，钟鼓乐之"。

为了追求淑女，君子想到了两个步骤，他想先用音乐和淑女交朋友，成了朋友之后，再把朋友关系发展为夫妻关系。这两个步骤，就是诗中的"琴瑟友之""钟鼓乐之"。这两个步骤，君子不是一下子想到的，为了思考如何追求淑女，君子白天想、夜里想、醒着想、梦里想，他在床上辗转反侧，想了很多亲近淑女的办法。当想到"琴瑟友之"的时候，他觉得这是接近淑女的最佳方案。然后，君子再想，如何向淑女表明心意，想了很多办法后，君子觉得，最好的办法是向淑女承诺，用钟鼓齐鸣的隆重婚礼来迎娶她。

君子能按照追求淑女的进展，构想出应对的步骤，再按照步骤来想方案，并从中选出最佳方案。这样的思维习惯，就是进程优选。

到了君子想象中的"钟鼓乐之"，《关雎》这首诗就结束了，君子和淑女有没有成婚，诗中没有交代。其实也没必要交代，假如君子的"琴瑟友之"无效，他可以书画友之、花鸟友之，或者是故事友之、旅游友之，总之，办法总是有的。而且，君子想事情，不论多么着急，步骤却一点也不乱。他知道追求淑女，一定是先成朋友，再找机会表白，然后获得家族的认可，还要经得起社会伦理的评议，最后才能结婚。追求淑女，要按这个步骤，一步一步地往下走，急也急不来。

君子具备进程优选特质，这让他成了心想事成的人，哪怕他没追求到淑女，他可以靠他的思维方式，去追求另一个淑女。对君子来说，婚姻幸福不是问题，事业有成也不是问题，因为事业比婚姻更像"参差荇菜"，可以先流之，再采之，后芼之。君子的进程优选，让他从容不迫地制订计划，因为他应对问题有方向、有步骤、有方法。如果方法不对，他会想新的方法；如果方法是对的，君子就知道自己离目标近了一步。按这种方式做事，时间就是君子的朋友，因为时间的流逝，对君子来说，是实现目标的概率越来越大。

在公司里，需要制订个人计划的工作，工作者要有进程优选特质，因为进行优选，能提高计划的可行性。

在现实中，有进程优选特质的人，往往成就惊人，达·芬奇就是典型。1495年，达·芬奇接受委托，创作壁画《最后的晚餐》。达·芬奇每天用一个半小时思考构图，他每天还去广场散步，留心观察行人，看看谁像耶稣。观察了两个月，他脑子里有了多个耶稣面容的备选方案。6个月之后，达·芬奇看到一个年轻人，表情沉静而高贵，最符合他想象中的耶稣的样貌。达·芬奇以这名年轻人为模特，画了大量的素描，再从中选出最佳的表情、姿势。

画中其他人物的位置、表情、动作，达·芬奇也构思了无数种可能性。《最后的晚餐》能成为传世杰作，因为画中每一个的细节，都是从众多方案中优选出来的。

达·芬奇制订的计划，具有方向性、渐进性和尝试性。不具备进程优选特质，人就会充满不切实现的幻想。所谓幻想，就是逻辑不合理的计划，以及步骤不连贯的计划。在《聊斋志异》中，有一篇的题目是《红玉》，篇中有这么一段："一夜，相如坐月下，忽见东邻女自墙上来窥。视之，美。近之，微笑。招以手，不来亦不去。固请之，乃梯而过，遂共寝处。"

《红玉》中的男主人公，名叫冯相如，他不用追求淑女，因为淑女会翻墙过来投怀送抱。《聊斋志异》的作者是蒲松龄，他写故事，是写给清朝的穷书生看。清朝的婚姻，都是父母之命、媒妁之言，年轻人没有恋爱、只有婚姻。蒲松龄的读者没有机会谈恋爱，他们想象不到寤寐求之、琴瑟友之；他们希望美女都能像红玉那样，自己翻墙过来。

红玉不但翻墙过来，还富裕、识大体。冯相如的父亲，不同意儿子私订终身。红玉送给冯相如四十两白金，让他去娶一个姓卫的女孩子。然后，红玉飘然离去。后来，冯相如被乡绅迫害，父亲和妻子含恨去世。此时来了一个大侠，杀死乡绅，给冯相如报了仇。然后，红玉又回来了，她出钱贿赂考官，让冯相如有资格参加科举。然后，红玉一手操持家务，把家里安排得井井有条。冯相如当年考中举人，到三十六岁时，他买下无数良田，置下大片房产。那时的红玉，仍然是年轻美丽的女子，"袅娜如随风欲飘去，自言二十八岁，人视之，常若二十许人。"

《红玉》这个故事，把幻想发挥到了极致，没有进程优选特质的人，需要这样的精神慰藉。如果让他们制订恋爱婚姻计划，计划会和《红玉》差不多，因为他们没有进程的概念，不知道用行动去提高实现目标的概率。所以，他们制订的计划，像《红玉》中的幻想：美女不用追求，会翻墙过来；钱不用愁，美女会带过来；功名不用操心，一考就会中；田宅不用经营，买到的都是良田美宅。

进程优选，是思维严谨性和开放性的基础，即方向步骤的严谨性、方法手段的开放性。制订个人计划的岗位，面试要甄选进程优选，因为它难以培养。进程优选，是由经历形成的经验。假如君子小时候，想吃桌上的糖，他又拿不到，他哭着求妈妈，妈妈笑对他说，你想想办法。小君子想了一阵，然后费尽力气，搬一把椅子过来，站上去，还够不着。妈妈就在旁边鼓励他，再想想办法。小君子就搬了一把高椅子过来，站上去，拿到糖了，他好开心，妈妈陪他一起开心。像这样的经历多了，小君子就养成了习惯，遇到问题先想方向、再想步骤、后想方法。这个习惯保持到成年，就是进程优选特质。

假如君子小时候，他每次动脑筋，想自己去解决问题，就会遭到大人的恐吓、嘲笑，如果他按大人给他的方案去解决问题，大人就会夸奖他，小君子就会形成习惯，等着大人给他方案。这个习惯保持到了成年，他仍然会等着别人给他方案。如果他想获得进程优选能力，他需要改变人际关系，因为他周围的人都会主动帮他想问题；如果他要自己想，可能会遭到周围人的恐吓、嘲笑。培养进程优选，还需要教练，以战胜离开原有人际关系的恐惧，以及获得自己处理问题、承担后果的勇气。培养进程优选，需要长期的辅导。这样的辅导条件，公司难以具备，因此，应该在面试中甄选进程优选。

制订个人计划的岗位，面试要测试三个特质，即**长段思考、层面意识、进程优选**，其中，长段思考是思维深刻性和全面性的基础；层面意识是思维系统性和预见性的基础；进程优选是思维严谨性和开放性的基础。

测试**长段思考**，是做一个"整理时段测试"。整理时段，是候选人在回答问题之前，整理思路所花的时间，这个时间集中在3—20秒的时段内。

整理时段测试，对面试官有要求，它要求面试官是一位温和的倾听者。如果候选人遇到温和、专注，且饶有兴趣的倾听者，候选人停下来整理思路的时间，会接近他平时的思考时段；如果遇到了强势或心不在焉的倾听者，候选人整理思路的时间，会大大少于他平时的思考时段。所以，由温和的倾听者担任面试官，就可以把候选人整理思路所花的时间，视为他的思考时段。

整理时段测试，是问一个需要整理思路才能回答的问题，然后看候选人整理思路所花的时间。测试分两步进行。第一步是引导。引导是问这个问题：你喜欢看书吗？最近几年看的书，你对哪一本的印象最深？问引导问题要注意，如果候选人在简历中，列举的个人爱好有"读书"，就问他对哪本书的印象最深。如果候选人的爱好中没有读书，就问他对哪部电影的印象最深。

测试的第二步，是针对候选人说的那本书，再问一个需要整理思路才能回答的问题：如果用三个词来概括那本书的内容，你会用哪三个词？

面试官问完这个问题之后，候选人开始思考，整理思路，然后回答。候选人从思考到回答的时间，即为整理时段。做整理时段测试要录音，然后根据录音显示，来看候选人整理思路的时间段。整理时段测试要做三次，以时间最长的一次为准。第二次测试，可以让候选人用三种颜色，来形容自己的公司；第三次测试，是让候选人用三种动物，来形容行业里的公司。之所以做三次测试，是防止以下情形：如果候选人对面试问题有过思考，他回答问题时，表现出来的整理时段就不是真实的整理时段。如果问三个问题，候选人三个问题都思考过的概率会很低。

测试**层面意识**，是先做一个"层面定位测试"。有层面意识的候选人，能把自己的工作放在系统中去观察，从而能在团队层面上和公司层面上，看到自己的工作对他人的影响。第一步测试，是问这个问题：在工作中，你做过哪些尝试，以减轻部门同事和其他部门同事的工作压力？这个问题的回答中有两个测试点：第一点是压力，候选人要说出来，他的工作对部门同事和其他部门同事，会产生什么压力；第二点是努力，候选人要说出，他曾经做过什么，以减轻这些压力。回答中有这两点，候选人就通过了测试。例如这个回答：我的工作，是编写产品说明书，如果我只是把应用场景、顾客问题写清楚，部门同事还是不知道找哪个客户做调研工作，其他部门的同事也不知道怎么评估竞争风险。为了减轻他们的压力，我会在说明书里直接给出客户名称，也会直接写出来可能的竞争者。

测试层面意识的第二步，是测试思维的预见性。有层面意识的候选人，能预见到自己在工作上的变化，会引起部门和公司里其他同事的工作变化。第二步测试，是问这个问题：如果你可以改变工作内容，你准备改变什么？这个改变对部门的同事以及对其他部门的同事，会有什么影响？回答这个问题，候选人能说出改变，也能说出改变会引起其他人的改变，候选人就通过了测试。例如这样的回答：如果能改变，我准备把产品的应用场景，拍成视频，这样一来，同事不用去现场，就能产生直观印象。

测试**进程优选**，是做一个"方案步骤测试"。如果候选人具备进程优选特质，他针对问题提出的解决方案，会有清晰的步骤，先解决什么问题，然后解决什么问题，最后用什么方法解决问题。根据这个特征，测试时可以问这个问题：怎样帮助年轻人提高战胜不良情绪的能力？或者问这个问题：怎样确定下一个最适合创业的城市？或者问这个问题：怎么提高传统文化的国际影响力？

面试之前，先想好若干个类似的问题，再把问题打印在卡片上，每张卡片打印一个问题，在面试的时候，问完问题，再把卡片交给候选人，以帮助候选人记忆卡片上的关键词。进程优选测试，不能针对工作中的真实问题，因为没有进程优化特质的候选人，可以根据工作经验，回答工作中的真实问题，这会导致测试结果不准。

　　如果候选人回答问题时，没有具体的步骤，直接凭想象回答问题，就没有通过测试。候选人的回答中，有解决问题的步骤，就通过了测试。例如，"帮助年轻人提高战胜不良情绪的能力"，候选人在回答这个问题时，像这样说：解决这个问题，第一步确定什么是"年轻人"；第二步确定什么是"不良情绪"；第三步确定"战胜"是什么意思；第四步确定战胜不良情绪的"能力"，这个能力是什么意思；第五步确定帮助年轻人中的"帮助"是什么意思，第六步确定能力提高中的"提高"，要如何去评估。

　　长段思考、层面意识、进程优选，这三个特质能促进计划能力，需要为工作制订计划的岗位，在招聘的时候，要做一轮专门的面试，以确认候选人具备这三个特质。

1.3 团队计划：韩信为什么每战必胜

本节介绍三个特质，**原理解析、性状提取、升维规划**，这三个特质能促进团队计划。需要制订团队计划的岗位，招聘的时候，要执行一轮专门的面试，以确定候选人具备这些特质。下文是这三个特质的详细介绍，为了方便表述，我选择《史记》中的韩信，来代表这三个特质。

关于韩信，萧何说过这样一段话："诸将易得耳。至如信者，国士无双。王必欲长王汉中，无所事信；必欲争天下，非信无所与计事者。"

萧何对刘邦说，像韩信这样的人才，普天之下找不出第二个。大王如果想长期在汉中称王，就用不上韩信；如果要夺取天下，除了韩信，没有其他人可以商量这个事。萧何是刘邦最信任的人，由于萧何的强烈推荐，刘邦拜韩信为大将军。韩信当上大将军，是一个奇迹，因为在拜将之前，韩信仅是一个管粮饷的小官，没有任何战功。刘邦拜韩信为大将军，汉军上下都深感意外，《史记》中称，"一军皆惊"。

韩信一生都充满了奇迹，他家境贫寒、父母早亡，少年韩信经历了极度的贫穷，他要靠好心人接济，才能吃上饭。在这样的环境里，韩信居然成长为文武双全的统帅，这是成长的奇迹。当上大将军之后，韩信指挥过十几场战役，出陈仓、定三秦、平赵、降燕、伐齐，直到在垓下战胜项羽，韩信指挥的战役，不论兵力多少，不管对手是谁，他都能取胜，这是事业上的奇迹。韩信能连创奇迹，因为他的品格个性中，有很多过人之处。

韩信意志坚强，即便吃不上饭，他还能坚持学习兵法。韩信冷静理智，早年在老家淮阴，他受市井少年欺负，韩信即使蒙受胯下辱，也不意气用事。韩信心胸宽广，封王之后，韩信回到老家，找到当年侮辱他的少年，并任命少年为楚中尉。韩信谦虚好学，在打败赵王之后，赵王的谋士广武君被俘，韩信先为广武君松绑，再以学生见老师的大礼参拜广武君。韩信拥有多种过人的品质，如果从计划的角度看，韩信所具备的三个特质，能促进他的团队计划能力，那三个特质就是原理解析、性状提取、升维规划。

制订团队计划的岗位，面试要测试的第一个特质是**原理解析**。其定义如下：**原理性因素的关系分析**。

成语"多多益善"，来自韩信。《史记》中有这样一段记载，"上常从容与信言诸将能不，各有差。上问曰：'如我能将几何'？信曰：'陛下不过能将十万'。上曰：'於君如何'？曰：'臣多多而益善耳。'"

刘邦曾经和韩信闲聊，讨论各个将军的指挥水平。刘邦问韩信，他能带多少兵，韩信说刘邦能带十万兵。刘邦又问，韩信能带多少兵，韩信说越多越好，这就是成语"多多益善"的由来。韩信点兵，多多益善，是说韩信的指挥能力强。古代打仗，兵多并不代表战斗力强，因为古代战争，双方的交战面有限。如果指挥作战的将军，不能把兵力优势，转化为交战面的战斗力优势，兵力多就不是优势，甚至是劣势，因为兵多意味着指挥效率低、后勤负担重、协调困难。

在军事史上，有很多以少胜多的战例，都和交战面有关。公元前480年，波斯派5万大军进攻温泉关。温泉关的守军是300名斯巴达士兵，面对波斯军队的轮番冲锋，斯巴达士兵一次又一次把敌人打退，300名士兵抵抗了三天，杀死了近1万名波斯士兵。300人能对抗5万人，是因为温泉关的地形特殊，山口只能通过一辆马车。这么窄的交战面，波斯的5万军队没法发挥战斗力。斯巴达军人凭借交战面上的优势，可以一次又一次地取胜。平原上的战斗，胜负也由交战面决定。公元前490年，2万波斯军队和1万希腊联军，在马拉松平原交战。由于阵形更合理,希腊军队在交战面上拥有绝对优势,在战役中,希腊联军伤亡192人,波斯军队伤亡6400人。

公元前490年和公元前480年,波斯两次入侵希腊。第一次入侵,波斯军队的人数比希腊军队人数多10倍;第二次入侵,波斯人数多20倍。两次入侵,波斯军队都是惨败,因为波斯的指挥官,不能把军队的人数优势,转化为交战面上的战斗力优势。

韩信指挥作战,不论兵多兵少都能取胜:在兵少的时候,韩信调整阵形、缩小交战面,用局部优势来化解兵力劣势;在兵多的时候,韩信调整阵形,扩大交战面,把兵力优势变成战斗力优势。其他人领军,例如刘邦,没有这个能力,刘邦只能规划出十万军队的交战面,超过十万军队,刘邦便不知道如何指挥。

韩信的指挥能力,是从兵书上学来的。古代将军如果不读书,就只能指挥几百人作战。上万人作战,战场比将军的视野还要大,将军要借助诸如擂鼓、鸣金、摇旗,这些即时指挥手段,才能完成排兵布阵。参战的人数越多,指挥的难度就越大。韩信在垓下,指挥60万人作战,战场纵横,皆百余里。偌大的战场,即时指挥手段都失去了作用,指挥全靠事先推演。历代将军总结自己的经验,把战场上的推演,归纳到兵书里,不读书的将军,就不具备指挥大战役的知识。韩信因为饱读兵书,懂得指挥大战役,他可以从一个管粮饷的小官,直接晋升为将军。

在汉军中,读过兵书的将军不少,韩信能从这些人当中脱颖而出,因为他不读死书,他能理解兵法原理。在与赵军交战时,韩信命令士兵背水列阵,这个命令犯了兵法大忌,部将心里都很忐忑。取胜之后,部将纷纷前来祝贺,并趁机问韩信,"兵法右倍山陵,前左水泽,今者将军令臣等反背水陈,曰破赵会食,臣等不服。然竟以胜,此何术也?"

部将问韩信,兵书上说,排兵布阵,后方和右方要靠山,前方和左方要临水。而韩信下令背水列阵，竟然也取得了胜利，这是什么战术？

韩信回答说，参战的士兵没有作战经验，和老百姓差不多，一旦交战，他们会下意识地逃生。背水列阵，士兵没地方逃跑，只能奋勇向前，这是"陷之死地而后生"。韩信这一番话，说得部将心服口服。韩信和部将都看兵书，而韩信不把兵法当教条，他能理解原理当中各项因素的关系，例如，地形和士兵心理的关系。韩信的这种思维，叫作原理解析。

在公司里，制订团队计划的工作，工作者要有原理解析特质，因为它能让计划者理解计划的内在逻辑。

原理解析是计划的基础，还是领导力的基础。在与赵国的战役中，韩信下令背水列阵，部将都很忐忑，因为部将也读过兵书，他们怀疑韩信是瞎指挥。但军人要服从命令，部将可以怀疑韩信，但还要执行命令。古代士兵几乎没读过书，他们没能力怀疑将军的命令。所以，古代将军对部将和士兵，只需要下命令，不用解释原因。在现代公司里，经理可以离职、员工都读过书，在高科技、高文化公司里，还有"后喻"现象，即年纪越轻的人，知识越丰富，逻辑越严密，在这样的公司里，高层经理如果瞎指挥，经理和员工会对公司失去信心，并主动离职。韩信主动离开项羽，是他看到项羽的决策不合逻辑，他认为和项羽一起"创业"，不会有前途。

制订团队计划的人，要有原理解析特质，否则计划会无效，人才也会流失。项羽用没逻辑的计划，赶走了有逻辑的韩信。刘邦拜韩信为大将军，使得汉军的决策，在逻辑性上超越了楚军。

越是大公司，高层经理的决策越要符合逻辑，逻辑不清晰的决策，可能会影响公司的价值。2005年，时任惠普CEO的卡莉·费奥利娜，突然宣布辞职。消息一经公布，惠普的股价当天上涨10%，这表明投资者不看好卡莉，他们认为，没有卡莉的惠普会更有价值。卡莉让投资人失望，其根源是对康柏的并购。2001年，惠普并购了康柏，这个并购是同质并购，即两家业务一样的公司合并，同质并购会扩大资产规模，但不会提高资本收益率，从长期来看，弊大于利。卡莉主张并购康柏，对于这次并购，惠普的投资人、经理和员工，都看不到其中的逻辑，因此，他们对卡莉的战略产生了怀疑。

2013年，微软CEO鲍尔默公开表示，他将在年内退休。声明发出之后，微软股价当天上涨7%，这说明投资人不看好鲍尔默，相信他离开之后的微软会更有价值。鲍尔默坚持封闭策略，投资人认为，鲍尔默的策略违背互联网的逻辑，这样的策略不可持续。

原理解析，是计划逻辑性的前提条件，如果卡莉能说清楚，她为什么要做同质并购，她就开创了一种新的理论。在公司里，逻辑性是权威性的前提条件，高层经理失去权威性，有两种原因，即逻辑失信和道德失信。打个比方，如果韩信下令背水列阵，进而导致战斗失败，部将就不再相信他的命令，这是逻辑失信；如果失败之后，韩信没有反省，而是责备部将，部将就不再相信他的为人，这是道德失信。逻辑失信和道德失信，会导致员工对公司的计划、策略不再信任，因此，团队计划的制订者，必须具备原理解析特质。

原理解析，是难以培养的特质，需要在面试中甄选。韩信的原理解析，是童年逻辑环境形成的特质。如果韩信在童年阶段，大人们向他讲道理，会顺便把道理背后的逻辑说清楚，韩信就会形成一个信念，语言化的道理，背后都有真实的逻辑。打个比方，韩信的父亲建议韩信学习兵法，他父亲可以这么说：带兵打战，胜负立判，将军不需要裙带关系，凭本事就能站住脚，我们家是平民，没有可靠的裙带关系。你学习兵法，更容易在社会上立足。韩信的父亲像这样说话，韩信在不知不觉中，就形成了原理解析特质。

如果成年的韩信，没有解析原理的能力，他就需要教练做辅导，引导韩信去发现道理背后的逻辑。经过长期的辅导，韩信能重新建立原理解析的能力。如果公司不具备辅导条件，就应该在面试中甄选原理解析。此外，另一个能促进团队计划的特质，也需要在面试中甄选，那个特质是性状提取。

制订团队计划的岗位，面试要测试的第二个特质是**性状提取**。其定义如下：**客体属性和状态的概括**。

刘邦拜韩信为大将军，然后问韩信，有什么计策可以帮到他。韩信就反问刘邦，拿项羽和他做比较，谁会更强。刘邦思量再三，觉得自己不如项羽。韩信告诉刘邦，项羽的确很强，但劣势也很明显，项羽个性当中的三个劣势，妨碍了项羽的发展。假如刘邦能针对项羽的劣势，反其道而行之，就能超越项羽。

韩信说："项王暗恶叱咤，千人皆废，然不能任属贤将，此特匹夫之勇耳。"项羽生气怒吼的时候，会把千百人吓得不敢动弹，但他不能任用有才能的大将，他只有匹夫之勇，这是项羽的第一个劣势。

项羽的第二个劣势，是公私不分。项羽和部将说话时，"恭敬慈爱，言语呕呕"，即态度温和，语气真诚。部将生病的时候，项羽会"涕泣分食饮"，即伤心流泪，把自己的饭菜分给生病的部将吃。但是，当部将立了功，要封爵位的时候，项羽会拖延；"印刓敝，忍不能予"，项羽把授予部将的爵位印章，拿在手里把玩，把印章的棱角都磨没了，他还舍不得给别人。

项羽的第三个劣势，是残忍暴戾。"所过无不残灭者，天下多怨，百姓不亲附"，项羽军队所过的地方，都会遭到毁灭，天下人积压了很多怨恨，百姓也不愿意归顺项羽。韩信的一番话，提炼出了项羽的性格缺陷，并建议刘邦任用贤才、论功行赏、对百姓秋毫无犯，坚持这三条，刘邦就能超越项羽。

韩信还建议刘邦，统一天下，应该先攻取陕西关中的三秦地区，理由有三条，第一条理由是民心。早在诸侯抗秦的时候，刘邦最先进入关中。刘邦入关之后，让军队驻扎在城外，对百姓秋毫无犯，刘邦还用约法三章代替秦国的严刑峻法，深得关中百姓的拥戴。取关中的第二条理由，是民怨。项羽入关之后，杀害投降的士兵、抢劫城里的富户、纵火烧毁宫殿，关中百姓对项羽是恨之入骨。项羽封三个秦国的降将为关中王，这三个人诱骗他们的部下向项羽投降，使得部下都被项羽残害，秦人对这三个人更是恨入骨髓。取关中的第三条理由，是盟约。早年诸侯有约定，谁先进入关中，谁就是关中王，诸侯和关中百姓都知道这个盟约，刘邦最先进入关中，他在关中称王，是实至名归。

基于这三条理由，韩信认为，如果刘邦攻取关中，只要写一篇檄文，昭告诸侯和关中百姓，就能不战而胜。听了这番讲话，刘邦对韩信是相见恨晚，于是遵从韩信的计划，部署各路将领的攻击目标。

韩信描述项羽，没说项羽的经历背景、日常习惯，他只说项羽的三个性格劣势，好让刘邦将其作为反面教材。韩信描述关中，不说风土人情、地理气候，只说取关中的三个理由。韩信说话，能够结合谈话的主题，用清晰的条理，准确概括事物的属性和状态。韩信的这种思维特质，叫作性状提取。

在公司里，制订团队计划的工作，工作者要具备性状提取特质，因为性状提取是抽象思维的基础。

性状提取是一种大脑活动，它把事物的特征，从现象中抽出来，这种大脑活动叫作抽象思考。举例来说，三个苹果、三次日出、三座山，它们的共同特征是"三"，如果某人能看到"三"，他看到"三"的思考过程，就是抽象思考。性状提取是不自觉的能力，有这种能力的人，不知道自己有这个能力，反过来，没有这个能力的人，也不知道自己没有。这种不自觉的状态，使得性状提取成了稳定的特质。

在公司里，如果计划者没有性状提取特质，计划就找不到方向。以刘邦为例，他想挑战项羽，但他看不到项羽的弱点，不知道怎么挑战。听韩信分析项羽，刘邦才恍然大悟。同时，刘邦隐约觉得，取天下应该先取关中，但他说不出理由。韩信说出理由之后，刘邦又恍然大悟。刘邦能恍然大悟，因为他的大脑里有具体的现象，但他没看到抽象的性状。韩信帮他指出性状，他才恍然大悟。

计划者不会提取性状，可能会误导计划的方向。以项羽为例，他制订的计划，方向会被潜意识干扰。在潜意识层面，有些人会有难以觉察的追求，例如追求虚荣、追求亲密感、追求独立性。项羽追求虚荣，他曾说过，"富贵不归故乡，如衣绣夜行"。项羽的一切决定，都有满足个人虚荣的意味。公元前207年，项羽自立为西楚霸王，定都于彭城。彭城就是现在的江苏徐州，在秦汉时期，彭城属于楚地。项羽在彭城建都，可能受到了虚荣心的影响，项羽是楚人，在楚地建都，有富贵还乡的意味。

如果项羽能把"都城"的性状提取出来，他可能会重新选择都城。刘邦取得天下之后，把都城定在长安，因为有人帮他提取了"都城"的性状。

公元前202年，天下初定，刘邦效仿周天子，把都城定在洛阳。一个被发配边疆的小兵，名叫娄敬，他由同乡将军引见，见到了刘邦。娄敬劝刘邦，把都城建在陕西的关中。娄敬解释说，都城必须具备4个特征，即易守难攻、风调雨顺、粮食丰富、战马充足。根据这4个特征来判断，汉朝的疆土之内，只有关中能建都城：关中四面有天险，易守难攻；关中气候稳定，没有大的气象灾害；关中腹地，沃野千里，生产的粮食能供应守城的士兵；关中紧邻草原，战马有保障。娄敬把理想都城的性状，和关中的性状，都提取出来，他就把刘邦、张良和萧何，都给说服了。听了娄敬的建议，刘邦马上去考察关中，并选择在秦都咸阳边上建都，取名长安。

现代企业制订竞争计划，也要提取性状。举例来说，百事可乐和可口可乐，竞争了一百多年。百事可乐先用低价，去渗透市场。1932—1939 年，百事可乐的广告词是"一样的价钱、双倍的可乐。"在那个阶段，可口可乐的定位是经典，它的消费人群，以收入稳定的成年人为主。小孩子和青少年，他们的钱不多，偏向消费百事可乐。

从 1961 年开始，百事可乐抓住消费者的年龄特征，把品牌重新定位，由"便宜"改成"年轻"。1961—1963 年，百事的广告词是"百事可乐，属于年轻的心。"1963—1967 年，广告词是"活出精彩、百事一代。"通过提取品牌性状，百事可乐获得了竞争优势，销量反超可口可乐。

性状提取，是计划有效性的基础，韩信靠它打胜仗，娄敬靠它选都城，百事靠它定位品牌。制订团队计划的岗位，面试要甄选性状提取，因为它是在经历中形成的思维特质，比较难培养。如果韩信在幼年、童年和少年阶段，和他相处的成年人，抽象思维能力很强，韩信就被动地处在抽象思维的环境中。因为旁听成年人的谈话以及参与成年人的谈话，童年韩信的思维，会形成性状提取特质。如果韩信在少年和青年阶段，喜欢阅读抽象内容的书籍，如生物学、社会学、哲学，韩信就主动地处在抽象思维的环境中，通过和书籍作者的对话，他也能形成性状提取特质。

成年阶段的刘邦和项羽，要获得性状提取能力，要主动置身于抽象思维的环境中，并接受专门的辅导。项羽比刘邦麻烦，他要先接受另一个辅导，以消除他的虚荣心，然后再接受抽象思维辅导。如果公司不具备辅导条件，就应该在面试中甄选性状提取。此外，另一个能促进团队计划的特质，也需要在面试中甄选，那个特质是升维规划。

制订团队计划的岗位，面试要测试的第三个特质是**升维规划**。其定义如下：**新增认知维度的进程规划**。

"力拔山兮气盖世，时不利兮骓不逝。骓不逝兮可奈何，虞兮虞兮奈若何！"这首诗叫《垓下歌》，它本是一首歌的歌词，词的作者是项羽。公元前202年，项羽指挥的楚军，和韩信指挥的联军，在垓下决战。项羽被十面埋伏围困，突围之前，他自知败局已定，悲歌一曲，便是这首《垓下歌》。

垓下大战，项羽输得很悲壮，但输得并不冤枉，因为他对战争的认识，比韩信少一个"心理"维度。韩信的垓下大战，有两个心理目标。第一目标是消磨士气，联军把楚军包围了一个冬天，楚军缺衣少食、饥寒交迫，士气低落。第二目标是瓦解斗志，临战前，联军士兵齐唱楚歌，楚军听到楚歌，误以为家乡沦陷，同乡也被征招上了战场。楚歌唤醒了楚军官兵对家人的担忧，他们纷纷临战脱逃，楚军不战而败。

在垓下大战中，韩信可以在心理上攻击对手，而对手却无法防御。这种攻防不对称的打击叫作"降维打击"。

大自然里，也有降维打击的实例。例如，蝙蝠发出超声波，用回声定位追捕飞蛾，飞蛾感觉不到超声波，即便被蝙蝠锁定，飞蛾也无法防御。降维打击，得名于攻防双方的认知差异，如果进攻方在认知上，比防守方高出一个维度，防守方遭遇的打击，就是降维打击。降维打击的前提是认知维度升级，韩信通过认知升级，让他对战争的认识，比敌人多一个心理维度，他就能在这个维度上，对敌人实施降维打击。

韩信指挥的战役，都有心理维度。公元前206年，韩信从汉中出发，进攻关中。汉中通向关中的唯一通路是栈道，但栈道已经被烧毁。为了进攻关中，韩信组织人员重修栈道，预计三年完工。关中守军也时常打探工程进展，以便在栈道完工之前，调兵遣将。哪知栈道刚修一个月，韩信就带兵走山路包抄陈仓，把陈仓的守军打得措手不及。成语"明修栈道，暗度陈仓"就来自这个战役。

成语"拔旗易帜"，也出自韩信的经历。公元前204年，韩信指挥

3万汉军，对阵20万赵军。交战前，韩信派2000人的小分队，带上旗帜，埋伏在赵军的大本营外面；在阵地上，汉军主力佯败后退；赵军见前线取胜，大本营的守军也参战追击。此时，小分队进入赵军的空营，把赵军的旗帜换下，升起汉军的旗帜。前线赵军，看到大本营换了旗帜，误认为汉军主力在身后，为了避免被两面夹击，赵军四散溃逃。韩信指挥主力杀回来，活捉了赵王。在这场战役中，韩信只用一个上午的时间，就大败20万赵军，威震天下。

成语"褕衣甘食"，依然出自韩信的经历。打败赵军之后，韩信即将进攻燕国。燕国人听说了韩信的神勇，认为燕国不可能战胜韩信，举国陷入悲观情绪，"农夫莫不辍耕释耒，褕衣甘食，倾耳以待命者。"燕国的农夫，听说韩信即将进攻，预感到大祸临头，都不再耕田种地，穿最好的衣服，吃最好的食物，时刻打听前线的消息，等待厄运的降临，这就是成语"褕衣甘食"的来源。

当燕国人惶恐不安的时候，韩信按兵不动，他派军队维护赵国的治安，还下令抚恤赵国军人的孤儿。同时，韩信让军队改善伙食，供应酒水和牛肉，并奖励立功的将士，为进攻燕国做动员准备。当战争气氛最浓烈的时候，韩信派使者前往燕国，劝降燕王。使者一到燕国，"燕从风而靡"，燕国马上投降。韩信指挥的战役，不论兵力多少，总能取胜压倒性的胜利，因为韩信的作战计划，比对手多一个心理维度，因为这个新增的维度，韩信能对敌军实施降维打击。像韩信这样，能在计划当中增加一个独特的认知维度，这种思维特质，叫作升维规划。

在公司里，制订团队计划的工作，工作者要有升维规划特质，因为它会让计划独特、有创新性、有竞争力。

升维规划能创造奇迹，以麦当劳为例，它在20年里，由一家小餐厅，发展为全球第一餐饮品牌，得益于四次升维规划。第一次升维规划，麦当劳增加了效率维度。1948年，麦当劳兄弟把工业企业的"动作分析"和"流程再造"引入餐厅，将餐食制作时间缩短为30秒。通过这次升维规划，麦当劳的效率，成为全行业第一。第二次升维规划，麦当劳增加了规模维度。1954年，麦当劳的创始人克罗克，与麦当劳兄弟签订协议，由克罗克独家代理麦当劳的特许加盟。经过克罗克的努力，麦当劳复制了上千家餐厅。效率第一的麦当劳，因为采用加盟经营，成为全行业规模第一。第三次升维规划，麦当劳增加了地产维度。1960年，麦当劳公司开始购买土地、自建餐厅，再把建好的餐厅出租给加盟商。采用这种商业模式，麦当劳既能获得经营收益，还能获得地产增值收益。这次升维规划，使得当时行业规模第一的麦当劳，发展为行业收益率第一。第四次升维规划，麦当劳增加了评议维度。1965年，麦当劳在纽约证券交易所上市，此后便有管理、财务、营销、投资，各个方面的专家，在报刊上撰写文章，评议麦当劳的方方面面，这种情形，就像"泰坦尼克"号周围，有众多专业的瞭望船，帮"泰坦尼克"号提前发现冰山。通过上市，麦当劳的风险预警能力，和自我纠错能力，成为全行业第一。

只看财务报表，麦当劳的发展，是不可思议的奇迹。如果从效率、规模、收益、评议，这四次升维规划去看，看到的是构思精巧的奇迹。

升维规划，是创新的源动力。不论技术创新、流程创新、管理创新，前提都是认知维度的升级。最常见的创新，是给老产品增加新维度，这是后发制人的创新。瑞士的斯沃琪集团，就上演过一次后发制人。1970年，美国、日本及东南亚地区生产的石英表，为手表增加了"走时准、价格低"两个新维度，并逐步渗透进入瑞士手表的市场。1983年，斯沃琪的营销总监史蒂夫，为石英表增加了新的"时尚"维度。时尚的斯沃琪，3年销量增长了100倍，占领了80%的石英表市场。斯沃琪的降维打击，是后发制人的经典案例。这也成了后发制人创新战略成功的经典案例。

升维规划，是计划创新性的来源。制订团队计划的岗位，面试要甄选升维规划，因为升维规划很难培养。升维规划对应的思维习惯是累进思考，即主题性的、累进式的、问题导向的思考，这种思维很难培养。韩信有累进思考的习惯，打个比方，在进攻关中之前，韩信一直在思考，如何让关中守军措手不及，左思右想，他想到了明修栈道、暗度陈仓。在和赵军交战之前，韩信又在想，如何让赵军措手不及，想了几天，也没想到好方法。有一天，韩信不经意地一抬头，远远看到大营方向，飘扬着汉军的旗帜，韩信转念一想，如果战场上的赵军士兵，发现自家大营上，飘扬着汉军的旗帜，一定会大惊失色。为了实现这一幕，韩信派2000士兵，带上旗帜，埋伏在赵军大门外。

假如韩信想问题，没有累进思考的习惯，他就不会有升维规划特质。累进思考，是经历留下的心理痕迹，它说明童年和青少年阶段的韩信，要面对真实的问题，进行持续思考。韩信面对的问题，可以是吃饭，也可以是个人爱好，还可以是课业成绩，总之，是他想解决的问题，也是他能解决的问题。

如果韩信面对的问题，怎么想都是白想，他解决不了，韩信就会回避问题。这样的韩信长大之后，就是鲁迅笔下的阿Q。如果韩信面对的问题，总有人帮他解决，韩信就会形成错觉，觉得他的问题，都是别人的问题。这样的韩信长大，就是《水浒传》中的高衙内。如果韩信遇到问题，想都不想，就动手去解决，这样的韩信长大，就是《水浒传》中的李逵。把成年的阿Q、高衙内、李逵，培养成韩信，先要营造韩信的成长环境，让他们长期面对想解决、能解决的问题。此外还要有教练做辅导，教练激励阿Q思考、引导高衙内独立、提醒李逵冷静。这样的辅导条件，公司很难具备，因此，应该在面试中甄选升维规划。

制订团队计划的岗位，面试要测试三个特质，即**原理解析、性状提取、升维规划**。其中，原理解析是计划权威性的来源；性状提取是计划有效性的来源；升维规划是计划创新性的来源。

测试**原理解析**，是做一个"原理讲解测试"。如果候选人具备原理解析特质，每当他遇到原理，他就会思考，原理要怎样表述、原理包括哪些因素、因素是什么关系。当别人问他原理时，他也可以把思考过程用语言表达出来。根据这个特征，测试原理解析是问三个问题，前两个问题做引导。第一个问题：你对哪个领域的知识，有比较深的了解？候选人回答了某个领域之后，再问第二个问题：在这个领域里，哪个原理，是你认为比较重要的原理？等候选人说出一个原理之后，再问第三个问题：如果向不了解这个原理的外行人，讲解这个原理，你会怎么讲？

第三个问题是测试问题。这个问题有三个测试点：第一点是原理表述，测试候选人能否用一句话，把原理说清；第二点是原理因素，测试候选人能否把原理因素罗列出来；第三点是因素关系，测试候选人能否说清原理因素之间的关系。举例来说，候选人说他比较了解管理学，认为其中的效率原理比较重要。用一句话来表述效率原理，是"以最小的资源，实现最大的价值"，其中的原理因素属于资源的，包括人力资源、品牌、技术，因素的关系，是以人力资源建设品牌和技术。属于价值的原理因素，包括顾客价值、员工价值、股东价值，其中顾客价值是基础，员工价值和股东价值是附产品。像这样回答，候选人就通过了测试。

测试**性状提取**，是先做一个"具体性状测试"。有性状提取特质的候选人，能提取出具体物品的性状。根据这个特征，面试当中，面试官让候选人提取他熟悉物品的性状，例如工具。如果候选人对工具，都不去提取性状，说明候选人没有性状提取的习惯。测试是问两个问题。第一个问题：在工作中，什么特殊工具会影响你的工作？候选人回答之后，再针对候选人的答案，问第二个问题：具备哪些特征，那个特殊工具才是好工具？举例来说，候选人回答，工作中的特殊工具是挂图，向客户讲解产品时，要用挂图做展示。面试官就针对挂图，提出第二个问题：挂图要具备哪些特征，才是好挂图？

回答第二个问题，候选人能用关键词概括，再说明具体内容，就通过了测试。例如，候选人说，好挂图有三个特征：一是材料，挂图最好是尼龙的，折叠之后没有印痕；二是图形，挂图上只要图形，不要文字，因为客户手里有说明书；三是宽度，挂图宽度不要超过1.2米，用两个手举着，刚好撑开。

通过了第一步测试，再进行第二步测试。让候选人提取抽象事物的性状，测试时问这个问题：请预测一下，30年后的小学教育，会有哪些不一样的特征？候选人回答这个问题，能用关键词概括，再说明内容，候选人就通过了测试。例如，候选人说30年后，小学教育有三个特征：一是趣味性，学生会爱上学习；二是针对性，内容适合孩子学习；三是多元化，学习的方式和场景很丰富。

测试**升维规划**，是先做一个"累进思考测试"。如果候选人能把工作中的想法记录下来，并且能经常地、长期地回顾想法，候选人就通过了第一步测试。第一步测试是问4个问题。第一个问题：上一次，你在工作中记录下来的想法，是什么想法？第二个问题是测试问题：这样的记录，你多长时间做一次？如果候选人说，每周至少做一次，就问第三个问题：你做这种记录的习惯，有多久了？如果候选人说，有两年以上，就问第四个问题：在你记录的这件事上，你的思想和原来相比，有哪些变化？回答第四个问题，如果候选人记得自己思想变化的3个或3个以上的阶段，候选人就通过了第一步测试。

升维规划的第二步测试，是测试候选人能否为产品注入一种新属性。如果候选人有升维规划特质，他会时常思考，如何从一个全新的维度，给产品注入独特的属性。根据这个特征，第二步测试是问这个问题：如果你是CEO，你会怎样提升产品的独特性和竞争力？如果候选人说，他会让产品质量更高、品种更多、价格更低、服务更好，就没有通过测试。如果候选人说，他会让产品具备一种新的属性，候选人就通过测试。例如，食品行业招聘，候选人说，他要实现生产过程的视频展示，还要联合供应商一起展示，感兴趣的客户就可以随时查看食品的生产过程。这样的回答，就是为产品注入了一种新的属性。

原理解析、性状提取、升维规划，这三个特质能促进团队计划。需要制订团队计划的岗位，在招聘的时候，要做一轮专门的面试，以确认候选人具备这些特质。

1.4　组织计划：诸葛亮为何足智多谋

本节介绍三项能力，**多元视角、原则立场、概率估算**，这三项能力，可以促进组织计划。负责制订组织计划的岗位，招聘的时候，要做一轮专门的面试，以确认候选人具备这三项能力。下文是这三项能力的详细介绍，为了方便表述，我选择《三国演义》中的诸葛亮，来代表这三项能力。

在《三国演义》中，刘备见到诸葛亮，说了这么一句话："……备不量力，欲伸大义于天下，而智术浅短，迄无所就。惟先生开其愚而拯其厄，实为万幸！"

刘备对诸葛亮说，他有点不自量力，想结束群雄混战的局面，恢复天下的正统大义，但他智慧不足、能力有限，一直没有取得成就。如果诸葛亮愿意点拨他，让他不再愚昧、不再厄运缠身，那真是万幸。刘备说这番话，是在公元208年的春天。在上一年的冬天，刘备两次前往襄阳隆中的卧龙岗，去拜访诸葛亮，不巧都没有遇到。等冬天过后，刘备第三次前往隆中，终于见到了诸葛亮。两人在正式谈话之前，刘备说了这番话。

刘备请诸葛亮"开其愚而拯其厄"，并非自谦。在认识诸葛亮之前，刘备的确是思维狭隘、厄运缠身。刘备23岁从军，南征北战了20多年，博得了汉左将军、宜城亭侯、豫州牧、皇叔这4个空头衔，但他的事业一直没有起色。在公元201年，刘备带着千余人马投靠荆州牧刘表，刘表让刘备率军驻扎在新野。在新野期间，刘备听说隆中有位隐居的高人，名叫诸葛亮，他就三顾茅庐，希望得到诸葛亮的指点。

三顾茅庐，是刘备命运的转折点，此后刘备的势力逐渐强大，他先占据荆州五郡，后攻下益州。220年，刘备自封汉中王，一年后称帝。能得到诸葛亮的指点和辅佐，刘备确实幸运。两人见面的时候，刘备 47 岁，此前他已经征战了 24 年，诸葛亮是 27 岁，从没打过战。诸葛亮能够指点刘备，并辅佐刘备治理蜀国，因为诸葛亮具备众多能力素质。只从计划的角度看，诸葛亮具备促进组织计划的三项能力，即多元视角、原则立场、概率估算。

负责组织计划的岗位，面试要测试的第一项能力是**多元视角**。其定义如下：**事物性状的多角度分析**。

在卧龙岗的草堂里，诸葛亮对刘备说："荆州北据汉、沔、利尽南海，东连吴会，西通巴、蜀，此用武之地，非其主而不能守……益州险塞、沃野千里，天府之国……若跨有荆、益，保其岩阻，西和诸戎，南抚彝、越，外结孙权，内修政理；待天下有变，则命一上将将荆州之兵以向宛、洛，将军身率益州之众以出秦川，百姓有不箪食壶浆以迎将军乎？诚如是，则大业可成，汉室可兴矣。"

诸葛亮这番话，是从多个角度，帮助刘备重新认识天下。刘备多年征战，劳而无功，因为他对天下的认识，角度不够丰富。

诸葛亮看天下，有七个视角，第一个视角是民族。"西和诸戎，南抚彝、越"，这说明天下人包括北方的游牧民族、西方的山地民族、南方的雨林民族，想统一天下，就要与各民族和平共处。

认识天下的第二个视角，是粮食。"沃野千里、天府之国"，这句话说明，天下包括盛产粮食的川中平原和关中平原，要统一天下，先要占领粮食主产区。

认识天下的第三个视角，是战区。荆州乃用武之地，"益州险塞""保其岩阻"，这句话表明，天下可以按地形分成"巴蜀""中原""东吴"三个战区。中原一马平川，适合陆战；东吴江河纵横，适合水战；巴蜀山高路险，适合山地战。天下统一之前，先是区域统一。陆战最强的军队将统一中原，水战最强的军队将统一东吴，山地战最强的军队将统一巴蜀。区域统一之后，中原、东吴、巴蜀将会长期对峙，三强通过决战，决出最后一强，就是统一。

刘备想统一天下，应该先取荆州，再占巴蜀，因为巴蜀"刘璋暗弱，民殷国富，而不知存恤"，巴蜀的士人，希望迎来一位英明的君主。中原的曹操，"已拥百万之众，挟天子以令诸侯，此诚不可与争锋"；东吴的孙权，家族三代统领东吴，根基雄厚，很难被取代，可以作为盟友。

认识天下的第四个视角，是内政。荆州"非其主而不能守"这句话说明，天下各区域，治理难度有差别。荆州四通八达，是南征北战的必经之地，因此，荆州的治理不能出差错。如果治理荆州，对外不能广结善缘，对内不能安抚百姓，荆州就守不住。刘备想守住荆州，应该外结孙权、内修政理。

认识天下的第五个视角，是交通。"命一上将将荆州之兵以向宛、洛，将军身率益州之众以出秦川"，这两句话是说明，兵马粮草在天下通行，会受交通条件的限制，想统一天下，要针对兵马粮草的通行条件，作好安排。

认识天下的第六个视角，是时局。"待天下有变"这句话说明，天下有时会风调雨顺，有时会灾祸连连，每当重大的天灾人祸发生，各战区之间的均衡就会被打破，想统一天下，就要作好准备，等待时局变化。

认识天下的第七个视角，是民心。益州"智能之士，思得明君"；"百姓箪食壶浆以迎将军"，这两句话说明，民心思变的时候，顺应民意去统一天下，则水到渠成。想统一天下，要施行仁政，获取民心。通过短短一席话，诸葛亮从七个视角，分析了什么是天下、如何统一天下。听完诸葛亮的分析，刘备感慨道："先生之言，顿开茅塞，使备如拨云雾而睹青天。"像诸葛亮这样，能从多个视角去分析事物，这个能力叫作多元视角。

在公司里，制订组织计划的工作，工作者要有多元视角，因为多元视角能避免计划的内在矛盾，保证计划的内在一致性。

解决小问题的计划，可能与大计划有冲突，这是计划的内在矛盾。在《三国演义》第四十七回（阚泽密献诈降书，庞统巧授连环计）里，曹操在长江边上集结军队，准备进攻东吴。长江风浪不息、潮涨潮落，战船上下颠簸。

北方士兵不习惯水战，在颠簸的船上容易晕船。庞统建议曹操"以大船小船各皆配搭，或三十为一排，或五十为一排，首尾用铁环连锁，上铺阔板，休言人可渡，马亦可走矣，乘此而行，任他风浪潮水上下，复何惧哉？"曹操按庞统的建议，把船只锁在一起，稳如平地，北方士兵不再晕船。这个方法解决了晕船问题，但也留下了火灾隐患，这是计划的内在矛盾。

要解决计划的内在矛盾，就应在个人、团队、公司三个层面上，实现多元视角。在个人层面，多元视角的基础是工具学习。诸葛亮上知天文、下知地理，通古今、晓兵法，所以，他能从七个视角来理解天下。诸葛亮的多元知识来自学习。以成都规划为例，当时的西蜀决定定都成都，因此要对成都进行规划建设。诸葛亮为了规划成都，他查阅书籍、访问专家、举行研讨、组织实验，通过多种方式学习。这种应用性学习，就是工具学习。在当代，知识不稀缺，具备工具学习能力的人，可以通过自学，掌握和工作相关的多元知识。因此，面试中测试多元视角，先要测试工具学习。

在团队层面，多元视角可以用头脑风暴来实现。头脑风暴，是指一群人放开思路，从多个视角认识事物。头脑风暴可以追溯到公元前5世纪，古波斯人在作重要的决策时，通常会讨论两次，第一次讨论达成共识之后，决策成员就一起喝酒，等喝醉之后，再讨论一次。通用汽车的首任CEO斯隆，也用头脑风暴制定决策，当斯隆和其他决策者，在决策上达成一致时，斯隆就提议下次会议继续讨论；在下次会议之前，大家再充分考虑反对意见。

在现代公司里，头脑风暴被改良，改成了定向头脑风暴。打个比方，假如曹操开会讨论，是否把战船锁在一起。如果用定向头脑风暴，这个议题会被分成两个，大家先讨论"益处"，充分讨论之后，再讨论"风险"，这就是定向头脑风暴。

在公司层面，多元视角要借助组织结构。例如，董事会中的专业委员会，能避免决策的内在矛盾。常见的专业委员会，有预算委员会、风险管理委员会、安全生产委员会、员工权益委员会。每个委员会代表一个视角，多个委员会，保证了董事会的多元视角。假如赤壁大战时，曹操的指挥部里，有风险管理委员会，曹操想把战船锁在一起，委员会通过评估，就能够发现其中的火灾隐患。

多元视角，能保证计划的内在一致性，负责组织计划的岗位，面试要测试多元视角。多元视角包括三个部分，即工具学习、头脑风暴、专业委员会。其中，头脑风暴和专业委员会可以在入职后学习；工具学习要在面试时测试，因为它很难培养。假如诸葛亮从童年起，就有长期的个人爱好，例如，探险、采集树叶标本，他从事爱好活动，经常会遇到问题，类似探险迷路、树叶标本发霉等。为了解决问题，小诸葛亮查书籍、和大人讨论、做实验。这种基于爱好的学习经历，让小诸葛亮眼中的学习，就像海边孩子眼中的游泳，是再自然不过的技能。这样的诸葛亮长大之后，遇到问题不会手足无措，他会主动学习，就像海边的孩子，掉到水里不会慌张，因为他会游泳。

如果成年之后，诸葛亮没有形成工具学习能力，诸葛亮要重新培养爱好，并基于爱好培养学习习惯。同时，诸葛亮还要接受教练的辅导，让教练指导他学会学习。如果公司不具备辅导条件，就应该在面试中甄选多元视角。此外，另一项促进组织计划的能力，也需要在面试中甄选，那项能力是原则立场。

负责组织计划的岗位，面试要测试的第二项能力是**原则立场**。其定义如下：**从原则出发的行为审视**。

公元 227 年，诸葛亮写信给后主刘禅，阐明北伐的意义，这封信就是《出师表》。在信里，诸葛亮提醒刘禅，施政要注意公平，信中有这么一段："宫中府中，俱为一体；陟罚臧否，不宜异同。若有作奸犯科及为忠善者，宜付有司论其刑赏，以昭陛下平明之理；不宜偏私，使内外异法也。"

诸葛亮提醒刘禅，他以皇帝身份主理宫廷内务，也要遵循朝廷的法度，皇宫和朝廷的奖惩制度应该统一。不论皇宫、朝廷，有犯罪行为，都应该由司法部门处罚；有要表彰的行为，都应该由礼教部门表彰，这样才能保证公平。诸葛亮特别注意公平，因为蜀国的高官，如刘备、诸葛亮、关羽、张飞，都是外来的，蜀国本地的士族豪强，被排挤到了权力中心之外。这样的权力结构，让本地人觉得不公平。如果外来高官执法不公平，会加深外来高官和本地豪强的矛盾，这个矛盾，会动摇蜀国的执政根基，因此，诸葛亮语重心长地提醒刘禅，"不宜偏私，使内外异法也。"

诸葛亮的为人做事，都以公平为原则。公元 228 年，诸葛亮第一次北伐，他攻下南安、天水、安定三郡，但在街亭、箕谷的军营失守，总体来说，是无功无过。但诸葛亮为了体现公平，请求自降三级，由丞相降为右将军。公元 234 年，诸葛亮于五丈原病重，弥留之际，命令部下把他安葬在定军山，"不用墙垣砖石，亦不用一切祭物"。诸葛亮这样要求，也是为了公平。北伐以来，众多跟随诸葛亮征战的士兵，牺牲在战场，他们的遗体，无法回故土安葬。诸葛亮是北伐的主帅，他要求部下对他，要像对待士兵一样，安葬于战场，不修陵墓、不用祭物。诸葛亮上表皇帝，不忘公平；评价自己的功过，他也不忘公平；对自己的身后大事，他仍然不忘公平。像诸葛亮这样，把公平视为一切行为的原则，并在个人行为和职务行为中，坚持原则，这种能力就是原则立场。

在公司里，制订组织计划的工作，工作者要具有原则立场，因为它能避免计划的前后矛盾，保证计划在时效上，具有一致性。

诸葛亮的行为，前后一致，因为他做事有原则。在公元 208 年，与刘备第一次见面，诸葛亮就确定了"西和诸戎，南抚彝、越"外交原则。到公元 225 年，诸葛亮南征，对孟获七擒七纵，坚守了他确定的外交原则。诸葛亮为镇守荆州确定的原则，是"外结孙权，内修政理"。镇守荆州的关羽，没有坚持原则：在外交上，关羽对东吴过于轻慢；在内政上，关羽对下属则过于严苛，最终导致荆州失守。

如果蜀国占据荆州，北上伐魏的路线，就有东西两条线。东线是从荆州北上，进攻洛阳，西线是从汉中北上，进攻长安。东西两线北伐，既可以声东击西，也可以双管齐下，让曹魏首尾不能相顾。因为失去了荆州，蜀国北伐失去了东线，这样的北伐，是蜀军和魏军在西线打消耗战。蜀国的资源、人才相对匮乏，和资源雄厚的曹魏打消耗战，很难占上风。诸葛亮六出祁山，姜维九伐中原，都无功而返，其根源可以追溯到关羽的"大意失荆州"。

在《三国演义》中，原则性最差的人物，当属董卓。董卓行事没有原则，只有欲望。董卓以保护天子为名，屯兵于洛阳城外，他每天带铁甲骑兵入城，横行街市，百姓惶惶不安。为了搜刮财富，董卓派五千铁甲骑兵，"遍行捉拿洛阳富户，共数千家，……尽斩于城外，取其金赀。"董卓还派吕布"掘先皇及后妃陵寝，取其金宝。"

在公司里，董卓这样的人，不能为公司制订计划，因为董卓计划的核心，是满足他的个人欲望。在现代商业社会里，董卓的公司也不具备竞争优势，现代公司的存在基础，是创造顾客价值，只追求自身利益的公司，会被更优秀的公司淘汰。

组织计划的制订者，如果具备原则立场，能带领组织一步一步地长大。公元前494年的春秋时期，吴国和越国发生战争，越国大败，越王勾践被迫给吴王当奴仆。三年后，勾践被释放回国。回到越国后，勾践卧薪尝胆，以韬光养晦为原则，先促进民生，再加强军事，国力逐渐恢复。经过20年的努力，越国打败吴国，成为诸侯国的霸主。

公司要避免计划的前后矛盾，就要在个人、执行、决策三个层面上，坚持原则立场。在个人层面上，原则立场的核心是人生目标。诸葛亮"每尝自比管仲、乐毅……尝好为《梁父吟》。所居之地有一冈，名卧龙冈，因自号卧龙先生。"《梁父吟》是歌颂齐国名相晏婴的诗，诸葛亮自比卧龙，爱唱《梁父吟》，说明诸葛亮对自己的期望，是像管仲、乐毅、晏婴一样，成为辅佐王道的丞相。诸葛亮的人生，以丞相为目标：他的言行举止、知识学习、技能发展，都会以丞相为核心，他还会以丞相为标准，来审视和约束自己的言行。这种为了实现人生目标的自我约束，就是原则立场。

关羽守不住荆州，从心理上分析，是关羽的人生目标与镇守荆州有冲突。关羽的人生目标，是成为像孙武、韩信一样的常胜将军，但镇守荆州，还需要像范蠡、萧何一样的文官。如果关羽的人生目标，是既成为韩信又成为萧何，他就能坚持"外结孙权、内修政理"的原则。

在执行层面上，原则立场是由执行董事来保证。执行董事对 CEO 的决策拥有质询权，质询是一定要回答的提问，假如，执行董事对 CEO 提出了质询，而 CEO 拒绝回答，执行董事可以召集特别董事会议，讨论罢免 CEO。在《三国演义》中，关羽命令镇守南郡的下属，星夜送白米十万石去军前交割，"如迟立斩"。假如关羽身边，有负责员工权益的执行董事，他就会对关羽的决策提出质询，因为运粮的道路已经被东吴军队占领，十万石白米不可能如期送到，"如迟立斩"的决定，只会逼下属造反。

在决策层面上，原则立场由机制来保障。为了保证董事会的决策不违背原则，有些董事会的专业委员会，对董事会决议拥有否决权。举例来说，如果关羽镇守荆州时，决策班子中有外交委员会，而且，外交委员会对关羽的决策拥有否决权，关羽就能守住荆州。关羽与曹操军队交战，如果东吴帮关羽，关羽能轻松取胜，可惜关羽意气用事，得罪了孙权。孙权本想与关羽结亲，孙权的儿子和关羽的女儿年纪相当，孙权派使者向关羽提亲。关羽一听使者提亲，勃然大怒曰："吾虎女安肯嫁犬子乎！"如果荆州有外交委员会，就不会允许关羽对孙权如此无礼。

原则立场，能保证计划的前后一致性。负责制订组织计划的岗位，面试要测试原则立场。原则立场包括个人层面的原则立场，其核心是人生目标；也包括组织层面的原则立场，其核心是质询权和否决权。组织层面的原则立场，可以入职之后再学习。个人层面的原则立场，要在面试中甄选，因为原则立场不容易培养。董卓只有欲望目标，没有人生目标，因为在幼年和童年阶段，董卓身边的成年人肆意向他发泄愤怒，年幼的董卓体会到了弱者的恐惧和痛苦，同时，他也把欺压弱者视为强者的特权。这样的董卓长大之后，只受暴力的约束，不受原则约束。让董卓重新形成原则立场，需要长期的专业辅导，这样的辅导条件公司很难具备，所以，要在面试中筛查类似于董卓这样的候选人。

关羽有原则，他忠义、勇敢，但关羽的人生目标是成为武将。丰富关羽的人生角色，需要一定的条件，如果关羽敬佩的人生榜样，告诉关羽要向范蠡、萧何学习，并辅导关羽如何学习，关羽就有可能丰富自己的人生角色。如果公司不具备辅导条件，就应该在面试时甄选原则立场。此外，另一个可以促进组织计划的能力，也需要在面试中甄选，那项能力是概率估算。

负责组织计划的岗位，面试要测试的第三项能力是**概率估算**。其定义如下：**事件可能性的客观分析**。

《三国演义》的第四十六回（用奇谋孔明借箭，献密计黄盖受刑），主要写的是草船借箭。某日，周瑜聚众将于帐下，教请诸葛亮议事。周瑜对诸葛亮说："今军中正缺箭用，敢烦先生十日之内，监造十万枝箭，以为应敌之具。此系公事，先生幸勿推却。"诸葛亮说："只消三日，便可拜纳十万枝箭"。"愿纳军令状，三日不办，甘当重罚。"立军令状后，诸葛亮向鲁肃借船二十只，每船军士三十人，船上用青布为幔，各束草千余个，分布两边。

第一日，不见诸葛亮动静，第二日亦只不动。至第三日四更时分，诸葛亮密请鲁肃到船中，遂命二十只船，径望北岸进发。是夜大雾漫天，长江之中，雾气更甚，对面不相见。五更时分，船已近曹操水寨。诸葛亮命船只头西尾东，一带摆开，就船上擂鼓呐喊。曹军听得擂鼓呐喊，命弓弩手一万余人，尽皆向江中放箭。待至日高雾散，二十只船两边束草上，排满箭枝。诸葛亮令各船上军士齐声叫曰："谢丞相箭！"

诸葛亮敢立军令状，承诺三天内监造十万支箭，因为他知道，秋冬季节，从半夜到早晨，长江的江面上，起大雾的概率是九成以上。在大雾里，船只逼近曹军水寨，擂鼓呐喊，曹军用射箭回应，概率也是九成以上。基于对起雾和射箭这两件事的概率估算，诸葛亮推算出来，借到十万支箭，是大概率事件。

草船借箭，是对未来三天、大概率事件的估算，对小概率事件，诸葛亮也会估算。在《三国演义》第一百一十七回（邓士载偷渡阴平，诸葛瞻战死绵竹）中，魏将邓艾偷袭蜀国，他从阴平进兵，于巅崖峡谷之中，凡二十余日，行七百余里，皆是无人之地。前至一岭，叫摩天岭，山高坡陡，无路可走，邓艾命令士兵先把兵器扔到岭下，他带领两千士兵，用毡子裹着身体，从摩天岭上滚下来。邓艾和士兵滚到岭下，方才整顿衣甲器械而行，忽见一个大空寨，左右告曰："闻武侯在日，曾拨一千兵守此险隘。今蜀主刘禅废之。"邓艾观讫大惊曰："武侯真神人也！艾不能以师事之，惜哉！"

邓艾偷袭摩天岭，是公元263年，诸葛亮去世，是公元234年。摩天岭下那座的空寨，原来是一个军营，诸葛亮曾派兵在那里驻守。诸葛亮去世后，军营被撤销。看着被废弃了29年的军营，邓艾暗自庆幸，如果诸葛亮还在世，这次偷袭就不可能成功。庆幸之余，邓艾也很感慨，诸葛亮真是料事如神，此生不能拜他为师，遗憾啊！

诸葛亮派兵驻扎在摩天岭下，是防止敌军的偷袭。在诸葛亮去世29年后，邓艾果然来偷袭。诸葛亮并没有提前29年，预见到这次偷袭，但他看到了偷袭的可能性，虽然它发生的概率很小，但后果严重，不得不防。诸葛亮作决策，有概率意识：摩天岭驻军，是防范小概率的风险；草船借箭，是发掘大概率的机会。诸葛亮能针对事件的概率和后果，进行规划，这个能力就是概率估算。

在公司里，制订组织计划的工作，工作者要有概率估算能力，因为它能区分奇思妙想和异想天开，以保证计划的客观可行。

不会估算概率的人，往往异想天开。《三国演义》的第四十五回（三江口曹操折兵，群英会蒋干中计）中，曹操帐下幕宾蒋干，想立下攻打东吴的头功。蒋干对曹操说："某自幼与周郎同窗交契，愿凭三寸不烂之舌，往江东说此人来降。"……操问曰："子翼与周公瑾相厚乎？"蒋干曰："丞相放心，干到江左，必要成功。"蒋干不去思考，周瑜是东吴的安邦重臣、托孤心腹，自己是不可能靠同学情谊，说服周瑜投降。但蒋干不愿意放过这个小概率的机会，他一厢情愿地相信，他能说服周瑜。

到了周瑜帐中，蒋干没有说服周瑜投降，但他立下了另一个"奇功"，他发现了曹魏水军统帅蔡瑁、张允写给周瑜的信。蒋干连夜过江，把信交给曹操，害得曹操中了周瑜的反间计。如果蒋干有概率意识，他就会想，这封信可能是真的，也可能是假的。急于立功的蒋干，愿意相信这封信是真的，因为信是真的，他就立了大功；信是假的，他就上了大当。蒋干第二次渡江到东吴，也是想立下奇功，他要调查黄盖投降曹操，是不是诈降。这一次过江，蒋干也没完成任务，但他巧遇了凤雏先生庞统，而且，他说服庞统投靠曹操，这又是一大"奇功"。庞统到了曹营，出了一个连环计，让曹操把战船锁在一起。蒋干一而再、再而三地上当，因为他立功心切，追求小概率的机会。

在公司里，蒋干不能制订计划，因为他专门追求小概率的机会，他为公司制订的计划，看似奇思妙想，实则异想天开。

诸葛亮的草船借箭，是奇思妙想，因为草船借箭是大概率事件，任何一个人，大雾天带二十只船，在曹军水寨前擂鼓呐喊，都能借到箭。诸葛亮说服周瑜与曹操决战，也是大概率事件。任何一个人，向周瑜背出《铜雀台赋》中这一句"揽二乔于东南兮，乐朝夕之与共"，周瑜都会勃然大怒，因为"二乔"中的小乔，就是周瑜的妻子。

在现代公司里，概率估算可以依靠机制，也可以靠模拟。概率估算的机制，是独立董事。孙刘联合抗曹时，诸葛亮留在东吴协助周瑜，他参与部分决策，也出谋划策，很像现代公司里的独立董事。概率估算的模拟，是把计划中的变量一一列出来，再综合计算成功概率。例如，孙刘联合抗曹，周瑜和诸葛亮都想到了火攻，火攻要成功，有三个关键变量。第一个变量是锁船。曹魏军队要把战船锁在一起，火攻才能获得决定性的胜利。为了让曹操把战船锁到一起，庞统出马，向曹操献计。火攻的第二个变量是诈降。当东吴的引火船靠近曹魏战船时，曹魏水军不会派小船拦截，火攻才会成功。为了诈降，周瑜和黄盖用了苦肉计。第三个变量是东南风，火攻时，如果水面上刮起强劲的东南风，大风会把大火引向岸上的军营，江面上的火攻，就变成了全面的火攻。在这三个变量中，东南风是自然现象，久居长江的人知道，冬天长江会刮东南大风，因此，只要锁船和诈降能成功，火攻就能成功。这样算下来，火攻成功的概率是四分之一。如果不用火攻，孙刘联军战胜曹魏大军的概率会非常低。

在个人层面上，概率估算能力的基础是自我辩驳，即自己和自己辩论。诸葛亮在说服周瑜对抗曹魏之前，想了很多理由，然后他想象自己是周瑜，逐条驳斥那些理由。通过自我辩驳，诸葛亮发现，他找到的抗曹理由，都不能真正打动周瑜。直到有一天，诸葛亮看到曹植写的《铜雀台赋》，里面有"揽二乔于东南兮"这样一句诗，他知道，这一条理由能让周瑜决心抗曹，于是，他动身前往东吴，去劝说周瑜。

概率估算，是理性计划的前提条件，负责组织计划的岗位，面试要甄选概率估算。组织层面的概率评估，即独立董事和估算模拟，候选人可以入职之后再学习。个人层面的概率评估,要在面试中甄选,因为概率估算比较难培养。假如蒋干想把自己的异想天开,变成奇思妙想,他要接受教练的辅导,教练通过示范,帮助蒋干学会自我接纳,消除他急于立功的冲动。教练还要通过示范,帮助蒋干学会自我辩驳。如果公司不具备辅导条件,就要在面试中甄选概率估算。

制订组织计划的岗位,面试要测试三项能力,即**多元视角**、**原则立场**、**概率估算**。其中,多元视角,决定了计划的内在一致性;原则立场,决定了计划的前后一致性;概率估算,决定了计划的客观性和可行性。

测试**多元视角**,是做一个"工具学习测试"。多元视角来自工具学习形成的多元知识,没有工具学习能力,候选人的多元视角其实是人云亦云。工具学习是学科学习、应用学习、常态学习。其中,学科学习提供学习的形式;应用学习提供学习的目的;常态学习提供学习的习惯。如果候选人对工作中要学的知识,能够按照学科内容,按部就班地学习,候选人的学习就是工具学习。测试工具学习能力,是问三个问题。第一个问题:最近三年里,你系统地学习了哪个领域的知识?

第一个问题,是考查学习的学科性。学科学习,是从标准概念和基础原理开始的系统学习,这样的学习,才会形成专业视角。候选人回答第一个问题,至少要说一门专业学科的课程,例如管理学、营销管理、运营管理。如果候选人说的知识,是招数、技巧,候选人就没有通过测试。通过了第一个问题的测试,再问第二个问题:你为什么学这个?

第二个问题,是考查学习的应用性。如果候选人回答说,因为喜欢,他学习了运营管理,就没有通过测试。如果候选人说,为了管好运营,他学习了运营管理,候选人就通过了测试。通过了第二个问题的测试,再问第三个问题:你是怎么学习运营管理的?

第三个问题,是考查学习的常态性。如果候选人说,他每天抽一小时看运营管理的教科书，或者每天上班路上，听运营管理的音频课程，坚持了两年，这样回答的候选人，能把学习变成日常习惯，候选人就通过了测试。如果候选人说，他用两天时间，参加了一个运营管理的培训课程，这样回答就没有通过测试。

测试**原则立场**，是先做一个"原则意识测试"。如果候选人有原则立场，他在制订计划的时候，能觉察到自己的原则。根据这个特征，测试原则立场，是问两个问题。第一个问题：说两个你在工作决策中，始终都会坚持的原则。等候选人回答之后，再问第二个问题：请举例说明，你是如何坚持这两个原则的。假如候选人回答第一个问题，说的原则是品质和审美，在回答第二个问题时，就应该用具体的事例来说明，他如何在不同的决策中，坚持品质和审美。如果候选人的回答有情景、有选择、有决策，决策中有原则，候选人就通过了测试。例如像这样回答：我坚持简约素雅的审美原则：在设计公司网页时，我选择简约素雅的设计；在选择产品包装时，我也选择简约素雅的设计；产品发布会的海报，我也选择简约素雅。

通过了第一步测试，再进行第二步，测试潜意识层面的原则立场。以诸葛亮为例，他人生目标，是成为管仲、乐毅那样的丞相，他做一切事，都会按"丞相"的原则来要求自己，这是诸葛亮在潜意识中的原则立场。按这个特征，面试中测试原则立场，可以问这个问题：关羽、张飞、诸葛亮，这三个人中，你会选谁作为人生榜样？如果候选人选择诸葛亮，就通过了测试。因为这三人有不同的人格象征，关羽代表忠义，张飞代表英勇，诸葛亮代表智慧。以诸葛亮为人生榜样的候选人，更适合制订计划。

测试**概率估算**，是先做一个"概率理解测试"，以测试候选人对概率是否有基本认识。这一步测试，是做两道笔试题，第一题：请用公式表示，在一副扑克牌中，随机抽出四张扑克牌，这四张都为 A 的概率。这一题的答案是 1/54 乘以 1/53 乘以 1/52 乘以 1/51。笔试的第二题是选择题：小张抛硬币，连续四次都是正面朝上,第五次正面朝上的概率是多少?选项 A,1/32;选项 B,1/16;选项 C,1/2。这一题的答案是选项 C,1/2。

测试概率估算的第二步,是测试候选人在实际的计划中,估算概率的经历。第二步测试是问两个问题。第一个问题:如果刚毕业的学弟,向你请教,如何提高求职面试的成功率,你会给他什么建议?回答这个问题时,如果候选人能把求职分成若干个步骤,再分步骤去提高成功率,候选人就通过了测试。例如像这样回答:我会建议学弟,先选好目标公司,要选几个理想的公司,也要选几个保底的公司;然后学习写简历,要把简历写得出彩,还要符合公司要求;然后是练习面试,要先模拟练习,也要在真实面试中磨炼。通过了第一个问题的测试,就问第二个问题:请举例说明,在制订复杂计划的时候,你会用什么方法或什么工具来帮助你估算概率。

回答第二个问题,如果候选人能说出具体的计划和方法,就通过了测试。例如像这样回答:上个月,我做产品开发计划,我把三个产品的开发步骤都用树状图画出来;然后,我拿着那三张图和各个部门讨论,讨论每个步骤的实现概率;最后,我召集各部门,对着三张图一起讨论,确定每个产品的成功概率,再制订开发计划。

多元视角、原则立场、概率估算,这三项能力可以促进组织计划。需要制订组织计划的岗位,招聘的时候,要做一轮专门的面试,以确认候选人具备这些能力。

第 2 章

岗位执行：执行力的四层级

不同岗位，对执行力有不同的要求。有些岗位，工作者不参与执行，或者只参与部分执行，这类岗位对个人执行力的要求最低，这种程度的要求，属于执行力要求的第一级。有些岗位，工作者要参与全部的执行，这是执行力要求的第二级。有些岗位，工作者要负责团队执行，或者要负责组织执行，这是执行力要求的第三级和第四级。

本章依次介绍各个层级的个人执行力，详见下表。

	2.1 部分执行	2.2 个人执行	2.3 团队执行	2.4 组织执行	层级
2 执行	失败预判 指令消解 内驱失效	动作自觉 兴趣强化 感受追踪	任务描述 前馈控制 联动设置	聚焦迭代 系统构建 工作简化	特质 能力
	猪八戒	华佗	孙悟空	秦国军阵	代表

2.1　部分执行：猪八戒为什么要偷懒

本节介绍三个特质，**失败预判、指令消解、内驱失效**，这三个特质会妨碍人的执行能力。对执行力要求高的岗位，招聘的时候，要做一轮专门的面试，以确认候选人没有这三个特质。下文是这些特质的详细介绍，为了方便表述，我选择《西游记》中的猪八戒，来代表这些特质。

在《西游记》里，猪八戒用一首诗做自我介绍，开头四句是这样的："自小生来心性拙，贪闲爱懒无休歇。不曾养性与修真，混沌迷心熬日月。"

这个自我介绍很奇怪，现实中的人不会说自己"贪闲爱懒、混沌迷心"。猪八戒这么说自己，因为他是文学人物，他的自我介绍，是作者向读者交代人物背景。作为文学人物，猪八戒要承担作者赋予他的文学命运。猪八戒被创造出来，是为了衬托孙悟空。因此，那些英雄不应该有的毛病，就都堆到了猪八戒身上。猪八戒的第一个毛病，是懒。他连做人都懒得做。猪八戒的原形是猪，为了入赘高老庄，他变成一个黑胖子。和高小姐结婚之后，他懒得变成人形，就以猪的模样出现在众人面前。高老爷误认为他是妖怪，请孙悟空来捉妖。猪八戒的第二个毛病，是马虎。做事浮皮潦草，投胎这么大的事，他居然走错了路，投到个母猪的胎里，变成了猪的模样。

猪八戒的第三个毛病，是不节制。他贪吃贪财贪色，吃人参果的时候，一看到果子，他便觉馋虫拱动，张开口，囫囵吞咽下肚，吃完也不知道人参果是什么滋味。猪八戒贪财，化缘来的碎银子，他偷偷留一些，请城里银匠熔成一块小银饼，藏在耳朵里。猪八戒贪色，蜘蛛精在温泉里洗浴，作为英雄人物，孙悟空不方便和她们缠斗，就由猪八戒出面。猪八戒先把蜘蛛精戏弄一番，再开始打斗。猪八戒毛病虽多，但形象很真实，因为他的行为符合人们的生活观察，在现实中，不少人有猪八戒一样的毛病。如果从特质上来分析，猪八戒的毛病对应了三个特质，即失败预判、指令消解、内驱失效。

需要充分执行的岗位，面试要筛查的第一个特质是**失败预判**。其定义如下：**对自我事件的失败预判。**

在《西游记》里，总共有十六个妖怪是天神下凡。第二十八回出场的黄袍怪，原来是天上的奎木狼星；第三十二回出场的金角大王、银角大王，原来是太上老君的烧火童子。猪八戒和沙僧，也是天神下凡，他们原来是天蓬元帅和卷帘大将。天神到人间当妖怪，都会占山占水、称王称霸。沙僧水性好，占了流沙河，黄袍怪占了碗子山波月洞。在这十六个妖怪中，猪八戒最特别，他到了人间，不占山、不占水，只是瞎流浪。路经福陵山，遇到云栈洞的女洞主，猪八戒和女洞主结婚，这才谋到安身之所。结婚一年后，女洞主去世，猪八戒听说高老庄招女婿，他成功入赘，再次谋到了安身之所。

猪八戒不去占山为王，因为他有一个内在经验，凡是他想做成的事，都会失败。内在经验，是重复刺激形成的条件反射，假如猪八戒小时候，每次想吃苹果、玩游戏、想哭、想笑、想睡觉，都会被大人制止，他就会形成条件反射，凡是他想做的事，他就相信做不成，这种不自觉的内在经验，就是失败预判。

失败预判，不是分析之后，再判定自己想做的事会失败，而是不加分析，就判定事情会失败。失败预判不是悲观，而是不思考、不尝试、不努力。在《三国演义》的人物中，蜀国后主刘禅，也有失败预判特质。

《三国演义》的第一百一十八回（哭祖庙一王死孝，入西川二士争功）里，介绍了后主刘禅的投降经过。"却说后主在成都，闻邓艾取了绵竹，诸葛瞻父子已亡，大惊，急召文武商议……后主第五子，北地王刘谌曰：'……臣切料成都之兵，尚有数万；姜维全师，皆在剑阁，若知魏兵犯阙，必来救应。内外攻击，可获大功。……'后主叱之曰：'汝小儿岂识天时！'……

遂令谯周作降书，遣私署侍中张绍、驸马都尉邓良同谯周赍玉玺来雒城请降。时邓艾每日令数百铁骑来成都哨探，当日见立了降旗，艾大喜。"

"（后主）遣尚书郎李虎，送文簿与艾：共户二十八万，男女九十四万，带甲将士十万二千，官吏四万，仓粮四十余万，金银各二千斤，锦绮彩绢各二十万匹。余物在库，不及具数。择十二月初一日，君臣出降。"

公元263年，邓艾偷袭蜀国，后主刘禅不战而降。当时成都有几万兵马，粮草充足，物资丰富。而邓艾只有一万兵马。如果攻城，邓艾战败的可能性更大。如果成都兵马只是守城，邓艾久攻不下，等蜀国援兵到达成都，邓艾必败。刘禅不战而降，不是基于理性分析，他认为蜀国对抗曹魏，必定会失败。刘禅这种不思考、不尝试、不努力的特质，就是失败预判。

在公司里，需要充分执行的工作，工作者不能有失败预判特质，因为失败预判会影响工作目标，并进一步影响人际边界。

蜀后主刘禅，在胜券在握的情况下选择投降，这是目标错误。猪八戒从天上下来，不凭本事去谋生计，而是四处找靠山，这既是目标错误，也是边界不清。公司里的人际关系，是情景性的工作分工，不是依附和被依附关系。但是，猪八戒不这么想，他认为职场关系是依附关系，猪八戒不管进入哪家公司，都会在下意识地找靠山。《三国演义》中的吕布，在这一点上和猪八戒很像，不管在哪里工作，吕布总要找个超越工作关系的靠山。吕布先认丁原为干爹，后认董卓为干爹，再后来又成了王允的女婿。

《三国志》的作者陈寿，这样评价吕布："吕布有虓虎之勇，而无英奇之略，轻狡反覆，唯利是视。自古及今，未有若此不夷灭也。"

陈寿说，吕布像咆哮的老虎一样勇敢，却没有杰出而独特的谋略，他轻率狡诈、反复无常、唯利是图，从古至今，这样的人没有不被消灭的。吕布的悲剧，就来自他找靠山的习惯。吕布的个人武功、战场指挥都出类拔萃，他可以凭实力去占一块地盘。但吕布和猪八戒一样，空有一身本事，总想去找靠山。而且吕布找靠山没有原则，谁强大就找谁做靠山，所以是"轻狡反覆、唯利是视"。

找靠山的心理，会让职场关系变得很复杂。《西游记》中的高老庄，缺一个能干的农场工人，但是，高老爷不去招工人，而去招女婿，招女婿就是找靠山。猪八戒入赘，也是找靠山。入赘之后，高老爷说猪八戒"倒也勤谨，耕田耙地，不用牛具；收割田禾，不用刀杖。昏去明来，其实也好。"按高老爷的评价，猪八戒是理想的农场工人。但猪八戒会变脸，原来是个黑胖子，后来"头脸像个猪的模样"，按女婿的标准，猪八戒的模样差得太远。为了赶走这个糟糕的女婿，高老庄还要赶走那个理想的工人。工人和女婿不分，这就是边界不清。边界不清，会导致目标模糊，它对个人执行力的妨碍很大。

在公司里，需要充分执行的工作，工作者不能有失败预判，因为失败预判会让工作者相信，工作不会有结果，做事不如不做事。这种信念是下意识的思维习惯，当事人自己觉察不到，它的外在表现是懒。

在《西游记》里，从天上下凡的妖怪，有些会变成或漂亮或帅气的人：例如广寒宫里的玉兔，她先把天竺国的公主抓走，她自己再变成公主的模样；再如文殊菩萨的青毛狮子，他把乌鸡国王推到井里，自己变成国王的模样。猪八戒的神通，不比玉兔和青毛狮子差，他也能变成人的模样，但他懒得做人，就直接以猪模样见人。猪八戒的懒，还表现为懒得动脑筋。为了战胜黄袍怪，小白龙变成宫女给黄袍怪倒酒，再找机会刺杀黄袍怪。猪八戒不想办法，他打不过黄袍怪，就想散伙回高老庄。吕布也懒得动脑筋，他不懂得先看时局、再去找靠山，他就看谁的势力大，就找谁做靠山。如何确定战略、如何领导下属，这些事吕布也不想，就凭感觉去做。后来，陈宫给吕布当军师，帮吕布取下徐州。在徐州站稳了脚跟，吕布不再采纳陈宫的建议，他便节节败退，最后被下属生擒，献给曹操。

失败预判导致的懒，还表现为不会求助。在《西游记》里，小白龙打不过黄袍怪，就让猪八戒去求助孙悟空。求助也是想办法，在没办法的时候，求助是最有效的办法。

孙悟空很会求助，为了解决问题，他构建了一个求助系统。如果要了解情况，孙悟空会问山神土地；如果要呼风唤雨，他会请龙王帮忙；调查妖怪的来历，孙悟空会上天找玉帝；如果不知道问题出在哪里，他会去问观音。孙悟空的求助系统，是他神通的一部分。在现代公司里，执行力不仅是个人能力，还是利用社会资源和公司资源的能力。孙悟空能把自我融入系统当中，他的个人能力，会被系统放大无数倍。

失败预判，是执行力的认知障碍，需要执行力的岗位，招聘面试要筛查失败预判，因为失败预判很难改变。假如猪八戒想摆脱失败预判，他先要自觉，承认自己有失败预判，然后，他需要教练，这个教练要具备五个特征，即边界清晰、可以信任、值得尊重、可以冒犯、会犯错误。通过和教练的长期互动，猪八戒慢慢学会建立边界、独立决策、主动尝试。如果企业不具备辅导条件，就要在面试中筛查失败预判。此外，另一个妨碍执行力的特质，也需要在面试中筛查，那个特质是指令消解。

需要充分执行的岗位，面试要筛查的第二个特质是**指令消解**。其定义如下：**对指令的习惯性消极应付**。

《三国演义》第一百一十九回（假投降巧计成虚话，再受禅依样画葫芦）里，蜀后主刘禅投降，司马昭封刘禅为安乐公。"赐住宅，月给用度，赐绢万匹，僮婢百人。子刘瑶及群臣樊建、谯周、郤正等，皆封侯爵。后主谢恩出内。昭因黄皓蠹国害民，令武士押出市曹，凌迟处死。"

被司马昭处死的黄皓，是蜀国的宦官，担任中常侍、奉车都尉。因为刘禅的宠信，黄皓总揽朝政、专权跋扈。司马昭处死黄皓，因为黄皓擅长见风使舵、曲意逢迎，把这样的人留下，后患无穷。蜀国内部，都知道黄皓是小人。据《资治通鉴》记载，公元262年，姜维上书刘禅："皓奸巧专恣，将败国家，请杀之。"姜维说黄皓奸诈专权，建议刘禅将他处死。刘禅说："皓趋走小臣耳，往董允每切齿，吾常恨之，君何足介意！"

刘禅说，黄皓是一个走路都不敢大步走的小人，即"趋走小臣"。"趋"的意思是小步快走，做褒义词时，意思是恭敬谨慎；做贬义词时，意思是谄媚猥琐。"趋走小臣"是贬义，指谄媚猥琐的小人。刘禅知道黄皓是小人，但还是要信任他。在《出师表》里，诸葛亮提醒刘禅远离小人，"亲贤臣，远小人，此先汉所以兴隆也；亲小人，远贤臣，此后汉所以倾颓也。"

诸葛亮提醒，刘禅就表面应付，背地里仍然重用黄皓。刘禅有个特点，别人的建议，不顺他意的，他不反驳也不辩论，但也不接受，只是表面应付。

刘禅这个特点，和猪八戒有点像。在《西游记》第二十八回里（花果山群妖聚义，黑松林三藏逢魔），唐僧赶走了孙悟空，原来由孙悟空做的事，都归猪八戒做。一日，唐僧派猪八戒去化斋，猪八戒走了十里地，走得辛苦，他想："我若就回去，对老和尚说没处化斋，那老和尚也不信我走了这许多路。须多晃个时辰，才好去回话。"想到这，他便把头拱在草里睡下。等他一觉醒来，唐僧已被妖怪抓走。

在第三十二回里（平顶山功曹传信，莲花洞木母逢灾），猪八戒第一次去巡山，行有七八里路，见山坳里一弯红草坡，他一头钻得进去，使钉耙扒个地铺，骨碌地睡下，把腰伸了一伸道："快活！就是那弼马温，也不得像我这般自在！"孙悟空变成啄木鸟，把猪八戒狠啄两下，逼着猪八戒走入深山。往山里又走了四五里，只见山凹中有桌面大的四四方方三块青石，猪八戒放下钉耙，把石头当成唐僧、孙悟空、沙僧三人，练习回去如何撒谎。他说这山叫作石头山，山上有个石头洞，洞门是一扇铁叶门，进门三层之后，发现了妖怪。

猪八戒做事应付，唐僧派他去化斋，如果他觉得累了，他可以睡半小时再去，但他不反驳、不辩论，他先答应去化斋，再找个地方睡觉，然后编一套谎话去骗唐僧。孙悟空派他去巡山，他仍然是不反驳、不辩论，答应去巡山。猪八戒进山之后，还是找个地方睡觉，然后编一套谎话去骗孙悟空。猪八戒对指令不拒绝，也不提出疑问，他总是当面答应，背后再应付。像猪八戒这样，对指令不拒绝、不询问，通过假装执行而让指令失效，这种行为叫作指令消解。

指令消解，是早年经历形成的条件反射。如果猪八戒在幼年和童年，对大人的指令不能拒绝，也不能质疑，只能执行，执行之后又得不到鼓励，反而会被批评和惩罚，猪八戒就会形成一个经验，接受指令就会失去自由意志，执行指令就会受到批评和惩罚，在这样的困境中，他只能假装接受指令，然后再去应付。这个经验固化成信念，猪八戒就会怀疑一切指令，并用消极应付去化解指令，这种行为方式就是指令消解。

在公司里，需要充分执行的工作，工作者不能有指令消解特质。因为指令消解会让指令失效，并提高了监督成本。

在《西游记》里，猪八戒接受指令去巡山。孙悟空知道他会玩花样，就变成一只小飞虫，就在他的耳朵后面盯着。猪八戒在山里睡觉、练习撒谎，孙悟空都看到了。等猪八戒假装巡山回去，孙悟空再揭穿他，并要打他五棍。从那之后，猪八戒再去巡山，看到飞鸟走兽，他都认为是孙悟空，在这种监督之下，猪八戒才不会应付指令。唐僧没有时刻监督猪八戒的能力，所以，他领导不了猪八戒。监督需要成本，孙悟空变成小飞虫跟着猪八戒，孙悟空就不能做其他事，猪八戒做事，要搭上孙悟空做监督，这个成本很高。

指令消解还会导致信息失真。唐僧让猪八戒去化斋，猪八戒先睡一觉，回来说一路上没有人家；猪八戒巡山回来，说山叫石头山、洞叫石头洞、洞有铁叶门，门里有妖怪。这些信息都是假的，如果孙悟空按这些信息作决策，一定会出错。在公司里，猪八戒这样的人越多，公司的信息就会越假。为了获得真实的信息，公司要建立一个和执行系统并列的信息系统。

据《明史》记载，"十八年置东厂，令刺事。盖明世宦官出使、专征、监军、分镇、刺臣民隐事诸大权，皆自永乐间始。"

1420年，明成祖朱棣设置东厂，让东厂收集官吏的信息。东厂是纯粹的信息系统，它不执行任务，只收集信息。在理论上，东厂收集的执行信息，不可能比执行者提供的信息更真实。由于执行者的指令消解，朱棣就有必要设置只收集信息的东厂。设置东厂，是为每个做事的"猪八戒"，都配一个做监督的"孙悟空"，这会导致管理成本骤涨。如果现代公司还采用这种管理办法，说明公司在招聘时甄选不够细致，招进来太多的"猪八戒"。

指令消解，还会导致非理性的权威质疑。猪八戒第一次巡山，他非常愤怒，走出七八里路，把钉耙撇下，掉转头来，望着唐僧的方向，指手画脚地骂道："你罢软的老和尚，缺德的弼马温！大家取经，都要望成正果，偏是教我来巡甚么山！"猪八戒的愤怒，不是因为巡山辛苦，他是针对下指令的人。在猪八戒的观念中，下指令的人都不是好人，因为在他早年的经历中，对他下指令的大人，都会剥夺他的自由意志，还会伤害他的自尊。早年的经历，让猪八戒对下达指令的人，形成了权威质疑。

权威质疑，是指令消解的伴生特质。用人际关系来描述指令消除，就是权威质疑；用行为特质来描述权威质疑，就是指令消解。

《红楼梦》里的贾宝玉，他有权威质疑，在第九回里（恋风流情友入家塾，起嫌疑顽童闹学堂），贾宝玉要去上学，去贾政的书房中给贾政请安。"偏生这日贾政回家早些，正在书房中和相公清客们闲话。忽见宝玉进来请安，回说上学里去，贾政冷笑道：'你如果再提上学两个字，连我也羞死了。依我的话，你竟顽你的去是正理。仔细站脏了我这地，靠脏了我的门！'"

贾政只要和贾宝玉说话，语气就是讽刺和羞辱。为了保护自尊，贾宝玉不会接受贾政的羞辱，他会把贾政说的话，视为不怀好意的中伤。长期处在这种互动中，贾宝玉的潜意识就把贾政视为"坏人"。同时，贾政还代表了权威，贾宝玉就把贾政所代表的权威，一并视为不怀好意的坏人，如此便形成了思维上权威质疑。表现在行为上,权威质疑就是指令消解,贾政让贾宝玉好好读书,贾宝玉就会消极应付。

指令消解,是执行力的人际障碍。需要执行力的岗位,面试要筛查指令消解,因为它很难改变。如果猪八戒想摆脱指令消解,他先要知道他有指令消解,然后,他需要教练,这个教练要极具亲和力,同时极具权威性,这样才能打破猪八戒对权威的刻板印象。然后,教练和猪八戒讨论工作指令,引导猪八戒消除对指令的偏见。经过长期辅导,猪八戒能从指令消解中走出来。如果公司不具备辅导条件,就应该在面试中筛查。此外,另一个妨碍执行力的特质,也需要在面试中筛查,那个特质是内驱失效。

需要充分执行的岗位,面试要筛查的第三个特质是**内驱失效**。其定义如下:**内在驱动力的不自觉失效。**

成语"乐不思蜀",来自《三国志·蜀书》。"司马文王与禅宴,为之作故蜀技。旁人皆为之感怆,而禅喜笑自若。王谓贾充曰:'是人之无情,乃可至於是乎!虽使诸葛亮在,不能辅之久全,而况姜维邪?'充曰:'不如是,殿下何由并之。'他日,王问禅曰:'颇思蜀否?'禅曰:'此间乐,不思蜀。'"

刘禅投降后,离开了成都,住在洛阳。一天,司马昭宴请刘禅,为刘禅安排了蜀国的节目。旁边的人都为刘禅远离故土而伤感,而刘禅却是嬉笑自若。看到这个情形,司马昭对贾充说:"人的无情,怎么可以到这种程度!即使诸葛亮在世,也不可能辅佐刘禅的长治久安,更何况是姜维辅佐?"贾充说:"如果刘禅不是这样,殿下你怎么可以吞并蜀国呢。"过了几天,司马昭问刘禅:"是否想念蜀地?"刘禅说:"此间乐,不思蜀。"

如果刘禅的"此间乐,不思蜀"是真心话,那他就是只追求快乐,不追求成就感和使命感,这样的心理特征叫作内驱失效。

人的行为有四种驱动力,第一种是本能。吃饱喝足、男欢女爱、远离恐惧,这些都是人类的本能，也是人类行为的驱动力。本能每个人都有，每个人都无法摆脱，但是对本能的响应，人和人有差别。猪八戒对本能的响应很积极，看到人参果，他忍不住想吃；遇到妖怪，他忍不住害怕；看到美女，他忍不住浮想联翩。

行为的第二种驱动力，是评价。表扬奖励、名声地位，会激活人们的好胜心和虚荣心。在《西游记》第十六回（观音院僧谋宝贝，黑风山怪窃袈裟）里，观音禅院的老院主喜欢炫耀，他听孙悟空说，唐僧有件好袈裟，他就忍不住炫耀，"那老和尚，也是他一时卖弄，便叫道人开库房，头陀抬柜子，就抬出十二柜，放在天井中。开了锁，两边设下衣架，四围牵了绳子，将袈裟一件件抖开挂起，请三藏观看。果然是满堂绮绣，四壁绫罗！"孙悟空拿出唐僧的袈裟，那老和尚见了这般宝贝，果然动了奸心，走上前对三藏跪下，眼中垂泪道："我弟子真是没缘！老爷若是宽恩放心，叫弟子拿到后房，细细地看一夜，明早送还老爷西去，不知尊意何如？"

说起袈裟，老和尚忍不住要炫耀一番，这种行为的动力是评价；看到好袈裟，老和尚恨不能一口吞下去，这种行为的动力是本能。评价和本能，这两种驱动力都由外界的刺激引起，它们都叫作外驱力。

行为的第三种驱动力，是成就感，它驱使人们去自我完善。孩子学习说话、走路，学习用筷子、系鞋带，这些行为的动力是成就感。成就感是很强的驱动力，《西游记》里的孙悟空当上了猴王，还能外出拜师学艺，学艺的时候，能半夜去听祖师讲经，动力都是成就感。行为的第四种驱动力，是使命感。个人对世界的心理承诺，就是使命，例如普度众生、让世界充满爱。使命感是最强的驱动力，它驱使唐僧不远万里去西天取经。

成就感和使命感，是主动的驱动力，孙悟空学艺、唐僧取经，都是他们自己想做的事，所以，这两种驱动力又叫内驱力。

内驱力可能会被压制，如果猪八戒在幼年和童年阶段，他的自我挑战总是受干扰、挨批评、被惩罚，他的内驱力就会被压制。举例来说：幼年猪八戒系鞋带，父母直接出手帮他系好，这是干扰；猪八戒系鞋带，父母在旁边说他很笨，这是批评；八戒鞋带没系好，父母不准他吃零食，这是惩罚。干扰、批评、惩罚不断发生，小猪八戒就形成一个信念，如果去做复杂而困难的事情，他就会受干扰、被批评、受惩罚。在这个信念的暗示下，猪八戒不再做复杂而困难的事，只追求本能的快乐和外在的评价。这种情况持续到成年，就是内驱失效。

在公司里，需要充分执行的工作，工作者不能有内驱失效特质，因为它会导致行动不听意志的指挥，不论头脑多想把事情做好，行动上就是没有动力。

在驱动力上，刘禅和猪八戒很像，他们都不追求成就感，也不理解使命感，只要有声色犬马，还有人吹捧奉承，他们就觉得生活很美好。司马昭说刘禅，"虽使诸葛亮在，不能辅之久全"，是说刘禅没有追求，谁辅佐都没用。刘备似乎看到了这一点，在托孤的时候，刘备对诸葛亮说，"如其不才，君可自为成都之主。"

内驱失效的直接影响，是行为没有动力。在《西游记》第八回（我佛造经传极乐，观音奉旨上长安）里，猪八戒不想浑浑噩噩地做妖怪，但他没有动力去实现想法，只能"万望菩萨拔救拔救"。如果猪八戒去上班，不论有没有绩效考核，也不论加不加工资，他都做不好工作，因为他的行动不听他意识的指挥。

内驱失效的间接影响，是提高了培训成本。孙悟空为了学本领，于南赡部洲，串长城、游小县，不觉八九年余。忽行至西洋大海，他想着海外必有神仙，独自个做筏，又漂过西海，直至西牛贺洲地界。经过十年的遍访名师，孙悟空终于找到菩提祖师。到了菩提祖师门下，他日夜精进，花十年时间，学成各种神通。如果孙悟空去公司上班，不论做什么工作，他都会去查资料、找标杆、想办法，不用多长时间，他就会成为高手。

内驱失效的隐形影响，是提高了激励成本。玄奘西天取经，不需要表彰激励，那是他人生的意义。贞观三年，即公元629年，玄奘前往天竺取经。据玄奘说，他靠着上天的保佑，虽遇多次危险，最终都化险为夷。经过十七年的跋涉，他于贞观十九年回到长安，带回经书六百五十七部。他把亲自走过的一百一十个国家的经历，和听说过的二十八国家的传闻，写在一本书里，那本书是《大唐西域记》。

在《大唐西域记》里，玄奘写道："以贞观三年，杖锡遵路。资皇灵而抵殊俗，冒重险其若夷；假冥助而践畏途，几必危而已济。暄寒骤徙，展转方达。言寻真相，见不见于空有之间；博考精微，闻不闻于生灭之际……周流多载，方始旋返。十九年正月，届于长安。所获经论六百五十七部，有诏译焉。亲践者一百一十国，传闻者二十八国，或事见于前典，或名始于今代。"

玄奘西行，是去完成使命，使命感形成的驱动力，让他能战胜困难，也能抵御诱惑。据《三藏法师传》记载："法师入城，王与侍人前后列烛，自出宫迎法师入后院，坐一重阁宝帐中，拜问甚厚……停十余日……王曰：'弟子慕乐法师，必留供养，虽葱山可转，此意无移。乞信愚诚，勿疑不实。'"

玄奘西行经过高昌国，国王执意要拜玄奘为师，还郑重起誓，哪怕高山崩塌，也要把玄奘留在自己身边。最后玄奘以绝食明志，生死垂危。高昌王知道留不住玄奘，便与玄奘结为兄弟。取经回长安之后，唐太宗"每思逼劝归俗，致之左右，共谋朝政"，玄奘还是不为所动，他夜以继日，专心翻译佛经。

内驱失效，是执行力的动机障碍，而且改变难度很大，因此，需要执行力的岗位，面试要筛查内驱失效。如果猪八戒想摆脱内驱失效，他要接受辅导。教练针对猪八戒的专业优势，为他安排机会、设计个人任务，以重塑成就感和使命感。例如，猪八戒可以做义工，去幼儿园教小朋友练习武术，每周一次，每次一小时。为了做好义工，教练要督促猪八戒认真准备，事先演习。经过长期的辅导和长期的任务训练，猪八戒能够重新萌发成就感和使命感。这样的辅导条件，公司很难具备，因此，应该在面试中筛查内驱失效。

需要充分执行的岗位，面试要筛查三个特质，即**失败预判**、**指令消解**、**内驱失效**。其中，失败预判是执行力的认知障碍；指令消解是执行力的人际障碍；内驱失效是执行力的动机障碍。

测试**失败预判**，是做两个测试，一个是"具体准备测试"，另一个是"具体建议测试"。失败预判的猪八戒，如果为自己的事情作准备，他会马虎潦草，因为他认为事情会失败，准备也是白准备。在团队活动中，猪八戒向队友提建议，不会提具体的建议，因为他认为团队活动会失败，提了建议也是白提。根据这两个特征，测试失败预判，是问两个问题。第一个问题：你上一次找工作，作过哪些准备？等候选人回答之后，再从回答中找一个具体的行为，追问一个问题。例如，候选人说，他上次找工作作过的准备，有搜索广告、练习写简历、练习参加面试、练习回答面试问题。面试官可以就其中写简历的行为，再追问一个问题：你是怎么练习写简历的？如果候选人回答说，他听了三门写简历的课程，看了几十份简历范例，自己写了五个版本的简历。如果候选人的回答，是这样有动作、有情景的回答，候选人就通过了第一个问题的测试。

测试失败预判的第二个问题：最近一次，你对团队工作提出的建议是什么？候选人回答这个问题，应该是具体的行为建议。例如，建议遥控器的产品说明，增加一张照片，照片是一个模特，手拿遥控器的特写，因为顾客看遥控器的照片，看不出遥控器的大小，有人手人脸做参照，顾客会有直观感觉。如果候选人的回答，像这样有行为、有情景，候选人就通过了第二个问题的测试。

测试**指令消解**，是做一个"单一指向测试"。消解指令的猪八戒，会下意识地消解指令，如果有人问他一个单一指向的问题，猪八戒不会给出单一指向的回答，而是给一个似是而非的、有众多指向的回答。例如，面试官问猪八戒，他最喜欢哪一种颜色，这是单一指向的问题。猪八戒回答这个问题，会说他喜欢好多种颜色，紫色、蓝色、绿色他都喜欢，这就不是单一指向的回答。单一指向的回答，是只说一种颜色。单一指向的问题，不作单一指向的回答，这样的行为就是指令消解。根据指令消解的这个特征，测试指令消解，是问三个单一指向的问题。如果候选人回答三个问题，都没有给出单一指向的回答，就把候选人视为指令消解。

测试指令消解的第一个问题：在读书期间，你印象最深的课程，是哪一门课程？第二个问题：你看过的书当中，你对哪一本书的印象最深？第三个问题：在你工作过的三家公司中，你最喜欢哪一家公司？这三个问题，面试官在提问过程中，要明确读出"哪一门课程""哪一本书""哪一家公司"，不能把问题读成"哪门课程""哪本书""哪家公司"。如果读的时候，省略了"一"字，单一指向的要求就不够明显。回答单一指向问题，候选人应该给出单一答案。例如：印象最深的一门课程，生物；印象最深的书，《黑猩猩政治》。回答三个单一指向问题，候选人至少要有一个问题，能给出单一指向的回答。如果三个问题，候选人都没有给出单一指向的答案，则视为指令消解。

测试**内驱失效**，是做一个"驱动类型测试"。内驱失效的猪八戒，不追求自我完善的成就感，也不追求自我实现的使命感，他追求感官上的快乐和外部的社会评价。根据这个特征，测试内驱失效，是问两个问题。第一个问题：如果你有机会，变成更好的自己，你希望你在哪个方面变得更好？这个问题的回答，有五个方向。第一个方向，是希望自己的感受变得更好，例如，希望工作更快乐、生活更开心；第二个方向，是希望自己在社会比较上变得更好，例如，希望自己更加富裕，能晋升到更高的层级；第三个方向，是希望自己在社会评价上变得更好，例如，希望自己成为优秀管理者、杰出员工。这三种回答表现出来的驱动力，都不是内在驱动力，回答是这三个方向的候选人，就没有通过测试。

回答的第四个方向,是个人技能变得更好,例如,文章写得更有可读性、英语的发音更加标准;回答的第五个方向,是社会能力变得更好,例如,希望自己指导下属的效率更高,希望自己主持会议时,能更好地控制会议的进展。这两种回答表现出来的驱动力,是成就感和使命感,这样回答的候选人,就通过了第一个问题的测试。测试内驱失效的第二个问题:请说一说,你最近最有成就感的一件事。如果候选人说的成就感,是个人技能或社会能力方面的成就感,例如,最近写的一篇文章,学会了新的叙事方法,或者是,最近主持一次跨部门会议,顺利地解决了几个部门长期扯皮的问题。候选人能这样的回答,就通过了测试。

失败预判、指令消解、内驱失效,这三个特质会妨碍个人的执行能力。需要充分执行的岗位,招聘的时候,要做一轮专门的面试,以确定候选人没有这些特质。

2.2　个人执行：华佗为什么是发明家

本节介绍三个特质，**动作自觉、兴趣强化、感受追踪**，这三个特质，能促进个人的执行能力。需要充分执行的岗位，招聘的时候，要做一轮专门的面试，以确认候选人具备这三个特质。下文是这些特质的详细介绍，为了表述方便，我选择发明了五禽戏的华佗，来代表这些特质。

关于五禽戏，唐代名医孙思邈有这样的评价："普遵行之，行年九十，耳目聪明，齿牙完坚。佗之斯术，盖即得自仙传也。"

五禽戏，是名医华佗发明的养生操。"普遵行之"中的"普"，是华佗的学生，名叫吴普，他坚持练习五禽戏，到九十岁的时候，耳朵不聋、眼睛不花，牙齿仍然完好坚固。古人活到九十岁已经很罕见，还耳目聪明，齿牙完坚，不可思议，因此，孙思邈感叹说，华佗的五禽戏，应该是从神仙那里学来的。除了五禽戏，华佗还发明了内科手术。据《后汉书》记载，华佗做过外科手术，他曾切开病人的肌肉，处理深度的溃疡。在《三国演义》里，华佗给关羽刮骨疗伤，这是外科手术。在华佗所处的时代，外科手术的条件已经具备，他做外科手术，没有领先于时代。在《三国志》里，有华佗做内科手术记载，华佗用手术取出病人腹部的肿瘤。内科手术，领先于华佗所处的时代，因为当时没有医学麻醉剂，内科手术无法实施，华佗能实行内科手术，是因为他先发明了麻沸散。

麻沸散，是内科手术的麻醉剂。在发明麻沸散之前，华佗给病人做外科手术，会让病人喝酒，病人酒醉昏迷之后，华佗再做手术。酒精麻醉，不适合做内科手术，因为酒醉昏迷的病人，会因为内科手术的疼痛而惊醒。如果没有医学麻醉剂，内科手术就不可能得以实行。经过多年实验，华佗合成了医学麻醉剂，这让他有机会去做内科手术。华佗一生有很多发明，例如骨折夹板、预制止痛膏等。从能力上分析，华佗的成果来自执行力和创造力。从心理上分析，他的成果和三个特质有关，即动作自觉、兴趣强化、感受追踪。

个人充分执行的岗位，面试要测试的第一个特质是**动作自觉**。其定义如下：**动作的意识觉察与描述**。

华佗的五禽戏，是一套动作口诀，它最早见于南北朝时期的《养性延命录》，下文其中的片段："猿戏者，攀物自悬，伸缩身体，上下一七。以脚拘物自悬，左右七手钩，却立按头各七。鸟戏者，双立手，翘一足，伸两臂，扬眉鼓力，各二七。坐伸脚，手挽足距各七，缩伸二臂各七也。"

把五禽戏中的"鸟戏"翻译成白话文，意思如下："双手上举，右脚站立，左腿后抬，身体和地面平行，抬头直视，两臂向身体两侧张开，上下挥动手臂，如鸟拍打翅膀，挥动手臂7次，换左脚站立，重复上述动作。"

五禽戏的创意在于口诀，有了口诀，每个人都可以用语言去指挥动作。动作本来不归语言指挥，因为在进化过程中，动作先于语言。动物做动作都不需要语言，例如猴子，看到桃子掉到地上，它先看看周围，没发现危险，猴子就迅速爬下树，捡起桃子，再迅速地爬回树上。

猴子下树、捡桃、上树，不用语言去指挥，因为猴子没有语言。猴子的意识也不参与动作，它的意识在关注环境是否安全。人的动作机制，是从灵长类祖先那里继承来的，动作机制有两种模式，做陌生的动作要模仿，做熟悉的动作靠自动运行。这两种模式，意识都无法参与。意识如果参与动作，可能会出现"邯郸学步"的现象。

邯郸学步，出自《庄子·秋水》，"且子独不闻夫寿陵余子之学行于邯郸与？未得国能，又失其故行矣，直匍匐而归耳。"

据说在春秋时期，寿陵的一个少年，听说邯郸人的走路姿势好看，就专门去学习。到了邯郸，他没学会邯郸人的走路姿势，还忘了他原来的姿势，寿陵少年只好爬着回去。这个传说就是邯郸学步，说少年爬着回去，肯定是夸张，因为走路可以自动运行，例如梦游的人，睡着了仍然会走路。少年只要不想怎么走路，他就会走路。如果少年认真地想，他要怎么走路，反而会忘记走路，因为意识参与动作，可能会妨碍动作。

如果寿陵少年想让意识参与动作，还不妨碍动作，他要借助动作口诀，就像五禽戏一样："双立手，翘一足，伸两臂，扬眉鼓力。"

动作口诀，让人类有了指挥动作的能力。少林派的《易筋经》，经过明朝紫凝道人的整理，形为一套动作口诀："三盘落地式；目注牙齿，舌抵上腭，睛瞪口裂，两腿分跪，两手用力抓地，反掌托起，如托千金，两腿收直。青龙探爪式；肩背用力，平掌探出，至地围收，两目注平。饿虎扑食式；膀背十指用力，两足蹲开，前跪后直，十指挂地，腰平头昂，胸向前探，鼻息调匀，左右同之。"

武当派的太极拳，是张三丰的发明，它既是养生操，也是武打招式。在形式上，张三丰编写的《太极拳经》也是一套动作口诀："其根在脚，发于腿，主宰于腰，行于手指，由脚而腿而腰，总须完整一气，向前退后，乃能得机得势。有不得机得势处，身便散乱，其病必于腰腿求之，上下前后左右皆然，凡此皆是意，不在外面。"

动作口诀，让意识可以参与动作。五禽戏的爱好者，不必跟在华佗后面模仿，他们看文字、念口诀，就能完成动作。把多个动作串成一起，就成了技艺，因为动作口诀，技艺实现了跨时空传播。华佗能发明五禽戏，因为他有一种观察行为的独特方法，他能把潜意识控制的行为，描述成一个一个的具体动作。华佗的这个观察特质，叫作动作自觉。

在公司里，从事充分执行的工作，工作者要有动作自觉特质，因为工作者要凭借动作自觉，才能把工作行为，拆分成可以执行的动作。

在《水浒传》第七十四回（燕青智扑擎天柱，李逵寿张乔坐衙）里，燕青化名张货郎，去和一个名叫任原的人摔跤。任原身长一丈，貌若金刚，约有千百斤气力，外号擎天柱。任原在庙会时设摔跤擂台，擂台在当时叫作献台，即献艺的台子。在庙会的摔跤献台上，任原两年不曾遇到对手。眼看这一年庙会又到了，燕青便化名前来打擂。

"燕青上得献台，做一块儿蹲在右边，只不动弹。任原看燕青不动弹，看看逼过右边来，燕青只瞅他下三面。任原暗忖道：'这人必来算我下三面。你看我不消动手，只一脚踢这厮下献台去。'任原看看逼将入来，虚将左脚卖个破绽，燕青叫一声：'不要来！'任原却待奔他，被燕青去任原左胁下穿将过去。任原性起，急转身又来拿燕青，被燕青虚跃一跃，又在右胁下钻过去。大汉转身终是不便，三换换得脚步乱了。燕青却抢将入去，用右手扭住任原，探左手插入任原交裆，用肩胛顶住他胸脯，把任原直托将起来，头重脚轻，借力便旋四五旋，旋到献台边，叫一声：'下去！'把任原头在上、脚在下，直撞下献台来。这一扑，名唤做鹁鸽旋，数万的香客看了，齐声喝采！"

在上一段文字中，《水浒传》作者施耐庵，描写燕青和任原的摔跤，把过程拆分成动作，施耐庵能写到这个程度，因为他有动作自觉的特质。书中的燕青能成为摔跤高手，因为燕青有动作自觉特质。燕青能看到对手的动作，因此能看到任原的破绽。燕青练习摔跤，是针对一个一个具体的动作进行训练，因为动作细致精准，燕青就成了摔跤高手。

一切技艺，成为高手不仅靠勤学苦练，还要有动作自觉特质。管理也是技艺，开创科学管理理论的泰勒，把工作技能编成动作口诀，管理因此科学化。

1874年，泰勒进工厂当学徒，他发现工人的效率很低，他就时常思考，怎样帮助工人提高效率。等泰勒当了经理，他去观察绩效杰出的工人，把杰出工人工作时的动作，像记录"拳谱"一样，一招一式地记录下来，再用"拳谱"去指导其他工人，让其他工人也成了杰出工人。为了仔细观察，泰勒把工人的动作用照相机拍下来，再一张一张看照片去寻找最佳动作，这个方法叫作动作分析。

泰勒还编写指导手册，告诉工人铲砂子用方头铲，铲煤用圆头铲，铲土用尖头铲。根据工作情景，泰勒编写操作手册，例如马车卸货，第一步，在地上标出停车位置；第二步，把马车停到标定位置；第三步，用三角木固定车轮；第四步，把马牵到马棚拴好；第五步，领班示范码放方法；第六步，卸货。有些公司根据泰勒的指导，把全部操作都编成手册。有了手册，工作三个月的工人，技能水平能超过五年经验的老工人。采用泰勒方法的企业，效率大幅提高，其他企业纷纷仿效，引发波及全球的科学管理运动。

因为动作自觉，泰勒的执行力很强，他获得过全国网球比赛的亚军，和奥运会高尔夫比赛的第四名，因为他用动作分析，去学习杰出运动员的动作。泰勒和华佗有共同点，因为动作自觉，华佗发明了五禽戏，泰勒发明了科学管理。

动作自觉，是执行力的操作基础。在公司里，需要充分执行的岗位，面试应该甄选动作自觉，因为它是经历塑造的特质，主动培养需要一定的条件。假如华佗在童年阶段，他父母指导他的行为，是用语言去描述动作细节，耳濡目染，他就养成了描述动作的习惯。成年人培养动作自觉，难度不大，只要当事人想学习，加上教练的进阶辅导，大部分人能获得动作自觉。如果企业没有辅导条件，就应该在面试中甄选。此外，另一个执行力的促进特质，也需要在面试中甄选，那个特质是兴趣强化。

个人充分执行的岗位，面试要测试的第二个特质是**兴趣强化**。其定义如下：**基于分解步骤的积极强化**。

鸡是社会化的动物，两只鸡在一起，一定要分出高低等级。鸡分等级的办法，先是炫耀，看谁的架子更大。如果炫耀分不出高低，鸡就会打架，打赢的一方昂首阔步，打输的一方低声下气。因为鸡有这个本性，人类很早就训练斗鸡，以供博彩娱乐。我国古代文献当中，关于斗鸡的记载，最早见于《左传》。唐代诗人杜甫，写过一首题为《斗鸡》的诗。

"斗鸡初赐锦，舞马既登床。帘下宫人出，楼前御柳长。仙游终一阕，女乐久无香。寂寞骊山道，清秋草木黄。"

这首诗是说唐玄宗李隆基，喜欢斗鸡、舞马，刚赐锦缎给斗鸡，随即去看舞马的登床表演。李隆基的游戏逸乐，总会有结束的时候，寂寞的骊山道边，秋天一到，草木枯黄。杜甫这首诗，是批评李隆基玩物丧志，导致唐朝由盛转衰。用现在的眼光看，李隆基是游戏成瘾，他的自我奖励机制，被无意义的活动强化，而他不能自拔。

如果一个人能在某种活动中，持续体会到"小期待、小尝试、小开心"这三种情绪，此人就会对这个活动上瘾。以斗鸡为例，给斗鸡下注的人想赢，这是小期待；下注之前要评估如何下注，这是小尝试；下注的鸡赢了，这是小开心。小期待、小尝试、小开心，这是成瘾的共性，简称"三小原则"。

游戏成瘾的人很多，工作成瘾的人很少，因为游戏是人们主动选择的活动，不符合"三小原则"的游戏，因为没人选择，已经都被淘汰了。工作不一定是人们的自愿选择，为了生存，人们会选择违背"三小原则"的工作，做这样的工作，刚开始需要毅力，人会觉得艰难；熟悉之后，工作会变成习惯，人会觉得无聊。很多人在工作中，只体会到了艰难和无聊，所以要用斗鸡舞马调节情绪。还有一些人，能把一切活动变成游戏，例如苏东坡，他把写文章、练书法、作诗、做菜、修身、养性，都变成了有趣的游戏。

能把活动变成游戏，这样的人可以专注而持续地努力，他们的执行力和创造力都很强，会有远超常人的成果。

华佗也能把活动变成游戏，他编排五禽戏，就像玩好玩的游戏。五禽戏总共有54个动作，这些动作都有目的，编排在一起进行练习，可以拉伸韧带、活动关节、运动肌肉。五禽戏中的动作，都是重复动作，但重复的次数不同，有2、3、7、14四种重复次数，不费力的动作多重复，费力的动作少重复，通过不同的重复次数，五禽戏让各部位达到均衡运动。以现代运动标准衡量，五禽戏仍然是优秀的养生操，因为它的运动既全面又均衡。这也说明，五禽戏不是一蹴而就的即兴成果，而是多次优化的研究成果。

华佗的五禽戏，以庄子的二禽戏为基础。为了全面运动，华佗在二禽戏的基础上增加新动作；为了均衡运动，华佗还要为每个动作选择运动量。在那个时代，华佗没有其他养身操可以借鉴，他只能一遍又一遍地尝试，一个动作接一个动作地调整。像华佗那样，从无到有地编排一套养生操，至少需要几百次的优化调整。

华佗能把五禽戏优化那么次，靠的是兴趣。如果华佗在演练五禽戏之前，带着小期待；练完再进行动作调整，这是小尝试；然后找到了更合理的动作，这是小开心。华佗像这样编排五禽戏，他会对编排上瘾。华佗先把活动目标分解，分解成细小的步骤，再关注步骤中的积极进展，用这个办法，他能把一切活动变成有趣的游戏。华佗的这个特质叫作兴趣强化。

在公司里，从事充分执行的工作，工作者要有兴趣强化特质，因为它让工作者主动专注于工作，并让工作者适应不同的任务。

成语"乐此不疲"出处《后汉书·光武帝纪下》，东汉光武帝刘秀，他的工作态度是乐此不疲。据《后汉书》记载，"初，帝在兵间久，厌武事，且知天下疲耗，思乐息肩。自陇、蜀平后，非儆急，未尝复言军旅。皇太子尝问攻战之事，帝曰：'昔卫灵公问陈，孔子不对，此非尔所及。'每旦视朝，日仄乃罢。数引公卿、郎、将讲经论理，夜分乃寐。皇太子见帝勤劳不怠，承间谏曰：'陛下有禹、汤之明，而失黄、老养性之福，愿颐爱精神，优游自宁。'帝曰：'我自乐此，不为疲也。'"

东汉初年，刘秀多年征战，不喜欢战争，他知道天下因战争消耗很大，需要恢复。自从陇蜀平定之后，不是紧急军情，他不再讨论。太子有一次问起战争，刘秀说："昔日卫灵公向孔子请教排兵布阵，孔子都不回答，军事不是你现在要了解的。"刘秀每天早上处理政务，下午才能处理完，然后和公卿、侍郎、将军讲经论理，到半夜才睡。太子见刘秀操劳，就提出建议："陛下像大禹、商汤一样明智，却没有像黄帝、老子一样修养心性，希望陛下少操劳、多休息。"刘秀说："我喜欢这样，不觉得辛苦。"

刘秀并不是工作狂，他也爱玩，二十多岁的时候，他"高才好学，然亦喜游侠，斗鸡走马，具知闾里奸邪，吏治得失。"

刘秀喜欢斗鸡走马，但他不痴迷；刘秀是军事天才，他也不痴迷。刘秀做事，拿得起、放得下，重要的事情，他就全心投入。刘秀这些特征，是兴趣强化的典型特征。有些人做事很投入，但只能投入做一件事，例如明熹宗朱由校，他只喜欢做木匠活。据《先拨志始》记载，朱由校"朝夕营造，每营造得意，即膳饮可忘，寒暑罔觉。"

明朝皇帝朱由校喜欢做木匠活，喜欢到不知饥渴、不知冷热。如此痴迷，因为他只对木匠活形成了"小期待、小尝试、小开心"。朱由校痴迷木匠活，和李隆基痴迷于斗鸡舞马一样，是成瘾行为。刘秀、华佗、苏东坡，他们不是成瘾行为，他们能把别人看来艰难无聊的事，变得像斗鸡舞马一样有趣，对他们来说，做事本身就是乐趣，具体做什么事，要看事情的轻重缓急。这样的人，在任何领域里都能取得突破性的成果。华佗发明的五禽戏和麻沸散，都是突破性的成果。当黄疸疫流行时，华佗用草药做实验，寻找治疗办法，经过三年实验，他找到了能治黄疸疫的茵陈蒿，这也是一个突破性的成果。对常人而言，做三年实验，是难以想象的艰难和无聊。而华佗有兴趣强化特质，他能乐此不疲。

兴趣强化，是执行力的导向基础。在公司里，需要充分执行的岗位，面试要甄选兴趣强化，因为它是由基因和经历塑造的特质，很难培养。兴趣强化，本来是孩子的天性，孩子不论做什么，都能把事情都变得有趣。到了成年阶段，人们对趣味的敏感性会大幅度下降。但有一些人，如华佗、刘秀、苏东坡，他们成年之后，仍然保留了童年的游戏天性，不论什么事，到了他们手里，就会变成"小期待、小尝试、小开心"的游戏。兴趣强化，是童年天性的顺延，如果华佗的幼年和童年阶段，他身边的成年人，没有压制他的游戏天性，等华佗到了青少年阶段，他的兴趣爱好，仍然得到成年人的尊重，因为这样的经历，华佗就有机会把童年的游戏天性，顺延到成年。

如果成年的华佗，没有兴趣强化特质，重新培养的难度很大，因为他先要为自己营造一个稳定而安全的环境，让他没有生活压力，也不追求虚荣，然后他再像孩子一样，用"有趣"来观察一切事情，并尝试多种工作。他还要接受教练的辅导，去挖掘一切活动中的小期待、小尝试、小开心。经过长期的体验和辅导，华佗能获得兴趣强化的能力。这样的辅导条件，公司很难具备，所以，应该在面试中甄选兴趣强化。此外，另一个能促进执行力的特质，也需要在面试中甄选，那个特质是感受追踪。

个人充分执行的岗位，面试要测试的第三个特质是**感受追踪**。其定义如下：**感受过程的意识追踪**。

"推敲"一词，来源于唐朝诗人贾岛。据《诗话总龟》记载："岛初赴举，在京师。一日，于驴上得句云：'鸟宿池边树，僧敲月下门。'始欲'推'字，又欲做'敲'，炼之未定。于驴上吟哦，引手作推敲之势，观者讶之。时韩退之权京兆尹，车骑方出，岛不觉，行至第三节。俄左右拥至尹前。岛具对所得诗句。韩立马良久，谓岛曰：'作敲字佳矣。'遂并辔而归，共论诗道，留连累日，因与岛为布衣之交。"

贾岛进京参加科举考试，一天，他骑驴上街，在驴背上想到了诗句，"鸟宿池边树，僧敲月下门。"刚开始，他觉得"推"字更好，后来又想用"敲"字，琢磨未定。贾岛骑在驴上，一边念诗，一边用手做推和敲的姿势，看哪个字更好，旁边的人看了觉得奇怪。当时韩愈担任负责京城事务的京兆尹，那天正带着人马队伍出行。贾岛在专心钻研诗，没有回避京兆尹的队伍，他和队伍逆向而行，一直逆行到第三个纵队。卫兵把他捉住，带到韩愈面前。贾岛说出原因，他在想诗句中应该用哪个字，韩愈听了，也骑在马背上琢磨。过了很久，韩愈对贾岛说，用"敲"字更好。然后，韩愈邀贾岛一起走，韩愈骑马，贾岛骑驴，边走边谈诗，两人一起去到韩愈府中。韩愈请贾岛留住多日，两人成了朋友。

韩愈说"敲"字更好，他说诗中"鸟宿池边树"是说夜的宁静，僧人敲月下的门，敲门声被宁静月夜衬托，格外清晰入耳，这就更加衬托出宁静。韩愈能抓住诗中每个字带给他的感受，他的这个特质，叫作感受追踪。

华佗对感受的过程也极为敏感，据《三国志·魏书》记载，华佗给病人扎针之前，会告诉病人"当引某处，若至，语人"，这是他在告诉病人，扎针后的针感。打个比方，假如华佗准备用银针扎病人的足三里（足三里在膝下小腿外侧），在下针之前，华佗告诉病人，这一针下去，你小腿的前外侧会有发酸发胀的感觉，这个感觉先会向下跑，跑到脚背上，然后会往上跑，会跑到胃，胃也会跟着发酸发胀。当胃有了酸胀感，你就说出来。跟病人说完针感，华佗就给病人扎针。过了一会儿，病人说酸胀感开始往上跑，已经跑到胃部了。听病人这么说，华佗就拔针，因为酸胀感到胃部，说明扎针已经见效。

华佗能告诉病人针感，因为他在自己身上试过，他知道针感的形成和变化过程，他也问过不同病人的感受，把自己的感受和病人的感受对照，他对针感就有了更深的体会。华佗能体会针感，是因为他和韩愈一样，能跟踪自己的感受，并找到引起感受变化的那个刺激点，华佗的这个特征，也是感受追踪。

在公司里，从事充分执行的工作，工作者要有感受追踪特质，因为它能让工作者发现工作中的关键因素，并针对关键因素进行训练，以获得卓越技能。

感受追踪的直接表现，是描述自己的感受。清代小说家刘鹗，在《老残游记》里表现出了极强的感受描述能力。《老残游记》第二回，有这么一段："王小玉便启朱唇，发皓齿，唱了几句书儿。声音初不甚大，只觉入耳有说不出来的妙境；五脏六腑里，像熨斗熨过，无一处不伏贴；三万六千个毛孔，像吃了人参果，无一个毛孔不畅快。唱了十数句之后，渐渐的越唱越高，忽然拔了个尖儿，像一线钢丝抛入天际，不禁暗暗叫绝。那知他于那极高的地方，尚能回环转折。几啭之后，又高一层，接连有三四叠，节节高起。"

刘鹗笔下的王小玉，能用声音抓住听众的感受，她这个能力的基础，是感受追踪。王小玉先要抓住自己的感受，然后她才知道，怎样演唱可以抓住听众的感受。刘鹗能用文字描写感受，还能为每一种感受找到具体的来源，这是感受追踪的核心特征。韩愈推敲诗歌，能找到"敲"字对应的宁静感，这也是感受追踪。有感受追踪特质的韩愈，他在写文章的时候，能找到每个字、每句话对应的感受，因此，他能写出优美的文章。华佗和病人确认针感，他能为每一针都找到清晰的感受，他才能成为一个好医生。在优化五禽戏的时候，华佗能找到每个动作的感受，这样他才能发明养生操。细细数来，各个领域里的杰出能力，都以感受追踪为基础。

在公司里，从事充分执行的工作，工作者要有感受追踪特质，因为它能让工作者发现优秀和杰出的差别，并遵照感受，去创造杰出作品。

在古代骈文中，王勃的《滕王阁序》是千年杰作。这篇文章视野开阔、立意高远，读起来朗朗上口，而且典故用得恰到好处。这篇文章的创作过程，是识别优秀和杰出的经典案例。公元675年，王勃经过洪都，恰逢滕王阁重修竣工，洪州都督阎伯屿，计划于重阳节这天，在滕王阁上举办庆典。阎伯屿的女婿，事先准备了一篇文章，待庆典当天，于滕王阁上朗读给嘉宾。

王勃那天也参加了庆典，都督在庆典上提问：哪位嘉宾愿意即兴写一篇文章。都督心里有底，万一所有嘉宾都推辞不写，他女婿就会写出事先准备好的文章。嘉宾左推右让，让到王勃这里，他略加思索后便挥笔疾书。王勃一路写，现场有人一路朗诵，当听到"落霞与孤鹜齐飞，秋水共长天一色"时，都督拍案叫绝。等王勃写完，在场的嘉宾都叹为观止。

王勃能即兴写出千古名篇，是他对无数篇文章，做过字斟句酌的钻研。在他脑袋里，哪些文章是杰出文章，他不但有感觉，还有清晰的结构。他对读者阅读文章的体验，也有清晰的了解，他能用字句的起承转合，带领读者去领略文章的优美。而现场的其他嘉宾，只有理解杰出作品的能力，没有创造杰出作品的能力。如果都督能说出来，为什么"落霞与孤鹜齐飞"比"落霞与双鹭齐飞"好，就像韩愈一样，能说出"僧敲月下门"为什么比"僧推月下门"好，那都督也能写出好文章。对于杰出作品，多数人是知其然，不知其所以然。不仅是王勃的《滕王阁序》，细细数来，韩愈的《师说》、苏东坡的《赤壁赋》、华佗的五禽戏、张三丰的太极拳，这些杰出作品的作者，都有感受追踪特质。

感受追踪，是执行力的价值基础。在公司里，个人充分执行的岗位，面试要甄选感受追踪，因为它很难培养。如果华佗在幼年和童年阶段，他身边的大人，能够把细致的感受说出来，大人也能引导小华佗把细致的感受说出来，通过言传身教和当面引导，小华佗自然具备了感受追踪特质。假如华佗没有感受追踪特质，到了成年阶段，他又想获得，他就需要教练，教练引导他把感受和感受的过程说出来，在辅导华佗说的时候，教练要坚持一个原则，即不评价任何人的感受，只描述自己的感受。经过长期的辅导，华佗有可能获得感受追踪能力。如果公司不具备辅导条件，就应该在面试中甄选感受追踪。

个人充分执行的岗位，面试要测试三个特质，**动作自觉、兴趣强化、感受追踪**。其中，动作自觉是执行力的操作基础；兴趣强化是执行力的导向基础；感受追踪是执行力的价值基础。

测试**动作自觉**，是做一个"障碍定点测试"。如果候选人有动作自觉特质，他会把绩效障碍理解为动作层面的技能问题，他认为绩效好，是因为动作正确，绩效不好，是因为工作者不知道，怎样把事情做好。如果候选人没有动作自觉特质，会把绩效障碍理解为诸如品德、态度、个性这些深层的问题，或者是背景、人脉、文凭这些表层问题，他们看绩效障碍，看不到具体的点。根据这个特征，测试动作自觉是问两个问题。第一个问题：你所在的团队里，最近三个月，谁的绩效最差？等候选人回答之后，再问第二个问题：他为什么绩效最差？

候选人回答第二个问题，如果是把某人的绩效障碍，确定为技能之外的因素，候选人就没有通过测试。技能之外的绩效障碍，一共有三种。第一种是态度，相信态度的候选人会这么回答，绩效最差的人，因为态度不端正、工作不敬业、思想不上进，导致绩效最差。第二种绩效障碍是背景，相信背景的候选人会这么回答，某人学历低、没有大公司经历，导致绩效最差。第三种绩效障碍是个性，相信个性的候选人会这么回答，某人性格内向、追求完美，导致绩效最差。

候选人回答第二个问题，如果把绩效障碍确定为具体的行为，候选人就通过了测试。例如这样回答：某人在工作之前不制订计划，工作之中不和同事沟通，工作之后不回顾工作步骤，所以绩效最差。

测试**兴趣强化**，是做一个"多项优势测试"。如果候选人有兴趣强化特质，他能形成多领域的兴趣，并获得多领域的突出能力。根据这个特征，测试兴趣强化，是问四个问题，第一个问题：你最喜欢工作中的哪一项技能？候选人回答之后，再问第二个问题：和一般人相比，你这项技能的水平怎么样。如果候选人说，他的技能远超常人，而且有客观证据，他就通过了测试。例如这样回答：我写邮件的水平远超常人，公司里的客户沟通模板、招标邮件模板，都是我写的。

通过了第二题的测试，再问第三个问题：你的水平为什么能超出常人？回答第三个问题，如果候选人说，他提高技能的方式，是把技能分成很多小模块，再逐个模块训练提高，候选人就通过了测试。例如这样回答：为了写好邮件，我把客户需求分成七类，还把沟通风格分成了三类；然后，我为每种需求和每种风格都写了一个邮件，再逐字逐句地修改，才把模板确定下来。

通过了第三题的测试，再问第四个问题：你另外还有哪些能力，也远远超出常人水平？回答第四个问题，候选人至少要说出一项能力，并能说出客观证据，还能说出他把技能分解成小模块，逐步提高的过程，候选人就通过了测试。例如这样回答：我的演讲能力也很强，我拿了两届演讲比赛的冠军。我练习演讲，是从发音开始的，然后练习情景描述，再练习情绪表现，还练习了姿势手势，最后是练习写演讲稿。

测试**感受追踪**，是做一个"触点定位测试"。如果候选人具备感受追踪特质，他就能用语言描述出，引起他感受变化的具体刺激。根据这个特征，测试感受追踪，是让候选人阅读一段文字，再让他说出阅读时的感受。如果候选人能说出，引起他感受变化的词、句，候选人就通过了测试。

测试方法是从社会学、哲学书上，摘取一段约300字的段落，段落中只有抽象论述，没有感受描述。然后，把这一段文字打印出来，再准备一个3分钟的沙漏。测试之前告诉候选人，请他用3分钟时间看这一段文字，并告诉他，时间很充裕，3分钟可以从容地看两遍。看完之后，要请他详细描述阅读时的感受：开始是什么感受、中间是什么感受、最后是什么感受，以及为什么是这些感受。介绍完测试方法，然后把打印有文字的卡片给候选人，并通知候选人准备开始计时。

看完文字，如果候选人说的感受，是概念性的评价，例如，文字经典、观点深刻，候选人没有通过测试。如果候选人按照面试官的要求，把文章的开始、中间、最后的感受说出来。例如，开始觉得严谨，后来觉得深刻，最后觉得全面，这样也没有通过测试。如果候选人能说出来，哪一个词，引起了他的联想；哪一句话，让他感觉到作者观点深刻；哪一句话，让他觉得作者论证不足。作出这样回答的候选人，就通过了测试。

动作自觉、兴趣强化、感受追踪，这三个特质能促进个人的执行能力，需要充分执行的岗位，招聘的时候，要做一轮专门的面试，以确认候选人具备这些特质。

2.3　团队执行：孙悟空怎样领导团队

本节介绍三项能力，**任务描述、前馈控制、联动设置**，这三项能力可以提高团队的执行效率。负责团队执行的岗位，招聘的时候，要做一轮专门的面试，以确认候选人具备这些能力。下文是这些能力的详细介绍，为了方便表述，我选择《西游记》中的孙悟空来代表这三项能力。

在《西游记》第十七回（孙行者大闹黑风山，观世音收伏熊罴怪）里，孙悟空说了两句自我介绍："你去乾坤四海问一问，我是历代驰名第一妖！"

这两句话很有深意，《淮南子集释》中，对"宇宙"一词作过解释，"四方上下曰宇，古往今来曰宙"。孙悟空说的"乾坤四海、历代驰名"，其实就是宇宙。孙悟空介绍自己，说他是宇宙第一妖。"宇宙第一妖"，是《西游记》作者吴承恩的愿望。吴承恩希望，他创造的孙悟空，是神话人物中的第一英雄，为此，吴承恩作了精心的构思。孙悟空先是美猴王，然后成了齐天大圣，最后又成了斗战胜佛。在神话人物中，既成王、又成圣、还成佛的英雄，只有孙悟空。

孙悟空成王，是《西游记》的第一回，孙悟空发现了水帘洞，被推举为猴王。孙悟空成圣，是第二回（悟彻菩提真妙理，断魔归本合元神）到第八回（我佛造经传极乐，观音奉旨上长安）的主题，孙悟空学成无边的法力，再率领花果山的猴子打败天兵天将，他就成了齐天大圣。《西游记》第八回到第一百回（径回东土，五圣成真），主题是孙悟空成佛。成佛的过程中，孙悟空的神通没有变化，七十二变、筋斗云、分身法，都是旧本事。由圣到佛，孙悟空的心性有变化，他不再冲动轻率、好勇斗狠。由圣到佛，孙悟空的团队领导力也有变化，在花果山上，他说一不二，众猴子都对他绝对服从。在取经路上，唐僧、八戒、沙僧、白龙马，师徒四人信念不同、目的不同，孙悟空也不是名义上的团队领袖。领导这样的团队，是孙悟空在取经路上完成的功课。在《西游记》里，孙悟空表现出来的团队领导力，很有情景感，因此，我选择孙悟空来代表三项能力，即任务描述、前馈控制、联动设置，这三项能力可以促进团队的执行力。

负责团队执行的岗位，面试要测试的第一项能力是**任务描述**。其定义如下：**任务因素的说明性描述**。

在《西游记》的取经团队里，唐僧是名义上的团队领袖，但他没有领导团队的能力。在取经团队里，只有孙悟空有领导团队的能力，所以，唐僧必定要把团队的指挥权移交给孙悟空，否则，唐僧取经不会成功。这个指挥权的转移，发生在《西游记》的第三十二回，那一回的标题是"平顶山功曹传信，莲花洞木母逢灾"。

在第三十二回的开头，唐僧师徒来到平顶山下，有个神仙变成樵夫，前来提醒孙悟空，说山里的妖怪"画影图形，要捉和尚；抄名访姓，要吃唐僧"。听说妖怪厉害，孙悟空想加紧守护唐僧，还想去巡山探路，他一个人做不了两件事，他希望和猪八戒分工。但是，孙悟空不能指挥猪八戒。因为八戒、沙僧都是唐僧的徒弟，他们只听唐僧指挥。

为了获得指挥权，孙悟空开始想办法，他不能说实情，因为唐僧胆小，会被吓到。他也不能直接要指挥权，那等于是说唐僧没能力，唐僧不一定认同，怎么办？

书中描写："好大圣，你看他弄个虚头，把眼揉了一揉，揉出些泪来，迎着师父，往前径走。八戒看见，连忙叫：'沙和尚，歇下担子，拿出行李来，我们两个分了罢！'沙僧道：'二哥，分怎的？'八戒道：'分了罢！你往流沙河还做妖怪，老猪往高老庄上盼盼浑家。把白马卖了，买口棺木，与师父送老，大家散伙，还往西天去哩？'长老在马上听见，道：'这个夯货！

正走路，怎么又胡说了？'八戒道：'你儿子便胡说！你不看见孙行者那里哭将来了？他是个钻天入地、斧砍火烧、下油锅都不怕的好汉，如今戴了个愁帽，泪汪汪的哭来，必是那山险峻，妖怪凶狠。似我们这样软弱的人儿，怎么去得？'长老道：'你且休胡谈，待我问他一声，看是怎么说话。'问道：'悟空，有甚话当面计较，你怎么自家烦恼？这般样个哭包脸，是虎唬我也！'行者道：'师父啊，刚才那个报信的，是日值功曹，他说妖怪凶狠，此处难行，果然山高路峻，不能前进，改日再去罢。'"

"长老闻言，恐惶悚惧，扯住他虎皮裙子道：'徒弟啊，我们三停路已走了停半，因何说退悔之言？……我这里还有八戒、沙僧，都是徒弟，凭你调度使用。协力同心，扫清山径，领我过山，却不都还了正果？'"

孙悟空巧思计策，获得了指挥权，然后他摆出"看师父"和"巡山"两项任务，让猪八戒从中选一个。孙悟空对任务做了说明："看师父啊，师父去出恭你伺候；师父要走路，你扶持；师父要吃斋，你化斋。他若饿了些，你该打；黄了些儿脸皮，你该打；瘦了些儿形骸，你该打。"八戒慌了道："这个难，难，难！"孙悟空又介绍巡山："就入此山，打听有多少妖怪，是什么山，是什么洞，我们好过去。"八戒道："这个小可，老猪去巡山罢。"那呆子就撒起衣裙，挺着钉钯，雄纠纠，径入深山；气昂昂，奔上大路。

孙悟空想好了两个任务，一是"看师父"，二是"巡山"，他对这两个任务作了说明。如果孙悟空不说明任务，猪八戒会望文生义，认为"看师父"是轻松任务，"巡山"是辛苦任务。听了孙悟空的解释，猪八戒选择了"巡山"。像孙悟空这样，把任务的目标、过程、条件，清晰地描述出来，以便让执行者理解任务，这个行为叫作任务描述。

在公司里，对团队执行负责的工作，工作者要有任务描述能力，因为任务只有被清晰地描述，才会被有效地执行。

在团队里，最明显的执行力障碍是任务描述不清；同时，它也很容易被忽视，因为下指令的人，往往认为接受指令的人理解任务。例如，"看师父"和"巡山"这两个任务，如果孙悟空不说明，猪八戒看了会望文生义，沙僧看了也会望文生义。望文生义是人之常情，成语"郢书燕说"来自《韩非子·外储说左上》，那就是一个望文生义的故事。

"郢人有遗燕相国书者，夜书，火不明，因谓持烛者曰：'举烛'而误书'举烛'。举烛，非书意也。燕相国受书而说之，曰：'举烛者，尚明也；尚明也者，举贤而任之。'燕相白王，王大说，国以治。治则治矣，非书意也。"

楚国的都城叫郢，一个住在郢的人，有一天夜里，给燕国的相国写信，旁边有人站着，拿着蜡烛帮他照亮。因为烛光不够亮，写信的人对拿蜡烛的人说"举烛"，意思是把蜡烛举高一点。说完"举烛"，写信的人没注意，把"举烛"两个字也写到了信里。燕国的相国收到信，很欣赏信中的"举烛"。相国说："举烛，就是崇尚光明，它的寓意是崇尚贤明，这是建议我们推举贤明的人，并重用贤人。"相国把举烛的寓意告诉燕王，燕王很认同，并照此执行，燕国的治理因此改善。燕国的治理因书信而改善，但这并不是书信本身的意图。

"郢书燕说"的故事，是收获了意外好处的望文生义。在团队执行中，收获好处的望文生义比较少，收获坏处的望文生义则非常多，因为把事情做对的方法很少，而把事情做错的方法则有无数种，所以，望文生义的正确率很低。在管理学中，消除任务中的不确定性，是管理的基本任务之一。

如何消除任务中的不确定性，戚继光在他编撰的《纪效新书》中作了示范。《纪效新书》，记录了戚继光带兵作战的具体方法。在书中，戚继光对"号令"一词，向官兵作出了如下说明。

"凡你们的耳,只听金鼓;眼只看旗帜;夜看高招双灯。如某色旗竖起点动,便是某营兵收拾,听候号头行营出战,不许听人口说的言语擅起擅动。若旗帜金鼓不动,就是主将口说要如何,也不许依从;就是天神来口说要如何,也不许依从,只是一味看旗鼓号令。兵看各营把总的,把总看中军的。如擂鼓该进,就是前面有水有火,若擂鼓不住,便是往水里火里也要前去;如鸣金该退,就是前面有金山银山,若鸣金不止,也要依令退回。"

《纪效新书》共十八卷,每一卷是一类任务的说明。在自序中,戚继光说出了他创作此书的初衷:"数年间,予承乏浙东,乃知孙武之法,纲领精微莫加矣。第于下手详细节目,则无一及焉。犹禅家所谓上乘之教也,下学者何由以措……于是乃集所练士卒条目,间择其实用有效者,客为题曰,《纪效新书》。"

戚继光说,他多年带兵作战,知道《孙子兵法》有无上的精深微妙。但是,《孙子兵法》都是兵法原理,没有操作方法,按照《孙子兵法》去带兵作战,一般人不知道怎么做。戚继光把带兵作战的具体方法,写成一本书,就是《纪效新书》。在书中,戚继光对号令、放哨、冲锋、掩护等各项具体任务,作了操作性的说明,让人一看就懂。戚继光能把任务描述到操作层面,他的这个能力,叫作任务描述能力。

任务描述,能降低团队执行中的不确定性,从而能提高团队效率。对团队执行负责的岗位,面试中要甄选任务描述能力,因为这个能力不容易培养。任务描述不仅是能力,也是特质。如果戚继光在童年和少年阶段,当过孩子王,他经常带领小朋友们一起玩游戏,长大之后,他自然会有任务描述能力。没有这个能力的人,例如唐僧,想培养这个能力,需要有两个条件,一是辅导,二是经历。如果唐僧有机会担任竞技团队的队长,由他指挥团队并对结果负责,每次比赛之后,还有教练和他一起分析比赛过程,经过这样的长期辅导,他能获得任务描述能力。如果公司不具备辅导条件,就应该在面试中甄选。

此外，另一项团队执行的促进能力，也需要在面试中甄选，那项能力是前馈控制。

负责团队执行的岗位，面试要测试的第二项能力是**前馈控制**。其定义如下：**基于可能性的事先控制**。

成语"焦头烂额"，出自《淮南子·说山训》。春秋时，齐国人淳于髡（髡，音同昆），告诉他的邻居，说邻居家有火灾隐患，建议把烟囱改成弯的，再把烧火的木柴移远一点。邻居没有采纳他的建议，邻居家后来果然失火，街坊四邻一起来救火。救火之后，邻居办酒席，感谢帮忙救火的街坊，那些烧焦了头发的、磕破了额头的街坊，邻居请他们坐在上座。但邻居没有请淳于髡，邻居认为，事先提建议不算功劳，事后救火才算。故事的原文如下：

"淳于髡，齐人也。告其邻，突将失火，使曲突徙薪。邻人不从，后竟失火。言者不为功；救火者焦头烂额为上客。"

这个故事产生了两个成语，一个是"焦头烂额"，另一个是"曲突徙薪"。曲突徙薪中的"突"是烟囱，"曲突"是把直烟囱改成弯的，"徙薪"是把烧火的木柴搬开。曲突徙薪，字面意思是改烟囱、移木柴；引申意思是提前预防、消除隐患。这两个成语代表了两种思维偏向，有些人不想未来，他们是焦头烂额的救火者；另一些人，能看到直烟囱中的火灾隐患，他们是曲突徙薪的预防者。

孙悟空是一个典型的预防者，《西游记》第一回（灵根育孕源流出，心性修持大道生）里，有这样一段："美猴王享乐天真，何期有三五百载。一日，与群猴喜宴之间，忽然忧恼，堕下泪来。众猴慌忙罗拜道：'大王何为烦恼？'猴王道：'我虽在欢喜之时，却有一点儿远虑，故此烦恼。'众猴又笑道：'大王好不知足！我等日日欢会，在仙山福地，古洞神洲，不伏麒麟辖，不伏凤凰管，又不伏人王拘束，自由自在，乃无量之福，为何远虑而忧也？'猴王道：

'今日虽不归人王法律，不惧禽兽威服，将来年老血衰，暗中有阎王老子管着，一旦身亡，可不枉生世界之中，不得久注天人之内？'"

　　"众猴闻此言，一个个掩面悲啼，俱以无常为虑。只见那班部中，忽跳出一个通背猿猴，厉声高叫道：'大王若是这般远虑，真所谓道心开发也！如今五虫之内，惟有三等名色，不伏阎王老子所管。'猴王道：'你知那三等人？'猿猴道：'乃是佛与仙与神圣三者，躲过轮回，不生不灭，与天地山川齐寿。'猴王道：'此三者居于何所？'猿猴道：'他只在阎浮世界之中，古洞仙山之内。'猴王闻之，满心欢喜道：'我明日就辞汝等下山，云游海角，远涉天涯，务必访此三者，学一个不老长生，常躲过阎君之难。'"

　　孙悟空很有远虑，与群猴喜宴之间，他仍能想到阎王的威胁，并能马上采取行动预防。在《西游记》第三十二回（平顶山功曹传信，莲花洞木母逢灾）里，孙悟空为了预防妖怪来袭，他先装哭，吓得唐僧把指挥权让给他，然后，他再派猪八戒去巡山。不论在任何情况下，孙悟空都会用当下的行为，去控制未来的风险，他的这种行为，叫作前馈控制。

　　在公司里，对团队执行负责的工作，工作者要有前馈控制能力，因为它能有效地消除隐患、降低风险，提高团队的执行力。

　　有前馈控制能力的人，会先在头脑里预演风险，然后在头脑里预演应对办法。例如淳于髡，他建议邻居曲突徙薪，因为他看到直烟囱，就想到被烟囱热气吹出来的火星，再想到火星掉到木柴堆上，而引起火灾。应对办法，是让烟囱拐个弯，热气可以沿着拐弯的烟囱跑出来，而在烟囱拐弯的地方，火星则会掉回火炉里。因为烟囱拐弯，只有很小的火星，才能从烟囱里跑出来。如果再把木柴移远一点，小火星还没有落到木柴堆上，就已经充分燃烧，变成了灰烬。所以，曲突和徙薪，能够消除火灾隐患，这就是前馈控制。

前馈控制，像一副有透视功能的眼镜，让人们透过当下的状况，看到未来的风险。它也让人们看到，怎么用当下的行为去预防未来的风险。

戚继光有前馈控制能力，他在《纪效新书》中写道："窃观古今名将用兵，未有无节制号令，不用金鼓旗幡，而浪战百胜者。但今新集生兵，春汛逼近，一切战阵法令，若逐次教来，何时是熟？今时紧要，必不可缓，各便宜简明号令，合行刊给。各於长夜，每队相聚一处，识字者自读，不识字者就听本队识字之人教诵解说，务要记熟，凡操练对敌，决是字字依行。各读记之后，听本府点背，若一条不记，打一板。若各兵有犯小过该责打之事，能背一条者免打一板。临阵军法不在此例。"

戚继光认为，不用金鼓旗幡指挥作战，战斗很难取胜。但在眼下，军队里很多新招的士兵，他们不了解号令。同时，春汛临近，汛期到来时，海盗会沿江进入内陆，这些新兵马上就要面临战斗。如果由教官逐条讲解号令，新兵需要很长时间才能掌握。时间紧迫，应该把经常用的号令，写成手册，士兵人手一册。新兵小队在夜里集中学习，识字的人自己看，不识字的人听识字的人读，为了保证每个人都能记住，各组在学完之后，由戚继光随机抽查，被抽查到的人有一条读不出，就打一板子。会背号令可以抵扣平时的小过，新兵平时犯小过，要责罚打板子，新兵背一条号令就免打一板。

新兵不识号令，这是可以预见的风险。那些不能准确预测的风险，戚继光也用行为应对。在《纪效新书》里，戚继光介绍了干粮的制作方法，以备军队被敌军围困，粮食供应不上。同时规定，士兵出行不带干粮，按不带兵器的过错处罚。

"一常日，每一名各将米二升，炒黄包裹，一升研为细末，一升另包。麦面二升，一升用香油作煤，一升蒸熟，六合用好烧酒浸，晒干再浸，以不入为度，研为面，另包。四合用盐醋晒浸，亦以不入为度，晒研为末，另包。行军之际，非被贼围困至紧，不许用。出兵随行，忘带者如失军器同。"

前馈控制的团队领袖，不会去冒无谓的风险。在《三国演义》第九十五回（马谡拒谏失街亭，武侯弹琴退仲达）里，诸葛亮用空城计吓跑了司马懿。诸葛亮大开城门，他坐在城门上焚香弹琴。"懿看毕大疑，便到中军，教后军作前军，前军作后军，望北山路而退。次子司马昭曰：'莫非诸葛亮无军，故作此态？父亲何故便退兵？'懿曰：'亮平生谨慎，不曾弄险。今大开城门，必有埋伏。我兵若进，中其计也。汝辈岂知？宜速退。'于是两路兵尽皆退去。"

司马懿说诸葛亮"平生谨慎、不曾弄险"，是说诸葛亮不会冒无谓的风险，但诸葛亮并不胆小，他六出祁山，欲以一州之力恢复汉室，说明他是胆大心细。司马懿不进空城，也是因为胆大心细，不冒无谓的风险。孙悟空也不冒无谓的风险，听说山里妖怪厉害，他没有自恃手段高强，招摇过山，而是亲自守护唐僧，再派猪八戒去巡山。

前馈控制，能降低团队执行中的风险，对团队执行负责的岗位，面试要甄选前馈控制，因为它很难通过培养而具备。前馈控制戚继光，并不害怕风险，他能理性面对风险，并仔细作好安排。如果戚继光在幼年和童年，他身边的大人害怕风险，规定了很多神秘禁忌，类似不准踩影子、不准倒骑牛、树下不准戴帽子等，戚继光就不会用理性去应对风险。如果戚继光在小时候，他身边的大人习惯于前馈控制，他自然就学会了前馈控制。成年人要学习前馈控制，需要教练辅导，遇到风险时，可以和教练讨论，经长期辅导，可以培养出前馈控制。如果公司不具备辅导条件，就应该在面试中甄选。此外，另一项团队执行的促进能力，也需要在面试中甄选，那项能力是联动设置。

负责团队执行的岗位，面试要测试的第三项能力是**联动设置**，其定义如

下：团队联动的情景化设置。

在《西游记》第八十回（姹女育阳求配偶，心猿护主识妖邪）里，唐僧师徒四众，一边走路，一边说话，沿着小路来到山脚下，书中描写："师徒正说，不觉的到了山脚下。行者取出金箍棒，走上石崖，叫道：'师父，此间乃转山的路儿，忒好步。快来，快来！'长老只得放杯策马。沙僧叫：'二哥，你把担子挑一肩儿。'真个八戒接了担子挑上。沙僧拢着缰绳，老师父稳坐雕鞍，随行者都奔山崖上大路。"

上一段中的情形，是唐僧师徒切换走路模式。在取经路上，唐僧师徒走不同的路，会有不同的模式。走小路，四人的顺序是"悟空、八戒、唐僧、沙僧"，即由孙悟空在前面探路，猪八戒牵着马走，唐僧骑在马上，沙僧挑着行囊走在最后。走大路，四人的顺序是"悟空、沙僧、唐僧、八戒"，即由孙悟空探路，沙僧牵着马跑，唐僧骑在马上，猪八戒挑着行囊跟在后面跑。走山路，是先探路、再走路，由孙悟空先去巡山，猪八戒、沙僧保护唐僧；等孙悟空巡山回来，由他带路，沙僧牵马跟着，唐僧步行，猪八戒挑行囊跟在后面。

如果走路的时候，小路变成了大路，他们会切换走路模式。在第八十回的那一段里，他们由小路走上大路，孙悟空一声招呼，唐僧策马快跑，挑担的沙僧紧跑两步，把担子交给猪八戒，猪八戒接过担子，沙僧再紧跑上前，抓住马缰绳，牵着马向前跑。只要三五秒，他们就从走小路的模式，切换成走大路的模式。切换模式，是为了更快地赶路。在小路上，他们慢慢走；在大路上，他们就小跑。猪八戒太胖跑不快，走大路的时候，就换成沙僧牵着马跑。

唐僧师徒切换走路模式，不需要停下来，他们边走边换模式，能形成这样的默契配合，说明他们进行过多次模拟练习。

模拟练习，是团队为了提高效率，模拟工作情景而进行的配合练习。模拟练习可以提高执行效率，以足球运动员训练为例，球队会针对中场突破、下底传中、抢点射门，这几个情景反复练习，练到球员之间不需要沟通，看一眼场上的局势，彼此就能心领神会。球员们有了这样的配合，踢球如同行云流水、一气呵成。

团队配合要默契，先要约定不同情景下的行为方式。孙悟空和团队成员约定，大路怎么走、小路怎么走、山路怎么走，如此一来，怎么走路不需要孙悟空下命令，道路本身会给团队下命令。像唐僧取经团队一样，各成员针对情景调整各自的行为方式，以便实现团队配合，这种团队运行方式，叫作情景联动。

情景联动，是身体运动的工作原理。人每做一个动作，都需要身体的多肌肉合作，肌肉之间的协作，不需要意识参与。在人走路的时候，不需要意识去指挥，先迈哪条腿、再迈哪条腿；人吃东西，不需要意识去指挥牙齿和舌头。遇到紧急状态，也不需要意识去指挥动作。例如，人快要摔倒时，手会向两边伸出，以求抓住可以借力的物体，此时大腿肌肉放松，让重心迅速下降，以降低身体与地面的高度，减少摔倒的冲击力；同时，头会向前抬起，避免摔到头部。即将摔倒时，人全身的肌肉会协调一致，应对摔倒，这就是人体内部的情景联动。

人体进化出情景联动，是为了克服意识传递信息的带宽限制。意识传递信息，有数量限制，意识给肌肉下命令，一次只能对一块肌肉下达一条指令。应对摔倒，需要在极短的时间内，对全身肌肉下指令，意识无法完成这一类指挥，因此，要由情景直接触发肌肉的协作，这是人类身体的情景联动。

在取经路上，孙悟空和团队成员约好，用不同的模式来应对大路、小路、山路，这样就能克服孙悟空下达指令时的带宽限制，也能克服唐僧、八戒、沙僧在接受指令时的带宽限制，这种指挥团队的方式，叫作情景联动。基于情景联动，孙悟空要和团队成员约定，在不同情景中，每个人的行为方式，走大路是走大路的模式，走小路是走小路的模式，这种事先的情景行为约定，叫作联动设置。

在公司里，对团队执行负责的工作，工作者要有联动设置能力，因为它能让团队成员同步协作，这样能提高团队的执行效率。

戚继光带兵带出了戚家军，他的核心竞争力之一，是联动设置。如何带兵，戚继光在他编撰的《练兵实纪》中，有详尽描述，例如，军官如何探视生病的士兵，书中有规定："凡病兵初病者视之，以后在队总，则时时着视。旗总则一日一看，百总则三日一看，把总则五日一看，千总则十日一看，营将每半月一看，主将惟看病重者存恤之。"

因为《练兵实纪》中的规定，戚继光不需要命令各级军官去探望士兵，因为针对士兵生病这个情景，早已对各级军官下达了命令。在作战中，戚继光也设置了大量的情景联动。为了加强单兵的战斗力，戚继光发明了"鸳鸯阵"。《纪效新书》记载："二牌平列，狼筅各跟一牌，以防拿牌人后身。长枪每二枝各分管一牌一筅。短兵防长枪进的老了，即便杀上。伍长执挨牌在前，馀兵照鸳鸯阵紧随牌后，其挨牌手低头执牌前进……要依此法，无不胜矣。"

"鸳鸯阵"是戚家军的作战阵形。在战斗中，士兵十二人编为一组：两个士兵持藤牌站在前面，右边持方形藤牌的士兵，站立不动，左边持圆形藤牌的士兵，站在牌后投掷标枪；敌兵进攻时，藤牌后的两个士兵，以狼筅把敌人扫倒；执长枪的士兵，消灭倒地的敌兵；后面的士兵，执叉和大棒保护前面的士兵。

"鸳鸯阵"，是单个士兵之间的联动，它把戚家军的作战单元，由单兵提升到十二人的兵阵。以兵阵对抗敌军的单兵，戚家军"无不胜矣"。《纪效新书》里，还记载了大量的团队联动和多兵种联动，因这些联动设置，戚家军的作战效率,有了数量级上的提升。联动设置,还解放了军官的注意力,军官可以关注战场上的重要信息。《左传》中的"曹刿论战",说明了军官应该关注的事情。

"齐师败绩,公将驰之。刿曰:'未可。'下视其辙,登轼而望之,曰:'可矣。'遂逐齐师。既克,公问其故。对曰:'夫战,勇气也。一鼓作气,再而衰,三而竭。彼竭我盈,故克之。夫大国难测也,惧有伏焉。吾视其辙乱,望其旗靡,故逐之。'"

曹刿在作战中,只关注什么时候冲锋、是否需要追击,其他事情都是事先设置的情景联动。如果曹刿在冲锋之前还要关注队列、阵形,他很难打胜仗。联动设置,还是复盘的基础,也是持续改进的基础。在现代公司里,团队任务之后会组织复盘,讨论联动设置中的缺陷,锁定缺陷之后,再修改设置,等下一次执行时,按新设置执行,如此循环,形成持续改善。戚继光在《纪效新书》中,也说过这个观点。

"当於经籍中采其精华,师以意而不泥实事;造其知识,衡於己而通变。推而进之于真武,直取上乘,则率性之谓道,格物而知至,知至而意诚,意诚而心正。"

联动设置,可以实现团队执行的持续改善。在公司里,对团队执行负责的岗位,面试要测试联动设置能力,因为它不容易培养。改进团队绩效,可以改善做事的方法,也可以依靠人才。如果某人认为,只有依靠人才,才能改进团队绩效,他就会关注人才的发现和任用,而不关注工作方法的改善。戚继光认为,改进团队绩效,首先要改进方法,然后才是依靠人才,受这个观念的驱使,戚继光会优先设置情景联动。如果戚继光在观念上不关注事,只关注人,他的联动设置能力就无法培养。为了避免观念冲突,应该在面试中甄选联动设置能力。

负责团队执行的岗位,面试中要测试**任务描述、前馈控制、联动设置**。

其中，任务描述能减少团队执行的不确定性；前馈控制能降低团队执行的风险；联动设置能对团队执行进行持续改善。

测试**任务描述**，是做一个"任务指导测试"。有任务描述能力的候选人，能把任务按照因素类型进行分解，他们在指导别人的时候，也会按因素进行指导。根据这个特征，测试任务描述，是问两个问题。第一个问题：在你的工作任务当中，哪项任务是最常见的任务？等候选人回答之后，再问第二个问题：如果你指导一个刚入职的新同事，去完成这项任务，你会怎么指导他？

第二个问题有三个测试点。第一个测试点是意义，候选人要说出这个任务的成果，对哪些人具有哪些意义。第二个测试点是标准，候选人要说出，任务成果的衡量标准。第三个测试点是步骤，候选人要说出，完成任务的具体步骤。如果候选人的回答中包含了这三点，候选人就通过了测试。例如这个回答：我常见的任务，是调查顾客需求。这个任务是了解顾客对产品的预期，并写成报告，交给研发部。这份报告要明确告诉研发部，我们的产品需要做哪些性能上的改进、外观上的改进、操作上的改进以及为什么要做这些改进。写好这份报告，要访问很多顾客，重点访问那些有意见、有投诉的顾客，还要观察顾客使用产品的过程。有时候，要跟着销售部一起去送货，然后看顾客怎么开包装、怎么安装测试、怎么使用，还要看是什么人在使用，是有经验的老工人，还是没经验的新手工人。把这些信息都了解了，才能写出一份好报告。

测试**前馈控制**，是分两步，先做一个"行为导向测试"。有前馈控制能力的候选人，他们相信现在的行为会影响未来，所以，他们对未来的预测是基于当下的行为。如果当下行为正确，未来则是积极的；如果当下行为错误，未来则是消极的。根据这个特征，测试前馈控制，是问两个问题。第一个问题：你经历过的公司，五年后会发生什么变化？

第一个问题有两个测试点，第一个测试点是双向变化，即候选人预测的未来，有积极的一面，也有消极的一面。第二个测试点是行为基础，即候选人预测的未来，以当下的行为为基础。如果候选人的回答中，包含了这两点，候选人就通过了测试。例如这样回答：如果公司的研发能跟上，公司的前景会很好；研发跟不上，问题也不太大，因为公司的成本控制和质量管理有优势，公司的利润不高，但仍能盈利。如果公司突然发生重大的人事变动，导致中层大量流失，公司会失去管理上的优势，这样就会出大问题。或者公司出现重大投资失误，也会出大问题。

通过了第一步测试，再问第二个问题：假如一个刚参加工作的学弟，到了你们公司，你建议他去哪个部门工作？候选人回答第二个问题，如果能把去哪个部门工作和未来的发展联系起来，候选人就通过了测试。例如这样回答：如果只去一个部门，我建议他去市场部，因为市场部是了解顾客需求的部门，这是业务流程的起点，去市场部工作，能了解整个行业的动态，也能了解公司内部的分工，这对未来的发展有帮助。

测试**联动设置**，是做一个"绩效理念测试"。有联动设置能力的候选人，他们相信绩效改进，主要靠改进工作方法改进，其次是依靠人才。基于这个特征，测试联动设置，是先做一个笔试。题目如下：从10个词中选择4个，并陈述理由。有10个词：忠诚、效率、服从、专业、友爱、标准、亲如一家、分工协作、尊重领导、规范执行。请从这10个词中选出4个，作为你所在团队的理念。选好之后，请在纸条上写下你选择的4个词，并对你的选择做出简要的口头说明。

做这个测试时，先把题目打印在小卡片上，再准备一些答题的小纸条。在面试时，面试官把卡片、铅笔和一张小纸条一起递给候选人。候选人选择之后，面试官再请候选人讲解选择的理由。

在上面的10个词中，忠诚、服从、友爱、亲如一家、尊重领导，是对人的关注；效率、专业、标准、分工协作、规范执行，是对工作方式的关注。如果候选人选的 4 个词中，有两个或两个以上是关注工作方式的，候选人就通过了测试。候选人的讲解不影响评分，让候选人进行讲解，是要引导他认真思考。

通过了第一步测试，再问两个问题。第一个问题：在你领导的团队中，哪一项协作可以用流程和手册指导？等候选人回答之后，再问：请说一个具体情景的协作流程。回答这个问题时，候选人说出了启动协作的情景信号，以及不同成员看到信号之后的不同行为，候选人就通过了测试。

任务描述、前馈控制、联动设置，这三项能力可以促进团队执行。对团队执行负责的岗位，招聘的时候，要做一轮专门的面试，以确认候选人具备这些能力。

2.4 组织执行：秦军为什么有战斗力

本节介绍三项能力，**聚焦迭代、系统构建、工作简化**，这三项能力，可以帮助组织提高执行效率。负责组织执行的岗位，招聘的时候，要做一轮专门的面试，以确认候选人具备这些能力。下文是这三项能力的详细介绍，为了方便表述，我选择以秦兵马俑中的军阵为背景，来介绍这些能力。

"风萧萧兮易水寒，壮士一去兮不复还。"公元前 227 年，荆轲在易水河边唱完这首歌，就头也不回地西行而去。

如果荆轲刺杀秦王成功，历史会改写吗？我们且慢猜想，先看"刺秦"之前发生了什么。"刺秦"的前一年，即公元前 228 年，秦国吞并赵国，下一步将吞并燕国。燕国太子为了救国，派荆轲刺杀秦王。再往前追溯 100 年，即公元前 328 年，秦国的客卿张仪，说服魏王联合秦国，对抗其他国家。魏王迫于秦国的强大，同意和秦国结盟，这个结盟史称"连横"。张仪因为"连横"有功，担任了秦国的丞相。"连横"后的 40 年，即公元前 288 年，苏秦说服六国联合抗秦，史称"合纵"。为了"合纵"，六国联合任命苏秦为丞相，这说明抗秦已是六国的头等大事。"合纵"刚过 10 年，楚国郢都被秦军攻破，楚国大夫屈原悲愤之中，自沉于汨罗江，以身殉国。屈原投江的 50 年后，秦国吞并赵国。

回看历史，从张仪"连横"，到秦灭赵，刚好 100 年。在这 100 年里，六国励精图治，以对抗强秦。但是六国努力了 100 年，始终是原地踏步，而秦国却在加速成长，最后变得不可战胜。从公元前 230 年到公元前 221 年，秦国仅用 10 年时间，就依次吞并了韩、赵、魏、楚、燕、齐。在这 10 年里，如果秦王遇刺，秦军仍有绝对优势，吞并六国只是时间问题。

由此看来，荆轲刺秦的结果最多是让秦国换一个国王，但不会改变六国的最终命运。秦国军队的绝对优势留给后世三个疑问：秦军有什么优势？优势是怎样形成的？其他六国为什么不仿效？如果用管理学的视角，去看秦兵马俑的阵型，能管窥到秦国军队的执行效率。因此，我选择秦国军阵来代表三项能力，即聚焦迭代、系统构建、工作简化，这三项能力能够促进组织的执行力。

负责组织执行的岗位，面试要测试的第一项能力是**聚焦迭代**。其定义如下：**目标指向的代际持续强化**。

乾隆是长寿皇帝，他享年 88 岁。乾隆还创造了一项世界纪录，他写了 43000 首诗，在他的一生里，平均每天写诗 1.3 首。如果乾隆换一种写诗方法，他每写完一首诗，在随后的 100 天里不再写诗，而是每天与人探讨那一首诗，再每天修改、提高那一首诗。像这样写诗，乾隆不会留下四万首诗，但会留下几首脍炙人口的好诗。

乾隆写过很多咏瓷诗，例如这一首《咏哥窑炉》："伊谁换夕薰，香诗至今闻。制自崇鱼耳，色犹缬鳝纹。本来无火气，却似有云氲。辨见八还毕，鼻根何处分。"

乾隆写诗是求量不求精；乾隆写诗咏叹的哥窑，则是求精不求量。传说哥窑对产品要求极严，有瑕疵的胚胎不会入窑煅烧；出窑有瑕疵的瓷器，当场摔碎。每出精品，各工序一起回顾，力求锁定精品的工艺。因为针对产品进行的持续改善，哥窑终成大器。像哥窑那样，对产品进行持续的代际改善，这种改善方法叫作迭代。

迭代，是生物进化的底层逻辑。蜻蜓经过无数次迭代，终于进化出了飞行能力；恐龙经过亿万年的迭代，进化成了鸟类；蝙蝠经过一代又一代的基因改良，进化成为可以飞行的哺乳动物。人类也是因为材料、动力、工艺，各方面的迭代，最终进化出了人类独有的飞行方式。生物界的飞行能力以及人类的飞行能力，都来自无意识的进化迭代。而哥窑是专注于瓷器工艺，主动进行迭代，这种迭代方式，叫作聚焦迭代。

在公司里，负责组织执行的工作，工作者应该具备聚焦迭代能力，因为聚焦迭代，能让组织获得不可模仿的核心竞争力。

如果乾隆能换一种方式写诗，他先针对诗中的典故，进行两年的聚焦迭代，再针对韵律、修辞、转折、意境，各进行两年的聚焦迭代，像这样写诗，他能用远远少于写四万首诗的时间，创作出可以传世的精品。聚焦迭代，能实现"复利效应"，假如乾隆的写诗水平，每天提高1%，一年之后，水平可以提高约37倍，10年之后，可以提高六千万亿倍。

在战国时代，秦国能异军突起，形成远强于六国的战斗力，得益于聚焦迭代。兵马俑中的秦国军阵，远远望去，能看到多次迭代的痕迹。

兵马俑中的军队，四面是士兵组成的人墙，像一座四合院。四合院的"院墙"是三排士兵，前排士兵手持3米的戟，中间一排士兵手持3.5米的戈，后排士兵手持4米的矛，戟、戈、矛一齐对外，它们尖头则是齐的，形成一面尖刃墙。四面都是尖刃墙的军阵，像一个刺猬。这个刺猬能防守，还能进攻，因为军阵的中央是重弩。重弩的射程有800米，是冷兵器时代的远程武器，相当于现代战场上的火炮。把"火炮"和"刺猬"联系起来，这个军阵很像一辆坦克，它的四面牢不可破，有强大的攻击力，同时还能移动。在这辆"坦克"的前面，是手持轻弩的轻弩步兵，轻弩的最大射程是100米；在"坦克"两边，是手持轻弩的骑兵和战车兵。这些轻弩兵很像现代战场上，跟在坦克后面的步兵和摩托兵，主要作用是保证坦克不被敌人骚扰。

用现代人的眼光看秦国军阵，军阵像一辆坦克，还有步兵和摩托兵保护。秦军这种阵形很独特，它是以重弩为中心，通过聚焦迭代进化出来的。

战国之前，作战是以战车为中心，交战时，战车先发起冲锋，冲散敌方的步兵阵形，然后己方步兵以阵形推进，消灭敌方散乱的步兵。这个作战模式持续了上千年，自从人类驯化了马匹、发明了车轮，这就是最有效的作战模式。公元前302年，赵武灵王推行"胡服骑射"，上千年的作战模式得到了修改。

"胡服骑射"，是指穿紧身窄袖的衣服，士兵手持弓箭，骑马作战。这样作战，是把弓箭骑兵确定为攻击力的核心。据《战国策》记载，有一天，赵武灵王对相国肥义说，他想建立伟大的功业，但是，建立脱俗功业的人，必然会被习俗拖累；见解独到的人，肯定被庸人抱怨。他想教导百姓穿胡服、习骑射，世人一定会非议他，他希望得到相国的支持。《战国策》中的原文如下。

"夫有高世之功者，必负遗俗之累；有独知之虑者，必被庶人之恐。今吾将胡服骑射以教百姓，而世必议寡人矣。"

肥义回答说："愚者暗于成事，智者见于未萌，王其遂行之。"肥义说，愚者看到事成，也不明白为什么；智者在事情还没有出现时，就能觉察到趋势。"胡服骑射"是趋势，大王应该马上推行。获得了相国的理解，赵武灵王开始推行胡服骑射，因为这个改革，赵国一跃成为军事强国。

"胡服骑射"是以弓箭骑兵为核心。秦国的军事改革，走了另一条道路，秦国以重弩为核心。在秦军的模式中，步兵的负责保护重弩，重弩负责攻击。以重弩为核心的作战模式，和弓箭骑兵相比有射程上的优势。秦国的军阵能防御战车冲锋，步兵把4米长矛的矛杆，以15°角插在地上，矛尖就在前方齐胸的高度上，这样的长矛排成一排，如果战车冲过来，战马就刚好撞到长矛上。

有了步兵的掩护，重弩可以从容发射。为了加强重弩的攻击力，秦军改良了弩箭。重弩的箭头为三棱形，长4.5厘米，制作材料中80%是铜、20%是锡，这种合金的硬度高，适合做箭头。箭头后面的箭铤是一根35厘米长的铜杆，箭铤含铜97%、含铅2%、含锡1%，这种合金的韧性强，适合做箭铤。一支这样的箭，以60°角从高空俯冲而下，力量足够穿透盔甲。箭头射穿盔甲时，高硬度箭头所受的阻力，会被高韧性的箭铤吸收，使得箭头既能射穿盔甲，也不会因为受力而破碎。这样的箭，能把重弩的优势发挥到极致。用现代科技来分析，重弩箭的设计、合金和工艺，是可能方案当中的最佳方案。秦军能从众多方案中找到最佳方案，说明秦军对重弩和弩箭进行了无数次的迭代升级。

秦军的重弩，在设计、材料、配件上有优势；在操作、配合、阵形上也有优势，这是由众多局部优势组合而成的系统优势，对手在短时期内很难模仿。

赵国推行的"胡服骑射"没有形成绝对优势，这是因为赵国没有以骑射为中心进行聚焦迭代。如果赵国的弓箭、马鞍、盔甲，都配合骑射一起迭代；赵军的攻防、阵形、协同，赵国的招兵、养马、城防工事，也配合骑射一起迭代，赵国就能引导作战模式的变化。一旦新模式成了主流模式，赵国积累的优势使得对手在短时间内很难超越。

现代公司，也可以通过聚焦迭代，形成核心竞争力。公司的迭代如果不聚焦，哪里弱就去补哪里，会像与秦对阵的六国，主观上是励精图治，客观上是原地踏步。聚焦迭代是效率竞争的必然结果，以国别来区分，瑞士的公司最擅长聚焦迭代，因为瑞士国土面积小、公司规模小，如果进行规模竞争，瑞士公司只有劣势，因此，瑞士的小公司只能和对手进行效率竞争。在仪器、医药、化工、特种冶金各个等领域，许多瑞士小公司占据了绝对领先的位置，这就是聚焦迭代的功效。

聚焦迭代，能让组织形成核心竞争力。在公司里，负责组织执行的岗位，面试应该甄选聚焦迭代。实现聚焦迭代，在认识上需要持续宣传；在机制上需要常设机构去推动；在资源上需要稳定的预算；在工作行为,上需要日常回顾和定期总结。这些知识和实践，可以在管理学院里学习。如果公司没有传授这些知识的能力，就应该在面试中甄选聚焦迭代。此外，另一项能促进组织执行的能力，也需要在面试中甄选，那项能力是系统构建。

负责组织执行的岗位，面试要测试的第二项能力是**系统构建**。其定义如下：**功能系统的设计与建设**。

成都人素来安逸从容，这种个性，来自冲积平原的肥沃，岷江的滋养，和都江堰的工程智慧。公元前 256 年，都江堰工程竣工。它把岷江分为内江和外江，内江水灌溉农田，外江水汇入长江。如果内江水量减少，都江堰能把外江水引入内江，让农田不会遭受旱灾；如果内江水量充沛，都江堰能让江水沿外江流走，让农田不会遭受涝灾。因为都江堰，成都平原成了旱涝保收的"天府之国"。清人朱云骏写一了首题为《灌县》的诗，咏叹都江堰的福利。

"沃野自兹始，浮云喜乍晴。江源来绝徼，岚翠朴孤城。庙享尊疏凿，铙歌洗甲兵。使君欣旧雨，珍重劝春耕。"

诗人说，自从有了都江堰，成都平原变成了沃野，如果没有都江堰，成都是一座偏远的孤城。现代人看都江堰，会把它理解成系统中的一个部分，成都的气候、地理、水文和都江堰一起，形成了一个水利系统，保障了农田的产出。因为有系统保障，两千年前的成都人，不担心旱灾涝灾，只要按部就班地劳动，便能获得稳定的收成。这一份由系统保障的稳定性，经过千年沉淀，形成了成都个性中的安逸从容。

系统保障，是人体器官的工作逻辑。人体的重要功能，例如心跳、呼吸、消化，都不受意识的控制。假如某人一时想不开，他不能用意识下命令给心脏，让心脏停止跳动；如果某人怕吃胖，他也不能对肠胃下命令，让肠胃少吸收一些营养。在人体内，重要的功能都由系统完成，例如，血液循环系统、消化系统、呼吸系统。系统不受意识指挥，人即使是睡着了，或者是昏迷了，系统仍在运行。

系统的价值，在于稳定性，生命体发现了这一点，就把诸如心跳、呼吸、消化，这些生死攸关的功能，都交给了系统。人类组织在协作当中，也发现了系统的价值，于是，就把重要的组织功能都设计成系统。埃及的胡夫金字塔，它的建造质量有系统做保障。胡夫金字塔建于4600年前，它由230万块石灰石垒成，每个石块重达两吨。金字塔的石块之间的缝隙很小，连刀都插不进去。要达到这种施工精度，需要独立的监理。如果只有监工，监工为了赶工期，不会把施工标准定得这么高。如果有一批独立的监理，他们只对质量负责，不对工期负责，金字塔的施工质量，才能始终如一。

在建筑项目中，监理是独立的系统。从事监理工作的人，不受工地负责人的指挥，他们只对质量负责，不对任何人负责。只要质量不达标，监理就会要求返工。监理系统是人们设计出来的，它是独立运行的质量保障系统。如果某人，能设计和建设监理系统，或者其他类似系统，此人的系统设计能力和建设能力，就叫作系统构建能力。

在公司里，负责组织执行的工作，工作者要有系统构建能力，因为它能保障组织功能的稳定性，也能保证短期的执行目标，不会偏离长期的生存目标。

公司里的内在冲突，主要来自迫不得已的应急。就像狗尾续貂，明明知道不妥当，但又不得不这么做。成语"狗尾续貂"出自《晋书》，公元301年，晋朝的赵王司马伦，带兵入宫并篡得皇位。支持司马伦篡位的人，以及司马伦亲信，都获得了提拔。当时皇帝侍从的帽子上，有貂尾做的装饰。司马伦提拔的人太多，导致貂尾一时不够，只好用狗尾代替，这便是狗尾续貂。《晋书》中的原文如下。

"其余同谋者咸超阶越次，不可胜纪，至于奴卒厮役亦加以爵位。每朝会，貂蝉盈坐，时人为之谚曰：'貂不足，狗尾续。'"

公司在经营过程中，如果某个产品很成功，公司面对突然暴涨的需求，可能会放松质量，以追求产量，这便是狗尾续貂。经营过程中的狗尾续貂，会动摇生存的根基。为了防止这种情况，现代公司都用系统来保证质量。质量系统不是现代产物，金字塔的质量管理是系统性的；兵马俑坑中出土的弩机，表明秦国军工的质量管理，也是系统性的。

在兵马俑坑里，出土了很多轻弩。这些轻弩很像单发步枪，轻弩兵每扣动一次扳机，就发射一支箭，士兵再上弦、搭箭，准备下一次发射。轻弩的发射装置叫作弩机，它由三个铜部件组合而成。俑坑里发现的弩机，通用程度很高，任意三个弩机部件都可以组合成一个弩机。这种通用程度，说明秦国生产轻弩是由各个工厂分工，每个工厂生产一个部件，再由装配厂把部件集中，装配成弩。这种标准化的生产方式，是效率最高的生产方式；同时，它需要系统化的质量管理能够与之配套。

在秦国的军工生产中，有一批人只对质量负责，不对厂长负责，这样可以保证部件品质的稳定性，以实现部件之间的通用组合。

现代公司也一样，如果公司希望产品精致、优雅、高品质，公司要构建系统；如果公司希望运营高效、务实，也要构建系统。公司重要目标的实现，都需要系统做保障。以"安全生产"为例，为了保障安全，公司可以设置临时的安全员，这说明公司已经把意识上的"安全生产"，变成了工作行为。如果公司有专职的安全员，这说明公司已经把行为上的"安全生产"变成了工作任务。

如果安全员的上级不是生产经理，而是安全经理，说明公司已经把"安全生产"的任务，变成了公司职能。如果安全经理不对公司总经理负责，而对集团的安全总监负责，说明"安全生产"不仅是公司职能，还是集团的战略。如果集团的安全总监不对集团CEO负责，而是对董事会的安全委员会负责，说明"安全生产"既是集团战略，也是企业理念。细数下来，保障安全生产，要把它纳入行为、任务、职能、战略、理念，这5个系统。这5个系统都是以岗位为中心的系统。

如果新员工入职，要熟悉安全标识、阅读《安全手册》，接受安全操作培训，这说明"安全生产"融入了培训系统。如果员工发现，同事操作违反安全规定，他可以制止同事的操作，这说明"安全生产"融入了操作系统。如果员工发现，主管的指令违反安全规定，可以拒绝服从指令，这说明"安全生产"已经融入了执行系统。如果员工怀疑某项工作违反安全原则，就匿名向安全委员会举报，这说明"安全生产"融入了内部监督系统。如果员工因为和安全相关的事件而被迫离职，他可以向工会提出申诉，这说明"安全生产"融入了社会申诉系统。细数下来，保障安全生产，需要把它纳入培训、操作、执行、监督、申诉这5个系统。这5个系统都是以活动为中心的系统。

以资源为中心、保障安全生产的系统，还有5个，即信息、资金、物资、物流、流程。如果以上列举出的这15个系统齐备，"安全生产"能像心跳和呼吸一样稳定可靠。如果高层经理调动资源，把这15个系统建好，这个能力就是高层经理的系统构建能力。

系统构建，能让组织性状保持稳定。在公司里，负责组织执行的岗位，面试要甄选系统构建能力。和系统构建有关的知识和技能，可以去管理学院学习。如果公司不具备传授这些知识的条件，就应该在面试中甄选系统构建能力。此外，另一项促进组织执行的能力，也需要在面试中甄选，那项能力是工作简化。

负责组织执行的岗位，面试要测试的第三项能力是**工作简化**。其定义如下：**简化作业以提高组织效率**。

《易经》的系辞中，解释了什么是"易"，易就是"易知"和"易从"。"易知"是容易理解，容易理解的知识，众人觉得亲切，就乐于学习。因此，贤人传播的知识一定是容易理解的知识。"易从"是容易操作，容易操作的实践，众人能看到成效，就乐于投入。因此，贤人追求的事业，一定是容易操作的实践。《易经》中的原文如下。

"易则易知，简则易从；易知则有亲，易从则有功；有亲则可久，有功则可大。可久则贤人之德，可大则贤人之业。"

依照《易经》的理念看兵马俑，能看到效率的根源。兵马俑中的兵器有两类：一类是长兵器，如 3 米长的戟、4 米长的矛；另一类是远程兵器，如射程 100 米的轻弩、射程 800 米的重弩。兵马俑中没有格斗兵器。当时典型的格斗兵器是剑，如果是面对面格斗，4 米的长矛，其杀伤力不如 1 米长的剑。兵马俑中的剑很少，在 6000 人的军阵中，总共只出土了 30 把剑。剑这么少，说明它是军官的佩剑，不是实战兵器。

从兵器的类型来推断，秦军打击对手有三种方式：一是重弩，负责远程攻击，射程为 800 米到 100 米；二是轻弩，进行近距离攻击，射程是 100 米到 10 米；三是长兵器，步兵手持长兵器，形成对外的尖刃墙，通过整体推进实施攻击。

军阵中没有格斗兵器，说明军阵中的士兵不会和敌人面对面格斗。这样的作战，降低了战斗的惨烈程度，减轻了士兵的心理压力；这样的作战，士兵也容易训练。假如赵武灵王参加了秦军，他不需要学习格斗技术，他只要穿上盔甲、拿起长矛，跟着队伍一起走，就是一名合格的步兵。成为合格的步兵，赵武灵王只需要半小时的训练。如果去当重弩兵，赵武灵王可以先当装填手。秦国军阵中的重弩，由两人配合操作，其中一人是射手，负责瞄准和发射；另一人是装填手，装填手用腰腿的力量，把重弩的弓拉开，装上箭之后，再交给射手去发射。如果当装填手，赵武灵王只要穿上盔甲，再接受半小时的训练就可以上战场了。

假如赵武灵王，参加胡服骑射的赵军，他要先学习骑马，从不会骑马到骑马作战，他要练习 3 个月。赵武灵王还要练习射箭，从不会拉弓到能够作战，也要练习 3 个月。经过半年的训练，再加上训练半年所需的粮食和战马半年的草料，赵武灵王才能成为一名合格的士兵。

把秦国军阵和赵国骑射做对比，能看到效率差异。任意一个人经过半小时的训练，就能成为秦国军阵中的有效成员，这是"易从则有功，有功则可大。"赵国培养一个士兵要半年，时间效率比秦国低2000倍。在培养士兵上，秦国军阵以更少的个人作业和更少的资源，实现了更高的组织效率，这种操作叫作工作简化。如果某人，能够以减少个人作业，来提高组织效率，此人的这种能力，叫作工作简化能力。

在公司里，负责组织执行的工作，工作者要有工作简化能力，因为这种能力，能够实现可持续的效率提升。

提高组织效率，最常见的方法，是工作丰富化。赵武灵王让士兵学习骑马射箭，通过增加士兵的作业来提高组织效率，这是工作丰富化。工作丰富化不可持续，因为它会让工作越来越累，工作者的学习周期也越来越长。由于人的学习能力、承受能力有限，过度增加工作量反而会降低效率。最典型的工作丰富化是岗位合并，即把原来需要两个人或更多人完成的工作，交给一个人去完成。

1380年，明太祖朱元璋撤销了丞相岗位，他把丞相和皇帝的岗位合并，这就是工作丰富化。到了1395年，朱元璋在《皇明祖训》中规定，后世子孙也不准设置丞相岗位。

朱元璋在《皇明祖训》里说："自古三公论道，六卿分职，并不曾设立丞相。自秦始置丞相，不旋踵而亡。汉、唐、宋因之，虽有贤相，然其间所用者多有小人，专权乱政。今我朝罢丞相，设五府、六部、都察院、通政司、大理寺等衙门，分理天下庶务，彼此颉颃，不敢相压，事皆朝廷总之，所以稳当。以後子孙做皇帝时，并不许立丞相。臣下敢有奏请设立者，文武群臣即时劾奏，将犯人凌迟，全家处死。"

朱元璋是勤政的皇帝，他乐于多承担一些工作。在遗诏里，朱元璋评价自己是"朕膺天命三十有一年，忧危积心，日勤不怠。"不设丞相，对朱元璋的影响可能不大，但后世皇帝，没有他那样的雄才大略，很难承担那么多工作。

提高组织效率的另一种方法，是工作简化，这是可持续的效率提升。工作简化是把工作分解，再分配给不同的岗位，经典案例是福特流水线。1903年，福特汽车公司成立，经过10年的努力，福特公司把汽车装配所需完成的7700个动作，分解成1700个岗位。原来装配汽车，装配工人要学会7700个动作，一个新手要学徒三年才能变成合格的装配工。福特流水线把7700个动作，分给1700个岗位，每个岗位不到5个动作。按流水线的生产方式，新手只需要学习半小时，就能变成合格的装配工，工人的学习效率提高了14400倍。流水线因此以极简的个人作业，实现了极高的组织效率。

在公司里，工作简化的常态应用，是团队化工作设计，即把由一个人完成的复杂工作，设计成由团队来完成，这样既能降低工作难度，还可以提高专业水平。

在历史上，最经典的团队化工作设计，是普鲁士的总参谋部。1858年，毛奇担任普鲁士的总参谋长，他带领总参谋部，取代了战场总司令的决策工作。1864年，普鲁士和丹麦发生战争，由于总参谋部提前一年制定了作战方案，普鲁士军队取得大胜。1866年，普鲁士和奥地利发生战争。针对那一场战争，总参谋部研究了两年，进行了无数次沙盘推演，还调动军队、铁路、后勤，进行了多次联合演习。战争打响，两国作战方案的水平，高下立判。普鲁士的作战方案，是上万人，用两年时间产出的智力成果；奥地利的作战方案，是几个人，花几个星期得出的智力成果。

1870年，法国和普鲁士开战。在表面上，两国的实力相当，但两国的智力投入相差巨大。普法战争，普鲁士的总参谋部精心准备了6年，法国仓促准备了几个月。战争结果是普鲁士大胜。普法战争之后，总司令决策的军队与总参谋部决策的军队交战，从来没有赢过。为了确保战争胜利，各国都成立了总参谋部。那以后的战争，交战各国都是由总参谋部制定作战方案，之后再交给总司令去执行方案。

　　设立总参谋部是毛奇的直接成果；他的间接成果是"首席执行官"。因为毛奇的改革，总参谋部成了军事决策机构，总司令变成了决策的执行者，因此，总司令就改名为"首席执行官"。到了1970年，商业公司采用"首席执行官"代替"总裁"。这个新头衔很传神，它表明了公司的治理结构，首席执行官是向董事会负责的执行者，董事会相当于总参谋部，是一个决策团队。

　　工作简化，能保障组织效率的持续提高。在公司里，负责组织执行的岗位，面试要测试工作简化能力。工作简化的具体实践，包括工作分析、岗位分析、团队化工作设计、工作要素重组、流程再造，这些实践知识和技能，可以在管理学院中学习。如果公司不具备这些知识的传授能力，就应该在面试中甄选工作简化能力。

　　负责组织执行的岗位，面试要测试三项能力，即**聚焦迭代**、**系统构建**、**工作简化**。其中，聚焦迭代能形成组织的核心竞争力；系统构建能让组织的性状稳定可靠；工作简化能让组织效率持续发展。

　　测试**聚焦迭代**，是做一个"长期专注测试"。有聚焦迭代能力的候选人，能长期专注于某个领域，并持续提高自己。根据这个特征，测试聚焦迭代，是问这个问题：相比其他候选人，你在哪个领域内会有更大的优势？候选人回答这个问题，如果说他通过长期专注某个领域，并形成了优势，这样回答就通过了测试。例如，一位申请首席运营官职位的候选人，这样回答：我在跨部门协作方面有更大优势。15年前，我做公司的内审员，负责审核跨部门协作；10年前，我做项目经理，专门负责跨部门协作项目；5年前，我做运营总监，主持所有的跨部门协作。我对跨部门协作，从操作、流程，到结构、系统，都有深刻的理解。

　　候选人通过了第一步测试，再问第二个问题：你负责过的部门，在哪个方面会比别的部门有优势？回答这个问题，如果候选人说他推动部门聚焦迭代，让部门在某个领域里，形成了相对其他部门的优势，候选人就通过了测试。例如这样回答：我负责的部门，在流程优化上比其他部门有优势，因为我一上任，就把部门的全部作业画成了流程图，然后由全部门的同事，针对各个环节开始优化。我们每三个月更新一次流程，效率大幅度提高。我领导部门三年，原来 40 人的部门，没有增加人，还调走了 17 个人，因为效率提高了，不需要那么多人。

测试**系统构建**，是先做一个"系统认知测试"，以测试候选人，是否具备构建系统的相关知识。测试是问这个问题：集团的各个分公司，服务水平一直不稳定，时好时坏，如果由你成立项目组，专门解决这个问题，你会怎么做？候选人回答这个问题，说他会具体问题具体分析，针对各个分公司的情况作专门的调整，候选人就没有通过测试。候选人如果说他会引入系统管理，在集团形成服务水平的专项职能，负责考核、指导、提炼、规范，集团职能对口公司的项目小组，在集团、公司、项目、岗位 4 个层面上，形成服务水平管理系统。这样回答的候选人就通过了第一步测试。

第二步测试，是测试候选人是否有构建系统的经验。测试经验，是问这个问题：根据你的经验，服务管理系统的建设要注意哪些问题？候选人回答这个问题，要用真实故事，说明注意要点，例如，集团服务管理的负责人，要选择亲和力很强、领导力也很强的人，这个人不能和分公司争功，最初的成果应该属于某个分公司，不能是集团的成果，这样才能保证分公司有动力投入这个项目。在举例解说的时候，如果候选人还能说出当事人的名字和当时的具体情景，候选人就通过了测试。如果候选人在回答时，不说具体的故事，面试官就追问候选人，请他举例说明。如果候选人在举的例子中有人物名字和具体情景，候选人也通过了测试。

测试**工作简化**，是做一个"岗位拆分测试"。如果候选人有工作简化的思维和能力，遇到工作难度大的岗位，候选人会倾向于把岗位拆分，分成若干个不同的岗位。没有工作简化思维的候选人，则希望从人的角度来解决问题，他们希望能为岗位配备更优秀的人才，或者是加强培训、加强督促。根据这个特征，测试工作简化是问两个问题。第一个问题：你负责的职能当中，哪个岗位的工作难度最大？等候选人回答之后，再问第二个问题：如果要降低这个岗位的工作难度，你准备怎么做？候选人回答第二个问题，如果说是寻找更优秀的人才，同时，加强现有人员的培训，候选人就没有通过测试。

回答第二个问题时，如果候选人能清晰地说出，把工作难度大的岗位拆分成几个岗位、各个岗位具体的工作内容，候选人就通过了测试。例如，候选人回答第一个问题时，说研发工程师的工作难度大；在回答第二个问题时，他觉得可以把研发工程师的工作拆分成三个岗位，第一个岗位是场景分析师，负责去客户的工作现场，并从工作场景中，发现客户的问题。第二个岗位是方案工程师，针对场景分析师提出的问题，方案工程师要提出解决方案。第三个岗位是应用工程师，负责为新研发的解决方案寻找种子用户，并和种子用户一起，在工作场景中改进解决方案。

聚焦迭代、系统构建、工作简化，这三项能力可以促进组织执行。对组织执行负责的岗位，招聘的时候要做一轮专门的面试，以确认候选人具备这些能力。

第 3 章

岗位合作：合作性的四层级

第 3 章 岗位合作：合作性的四层级

不同岗位，对合作性有不同的要求。有些岗位，工作者不需要与人合作，或者只参与部分合作，这类岗位对个人合作性的要求最低，这种程度要求，属于合作性要求的第一级。有些岗位，工作者要广泛地与人合作，这是合作性要求的第二级。有些岗位，工作者要负责团队合作，或者要负责组织合作，这是合作性要求的第三级和第四级。

本章依次介绍不同层级的合作性，详见下表。

	3.1 部分合作	3.2 个人合作	3.3 团队合作	3.4 组织合作	层级
3 合作	攀比接纳 低阈应激 对象投射	先验欣赏 人格共情 态度探询	内在乐观 脆弱明示 行为评价	人性塑造 范式转化 文化维护	特质 能力
	王后	蒙娜丽莎	刘邦	孔子	代表

3.1 部分合作：王后为什么和人比美

本节介绍三个特质，**攀比接纳、低阈应激、对象投射**，这三个特质会妨碍合作能力。在公司里，需要与人合作的岗位，招聘的时候，要做一轮专门的面试，以确认候选人没有这三个特质。下文是这些特质的详细介绍，为了方便表述，我选择童话《白雪公主》中的王后，来代表这三个特质。

童话，帮助孩子了解世界。"坏人"是抽象概念，因为《白雪公主》这样的童话，抽象的坏人，变成了孩子可以理解的、具体的人。

对孩子来说，每一个词都很抽象，孩子需要具体的原型去支撑词的意义。苹果，这个词的原型，是刚刚吃下去的一片果肉，也是果盘里放着的一个水果，还是商店里出售的一种水果，同时它还是《圣经》中的禁果。坏人，这个词也有原型，坏人的原型，是《小红帽》里的大灰狼，也是《西游记》中的白骨精，还是《白娘子》中的法海。如果把坏人的原型按知名度排名，《白雪公主》中王后的排名会非常靠前，她是坏人中的坏人。

从人性角度去看王后，她也是坏人中的坏人，因为她的坏，根基是嫉妒。嫉妒是人性，刚出生的孩子就本能地知道，父母的爱是必须争夺的生存资源。为了生存，基因为婴幼儿设计了嫉妒。嫉妒是一种阶段性的情绪，如果成长过程正常，嫉妒心会自然弱化。如果教养有偏差，幼年阶段才有价值的嫉妒，会一直保持到成年。

嫉妒是生存本能，也是每个孩子都必须走过去的独木桥。王后比较不幸，她在童年、青年、成年阶段，都没能顺利通过嫉妒的独木桥。王后的另一种坏，是嫉妒催生的无意义的伤害。因为白雪公主比她漂亮，王后要杀害白雪公主，这说明王后的心智还没有成人化，幼儿的嫉妒会催生攻击，成年人的嫉妒，是完善自我的动力。王后还有一种坏，她会凭空想象不存在的威胁。

为了躲避王后的迫害，白雪公主逃进了森林。森林中的公主，影响不到王后，但王后还要变成女巫，进入森林去谋害白雪公主。王后的这些坏，如果从心理机制上分析，和三个特质有关，攀比接纳、低阈应激、对象投射。

需要与人合作的岗位，面试要筛查的第一个特质是**攀比接纳**。其定义如下：**基于人际比较的自我接纳。**

在《晏子春秋》中，记载了一个"二桃杀三士"的故事：齐景公手下有三个勇士，名叫公孙接、田开疆、古冶子。晏子让齐景公送两个桃子给三个勇士，让他们按功劳大小来分配桃子。

公孙接站起来，拿了一个桃子；田开疆站起来，拿了一个桃子。古冶子说："你们把桃子放下！"他站起来，还把剑拔了出来。公孙接和田开疆说："我们勇敢不如古冶子、功劳不如古冶子，我们先拿桃子，这是贪婪。贪婪还不自尽，就是没有勇气。"说完之后，他们两人把桃子放下，拔出剑来，引颈自刎。古冶之说："他们两人死了，我一个人活着，这是不仁；我贬低他人，夸耀自己，这是不义；我悔恨自己的行为，还不敢自尽，这是没有勇气。"说完之后，古冶子也把桃子放下，引颈自刎。

先拿桃子的两个勇士，觉得自己的功劳大，就理所当然地拿了桃子。第三个勇士觉得自己的功劳最大，如果得不到桃子，他觉得自己的人生价值被贬低，于是拔出剑来，准备捍卫自己的价值。另外两个勇士，在听完古冶子的功劳之后，自觉不如，羞愧之余将桃子让出并自刎。第三个勇士，看到同伴自刎，觉得自己不仁不义，也拔剑自刎。

两个桃子，能让三个人自杀，因为这三个勇士，需要与人比较才能证明自己的价值，如果在比较中输了，就意味着人生没有意义，生不如死。这三位勇士，要通过人际比较，才能接纳自我，这种自我价值观，叫作攀比接纳。

《白雪公主》里的王后，她的自我价值观和"二桃杀三士"中的勇士一样，王后也要在比较中，才能证明自己的价值。所以，王后每天早上第一件事就是问魔镜，谁是最美丽的女人。突然有一天，魔镜说，白雪公主比王后美丽。听到这个消息，王后的感受和"二桃杀三士"中的勇士一样，因为在比较中失败，觉得生不如死。勇士和王后不一样，他们自己承担了耻辱感，在生不如死的时候，选择了自杀。王后没有勇气去面对自己的耻辱感，她要杀害白雪公主，以消除自己的恐惧。

自杀的勇士和杀人的王后，代表了攀比接纳的两面，一面是伤害自己，另一面是伤害他人；而且，这两面同时存在，如果勇士的对手不是另一个勇士，也许他们会像王后一样，去伤害他人。

和攀比接纳相反的自我价值观，是无条件接纳。白雪公主没有魔镜，她不关心谁是最美丽的女人。在王宫里，她是一个快乐的公主；逃到森林里，她是一个快乐的村姑。当王子向她求婚时，她欣然接受，不觉得她配不上王子，也不觉得王子配不上她。因为无条件接纳，白雪公主不论是公主还是村姑，抑或是王后，她都会拥有美好的人生。像白雪公主那样，相信自己本来就有价值，这样的自我价值观，就是无条件接纳。

因为无条件接纳，白雪公主适合与各种人打交道。别人强，白雪公主会欣赏；别人弱，白雪公主会同情。不论强者弱者，白雪公主都能与之友好相处。因为攀比接纳，王后只适合与崇拜者打交道。别人强，她就嫉妒，恨不能别人马上倒霉；别人弱，她就炫耀，生怕别人不知道她强。

在公司里，从事与人合作的工作，工作者不能有攀比接纳，因为他们像王后一样，时刻处在与别人的比较当中，不论比较的输赢，都会影响人际关系。

《三国演义》里的周瑜，就喜欢和诸葛亮比。在第四十五回（三江口曹操折兵，群英会蒋干中计）里，周瑜通过蒋干盗书，用反间计除掉了曹魏水军的统帅。细作探知，报过江东，周瑜大喜。鲁肃曰："都督用兵如此，何愁曹贼不破乎！"周瑜曰："吾料诸将不知此计，独有诸葛亮识见胜我，想此谋亦不能瞒也。子敬试以言挑之，看他知也不知，便当回报。"

周瑜反间计成功，高兴之余，仍不忘和诸葛亮比一比。为了证明谁更高明，周瑜请鲁肃去试探一下诸葛亮，看诸葛亮是否看破了他的反间计。

　　鲁肃领了周瑜言语，径来舟中相探诸葛亮。诸葛亮接入小舟对坐。鲁肃曰："连日措办军务，有失听教。"诸葛亮曰："便是亮亦未与都督贺喜。"鲁肃曰："何喜？"诸葛亮曰："公瑾使先生来，探亮知也不知，便是这件事可贺可喜耳。"唬得鲁肃失色问曰："先生何由知之？"诸葛亮曰："这条计只好弄蒋干。曹操虽被一时瞒过，必然便省悟，只是不肯认错耳。"鲁肃试探后回报，诸葛亮看破了反间计，周瑜大惊曰："此人决不可留！吾决意斩之！"

　　周瑜的反间计被诸葛亮看破，周瑜决意要杀诸葛亮，这和王后的反应一样。王后听说白雪公主更美丽，决意要杀害白雪公主。这样的深仇大恨，被恨的另一方却全然不知，这是攀比接纳的奇特之处，他们的敌我观念，和真实的利益无关，只和他们的虚荣心有关，但是，他们自己还觉察不到。

　　在公司里，从事与人合作的工作，工作者不能有攀比接纳，因为在合作中，攀比接纳常让人忘记为什么合作，而把在攀比中取胜当成了比合作还重要的目标。

　　在《三国演义》第五十一回（曹仁大战东吴兵，孔明一气周公瑾）里，周瑜见诸葛亮占领南郡，又占领了荆襄，气得大叫一声，金疮迸裂，半晌方苏，众将再三劝解。周瑜曰："若不杀诸葛村夫，怎息我心中怨气！……"瑜谓之曰："吾欲起兵与刘备、诸葛亮共决雌雄，复夺城池。子敬幸助我。"鲁肃曰："不可。方今与曹操相持，尚未分成败。倘曹兵乘虚而来，其势危矣。"

　　周瑜想占领南郡和荆襄，听说被诸葛亮抢先占了，周瑜气得昏死过去。等他醒来，他忘记了，联刘抗曹是东吴的基本战略，他想假公济私，把他个人的目标，即战胜诸葛亮，变成东吴的战略目标。《白雪公主》中的王后，也有类似的现象，听说白雪公主比她美丽，王后内心便充满嫉恨，王后的人生目标也发生了改变，她不想做一个幸福快乐的王后，而是要做一个心狠手辣的女巫。

攀比接纳，是人际合作的观念障碍。需要与人合作的岗位，面试要筛查攀比接纳，因为攀比接纳是经历塑造的特质，不容易改变。

王后的攀比接纳，部分来自基因，部分来自亲子互动。如果王后的父母，从王后的幼年开始，就在众人面前炫耀她的长相、穿着，炫耀她会认字、会背诗；同时，父母对幼年王后的感受完全忽视，在这样的互动中，幼年王后就会形成一个信念，她自己的感受没有意义，只有让父母有面子，她的人生才有价值。这个信念持续到童年、少年，小王后相信，只有在比较中取胜，让自己有面子，人生才有价值。到了成年，王后这个信念还没有被纠正，就成了攀比接纳。

如果成年的王后，想改变自己的攀比接纳，她先要全面了解它。王后要知道，攀比接纳会妨碍合作，如果做与人合作的工作，攀比接纳是她的职业障碍。同时，她也要知道，攀比接纳让她擅长挑毛病，如果做艺术批评家、商业评论家，她的攀比接纳会成为认知上的优势，但在人际关系上，它仍然是劣势。

如果王后想克服攀比接纳对合作的妨碍，她需要找一位教练，通过教练的示范，她学习尊重自己的感受，也学习尊重他人的感受。经过长期的模仿和练习，她重建了人际互动模式，就能从攀比接纳中走出来。如果企业不具备辅导条件，就应该在面试中筛查攀比接纳。此外，另一个会妨碍合作的特质，也需要在面试中筛查，那个特质是低阈应激。

需要与人合作的岗位，面试要筛查的第二个特质是**低阈应激**，其定义如下：**对弱刺激的强反应倾向**。

王后听说白雪公主比她美丽，马上就起了杀心。王后这样的反应不像一个王后，在常人的想象中，王后应该有宠辱不惊的从容，听魔镜说，白雪公主更美丽，从容的王后会微微一笑，然后告诉魔镜，她会把魔镜的赞誉带给白雪公主。王后听说有人比她美丽，她马上就起杀心，这种反应的心理根源，叫作低阈应激。

低阈应激中的"应激",是人受到惊吓和威胁时的反应。在《水浒传》第二十二回(横海郡柴进留宾,景阳冈武松打虎)里,有这样一段描述:"一阵风吹过,乱树背后跳出一只吊睛白额的大虫,武松叫声'阿呀',从青石上翻将下来。"

大虫是老虎,武松看到老虎的那一刹那,他的反应是应激。应激是自己不能控制的状态,不论武松想不想应激,他只要看到老虎,就会进入应激状态。应激反应包括感官反应、生理化学反应和行为反应。应激在感官上的反应,是高度警觉,听觉、视觉变得非常敏感,同时理性思维关闭、直觉思维开启;应激在生理化学上的反应,是心跳加速、呼吸加重、全身出汗;应激在行为上的反应,是战斗或逃跑。

低阈应激,是指一个人很容易进入应激状态。武松看到老虎,他进入应激状态,这是正常反应。如果武松看到兔子,也进入应激状态,说明他的应激门槛太低,这种特质就是低阈应激。低阈应激中的"阈"字,读音同"玉",本意是门槛,在这里指最低值。低阈应激的人会不自觉地大惊小怪,稍有风吹草动就惊慌失措、如临大敌。例如,《白雪公主》中的王后,一听说白雪公主比她美丽,她就像武松看到老虎一样,进入不能自控的应激状态。

在《晋书·苻坚载记》中,有这样一段文字:"坚与苻融登城而望王师,见部阵齐整,将士精锐;又北望八公山上草木,皆类人形,顾谓融曰:'此亦劲敌也,何谓少乎?'怃然有惧色。"

上面文字中的"坚",是前秦皇帝苻坚。公元383年,苻坚率百万秦军南下,与八万晋军对阵,初战秦军大败。战败后,苻坚看到山上草木,以为都是晋军兵马。成语"草木皆兵"就来自苻坚这次战败经历。草木皆兵的苻坚本不是胆小之辈,在伐晋之前,他东征西讨二十年,经历无数恶战。苻坚不但有胆量,还有气魄。面对长江天险,他曾放出豪言,只要他一声令下,命令手下骑兵把马鞭扔进长江，马鞭就能形成一道大坝，让长江断流。如此胆量气魄，加上如此兵力，苻坚伐晋应该手到擒来。但是，秦军不仅初战大败，决战更是惨败，百万雄师全军覆没，苻坚单骑逃回淮北。在逃亡路上，苻坚听到风声鹤唳，都以为是追兵。

苻坚的"草木皆兵""风声鹤唳"，是他经历了极度恐惧之后形成的心理症状，这种症状叫作急性应激障碍。急性应激障碍，是短期的症状，通常能慢慢恢复。如果一个孩子，在婴幼儿阶段，长期生活在分离恐惧之中，或者在童年阶段，长期生活在家庭暴力的恐惧之中，由于经历长期的、高频率的恐惧，孩子时时处处都要高度警惕，使得孩子的急性应激，变成了常态。如果到了成年阶段，这种高度警惕还没有被纠正，便是低阈应激。

在公司里，从事与人合作的工作，工作者不能有低阈应激，因为低阈应激会让人对他人执普遍的敌意，这会妨碍他们的人际交往。

对职业选择而言，低阈应激是中性特质，低阈应激的人，能比别人先感知到危险，如果从事风险控制、危机管理，低阈应激是职业优势。但低阈应激的人容易喜怒无常，前一秒还是和颜悦色，后一秒就变成怒发冲冠，很难与人相处。从事与人合作的工作，低阈应激则是职业劣势。

在《水浒传》第五十二回（戴宗智取公孙胜，李逵斧劈罗真人）中，戴宗和李逵去九宫县二仙山，请公孙胜。到了公孙胜家中，李逵先去包裹里取出双斧，插在两胯下，入的门里，叫一声："着个出来！"婆婆慌忙迎着道："是谁？"见了李逵睁着双眼，先有八分怕他，问道："哥哥有甚话说？"李逵道："我是梁山泊黑旋风。奉着哥哥将令，教我来请公孙胜。你叫他出来，佛眼相看，若还不肯出来，放一把鸟火，把你家当都烧做白地，莫言不是。早早出来！"

婆婆道："好汉莫要恁地。我这不是公孙胜家，自唤做清道人。"李逵道："你只叫他出来，我自认得他鸟脸。"婆婆道："出外云游未归。"李逵拔出大斧，先砍翻一堵壁。婆婆向前拦住，李逵道："你不叫你儿子出来，我只杀了你。"拿起斧来便砍，把那婆婆惊倒在地。只见公孙胜从里面走将出来，叫道："不得无礼！"

李逵是典型的低阈应激，只要稍受刺激，李逵就会进入"战斗或逃跑"状态。在梁山泊，一般人很难和他打交道，只有情绪极其稳定的宋江，能够和李逵友好相处。

像宋江这样情绪稳定的人，现实中很难遇到。在《水浒传》第一百二十回（宋公明神聚蓼儿洼，徽宗帝梦游梁山泊）里，宋江喝下皇帝赐的御酒，觉道肚腹疼痛，心中疑虑，想被下药在酒里。宋江乃叹曰："我自幼学儒，长而通吏，不幸失身罪人，并不曾行半点异心之事。今日天子信听谗佞，赐我药酒，得罪何辜！我死不争，只有李逵……必然再去哨聚山林，把我等一世清名忠义之事坏了，只除是如此方可。"宋江喝下御赐的毒酒，生命即将走到终点，他派人连夜去把李逵叫来，然后和李逵一起喝下毒酒。李逵临死之时，嘱咐从人："我死了，可千万将我灵柩去楚州南门外蓼儿洼和哥哥一处埋葬。"像宋江这样，能把生死看淡，还能把朋友的生死看淡，这不是一般人能够具备的心理状态。

低阈应激的另一个劣势，是容易产生误解。魔镜告诉王后，白雪公主比她美丽，王后马上就起了杀心。如果魔镜只是有口无心地随便一说，说者无心，听者有意，这句话的后果会很严重。

在《三国演义》第四十五回（三江口曹操折兵，群英会蒋干中计）里，蒋干在周瑜账里，见到桌上堆着一卷文书，都是往来书信。内有一封，上写"蔡瑁张允谨封"。蒋干大惊，偷读之，思曰："原来蔡瑁、张允结连东吴！"遂将书暗藏于衣内……潜步出帐，于江边下船，飞棹回见曹操。

曹操大怒曰："二贼如此无礼耶！"即便唤蔡瑁、张允到帐下。曹操曰："我欲使汝二人进兵。"蔡瑁曰："军尚未曾练熟，不可轻进。"曹操怒曰：

"军若练熟，吾首级献于周郎矣！"蔡、张二人不知其意，惊慌不能回答。曹操喝武士推出斩之。须臾，献头帐下，曹操方省悟曰："吾中计矣！"

低阈应激，是人际合作的情绪障碍，需要与人合作的岗位，面试要筛查低阈应激。而且，低阈应激是由基因和经历双重塑造的，改变低阈应激，需要长时间的心理辅导。如果低阈应激的王后，身边有一个教练，每当魔镜告诉王后，白雪公主比她更美丽，教练则引导王后转换思维，教练问王后，白雪公主更漂亮，这件事让王后损失了什么、听到这句话王后想到了什么、有什么感觉。像这样有针对性地引导，再加上长期努力，可以逐渐改变王后的低阈应激。如果公司不具备辅导条件，就应该在面试中筛查低阈应激。除了低阈应激，另一个影响合作的特质，也需要在面试中筛查，那个特质是对象投射。

需要与人合作的岗位，面试要筛查的第三个特质是**对象投射**。其定义如下：**不良情绪的对象来源假设**。

《列子·说符》中有一个"亡斧疑邻"的故事："人有亡斧者，意（注：通"疑"）其邻之子。视其行步，窃斧也；视其颜色，窃斧也；听其言语，窃斧也；动作态度，无为而不窃斧也。俄而掘其沟而得其斧，他日，复见其邻之子，其行动、颜色、动作，无似窃斧者。"

有人丢了一把斧头，他怀疑邻居家的孩子偷了。产生了怀疑之后，他看那个孩子走路，像偷斧头的小偷；孩子的脸色，像偷斧头的小偷；孩子的言语，像偷斧头的小偷；孩子的动作态度，没有不像小偷的。后来，他在自己挖的一个坑里，找到了斧头，再看邻居家的孩子，无论其动作还是态度都不像偷斧头的小偷。

某人丢了斧头，他可以产生指向别人的情绪，比如怀疑；他也可以产生没有指向的情绪，比如困惑。如果某个人，他产生的不良情绪，都是指向别人的，这种心理状态叫作对象投射。

情绪按照指向，可以分成两类，即对象情绪和状态情绪。对象情绪，是针对具体人物的情绪，例如嫉妒、崇拜。对象情绪后面一定要跟人，人们可以说"我嫉妒他、我崇拜他"，不能说"我嫉妒、我崇拜"。状态情绪，是反映身心状态的情绪，例如焦虑、高兴。在语言中，如果一种情绪后面不能跟宾语，那个情绪就是状态情绪。比如，人们可以说"我焦虑、我高兴"，但不能说"我焦虑你、我高兴你"。

对象投射，是情绪解读错误，如果某个人把消极的状态情绪，焦虑、失落、沮丧、错愕，都解读为对象情绪，就会形成对象投射。《白雪公主》中的王后有对象投射。王后一直担心，如果她不是最美丽的女人，人生就没有价值。因为担心，王后每天问魔镜，谁是最美丽的女人。一天早上，魔镜告诉王后，她不再是最美丽的女人，白雪公主才是。听到这个消息，王后没有焦虑、错愕、困惑、失落，而是产生了针对白雪公主的仇恨。

同样的情景，可以引起不同的情绪；不同的情绪，会引起不同的行为。例如，听到白雪公主更美丽，王后可以感到欣慰，然后去祝福白雪公主；王后也可以焦虑，然后去买新衣服；王后也可以困惑，然后去研究什么是美丽。如果王后产生了怨恨，她会指斥白雪公主；如果产生了仇恨，她会谋害白雪公主。王后有一个特质，她把消极的状态情绪，都理解为消极的对象情绪，只要不开心，她就要怪别人，这个特质就是对象投射。

在公司里，从事与人合作的工作，工作者不能有对象投射，因为对象投射会让人无端地怨恨他人、指责他人，这会影响人际交往。

对象投射的人，不论什么问题、什么情景，只要情绪不好，就会把不良情绪的转嫁给别人，这使得他们人缘很差。《红楼梦》里的赵姨娘就是这样的人，大观园里的主子、丫头们，都不喜欢她。在《红楼梦》第五十五回（辱亲女愚妾争闲气，欺幼主刁奴蓄险心）里，有这么一段，"忽见赵姨娘进来，李纨探春忙让座。赵姨娘开口便说道：'这里的人都踹下我的头去还罢了。

姑娘你也想一想,该替我出气才是。'一面说,一面眼泪鼻涕哭起来。探春忙道:'姨娘这话说谁,我竟不解。谁踹姨娘的头?说出来我替姨娘出气。'赵姨娘道:'姑娘现踹我,我告诉谁!'探春听说,忙站起来,说道:'我并不敢。'李纨也站起来劝。"

上面对话的来由,是赵姨娘的兄弟去世,贾府照例要出一笔抚恤金。当时贾府的内务主管,是李纨和探春两个人。探春是赵姨娘的女儿,为了避嫌,探春特意和李纨一起查了账本,看类似情况应该按什么规矩给抚恤金。查完之后,她们照例拨银二十两给赵姨娘。在这之前,袭人的母亲去世,贾府按规矩出银四十两。这两笔抚恤金属于不同情况,分别给二十两和四十两,既合情理也合规矩。

但是,赵姨娘收到二十两银子,觉得自己的地位还不如袭人,当即到管事房找探春哭闹。探春查账给她看,她还闹;薛宝钗过来劝,她还闹。直到凤姐派人来传话,说照例应只该给赵姨娘二十两,这才制止了她的哭闹。《红楼梦》这一回叫作"辱亲女愚妾争闲气,欺幼主刁奴蓄险心",标题是说,为争一口闲气,赵姨娘连亲生女儿都要欺辱。

用常理来分析赵姨娘,她的行为很不合理,用对象投射来分析,能看到行为的动机。对象投射者,会为自己的消极情绪,寻找安全的替罪羊。赵姨娘怪罪探春,不怪罪凤姐,因为探春是她女儿,怪罪探春对自己来说更安全。

在公司里,对象投射的另一个影响,是掩盖真相,有些引起不良情绪的事情,根源不在人身上。但对象投射的人会不自觉地关注人,和人不相关的部分反而就容易被忽视。1385 年,朱元璋发布《大诰》,其中有这么一段:"朕昔在民间时,见州县官吏多不恤民,往往贪财好色,饮酒废事。凡民疾苦,视之漠然,心实怒之。故今令严法禁,但遇官吏贪污蠹害吾民者,罪之不恕,卿等当体朕言。"

朱元璋的这一段话,表明了他治理贪腐的决心。在实际治理中,朱元璋治贪的决心、勇气、手段，都超乎想象，但贪官还是层出不穷，因为治理没有针对根源。明朝贪腐的根源，在于基层的吏，而不在官。明朝官员的俸禄很低，以海瑞为例，他当县令的时候，生活很艰苦，平时还要种菜贴补伙食。海瑞是县令，在官员序列中，县令是个芝麻官，但在县里，县令是最大的官。县衙里的最高长官尚且靠种菜贴补伙食，其他低级别的小吏，如果只靠俸禄，连温饱都不能保障。为了过日子，小吏和衙役联合起来，想办法搜刮民财。

衙役搜刮民财，县令可以依法惩治。为了不受惩罚，衙役会寻找保护伞，有好处也分一份给上级。县令可以不收这份钱，但他不能惩治衙役，因为依法办事，小吏和衙役就没办法生活，只好另谋职业。县衙里没有了县令还能照常运转，没有了管事的小吏和办事衙役，县衙会瘫痪。明朝的吏制，是元朝遗留下来的老问题。如果明朝不从官制入手，而从吏制入手去解决贪腐问题，解决问题的可能性会更大。

对象投射，是人际合作的认知障碍。与人合作的岗位，应该在面试中筛查对象投射，因为对象投射由幼年经历塑造的，不容易改变。假如王后的父母，在王后的幼年阶段，就把自己的不良情绪转嫁给她，例如，父母上班迟到了，就对幼年的王后说，都怪你，早上睡不醒，害得我上班迟到了。通过类似的互动，幼年的王后形成了一个下意识的观念，消极情绪都是别人带来的，这就是对象投射。对象投射一旦形成，就不容易改变。如果魔镜对王后说，你有问题，你总是把自己的坏情绪归罪给别人。魔镜这句话，就会让王后产生坏情绪，王后当下就会把坏情绪归罪给魔镜。如果魔镜想把王后从对象投射中带出来，它要花很长时间，先和王后建立信任，然后再进行辅导。公司如果不具备辅导条件，就应该在招聘面试中筛查对象投射。

需要与人合作的岗位，面试要筛查三个特质，即**攀比接纳、低阈应激、对象投射**。其中攀比接纳是人际合作的观念障碍；低阈应激是人际合作的情绪障碍；对象投射是人际合作的认知障碍。

测试**攀比接纳**，是做两个测试。第一个测试叫作"真实榜样测试"，这是测试候选人的行为榜样，是不是真实生活中真实人物。如果榜样是候选人认识的真实人物，候选人就通过了测试。这个测试的原理，是攀比接纳的一个特征。攀比接纳的王后，不会把身边的熟人当成行为榜样，因为她要通过与身边的人进行比较来确认自己的价值。如果以熟人为榜样，王后认为，这是在贬低她的自我价值。所以，王后的行为榜样都是她在现实中看不到的人，例如历史名人、商业明星、公众人物等。根据这个特质，测试攀比接纳，可以先做笔试。测试题如下：请列举五位你的行为榜样。在笔试中，候选人列举的人生榜样，至少要有两个榜样是他生活中的真实人物，例如父亲、母亲或者是老师、同学。能列举两个和两个以上的熟人作为行为榜样，候选人就通过了测试。

攀比接纳的第二个测试，叫作"表达时间测试"。攀比接纳的王后，喜欢看别人的缺点，说过别人的缺点，则头头是道。王后看别人总看不到优点，说起别人的优点，她就不知道说什么。根据这个特征，测试攀比接纳是问三个问题。第一个问题：请介绍三个你比较熟悉的朋友或同事。等候选人说完之后，再问第二个问题：和你相比，他们三个人分别在哪些方面比你的能力要差？等候选人回答了之后，再问第三个问题：和你相比，他们三人分别在哪些方面比你的能力要强？这个测试要录音，如果候选人在说别人差的时候，说的时间很长，例如5分钟，在说别人强的时候，说的时间很短，例如15秒，候选人就没有通过测试。这个测试中的时间长短是相对的，如果候选人说别人差的时间，比说别人强的时间长4倍以上，候选人就没有通过测试。

测试**低阈应激**，是做一个"立场表达测试"。这个测试的原理是低阈应激的一个特征。低阈应激的王后不习惯表明立场，她担心表明立场，会带来不好的结果，所以她回答有立场的问题，会把立场处理得很模糊。根据这个特征，测试低阈应激是问两个问题。第一个问题测试情绪立场，问题如下：

你工作过的这几家公司，哪家公司是你最不喜欢的？候选人回答这个问题，如果没有立场，候选人就没有通过测试。例如这样回答：这几家公司各有特点，每家都有令我喜欢的地方，也都有令我不喜欢的地方。如果候选人的回答，有明确的立场，候选人就通过了测试。例如像这样回答：某某公司我最不喜欢，人际关系太复杂了，做什么事都要考虑关系，很累。

候选人通过了第一个问题的测试，再问第二个问题。第二个问题测试理性立场，问题如下：从简历上看，你做过三类工作，分别是测试、开发、运营维护。现在回头去看，哪个工作对你来说，是最没有意义的？候选人回答这个问题，如果没有明确的观点，候选人就没有通过测试。例如像这样回答：这几份工作对我都有意义，虽然有的意义大些，有的小些，但都是不可替代的意义。如果候选人回答这个问题，有明确的立场，候选人就通过了测试。例如像这样回答：这三个工作，意义最小的是测试，因为在测试的时候，我总在想别人的毛病在哪里，这让我看不到别人厉害的地方。如果两个问题，候选人都能通过测试，他就通过了低阈应激测试。

测试**对象投射**，是做一个"分析标的测试"。对象投射的候选人在做分析的时候，只会分析人，不会分析事，他们会把一切问题都看成是人的问题。根据这个特征，测试对象投射，是问三个问题。第一问题：目前行业中领先的两家企业，分别有哪些特色？第二个问题：你遇到过的上司，他们的管理风格有哪些差别？第三个问题：你服务过的企业，在今后的发展中，分别会遇到哪些障碍？

回答第一个问题，候选人会透露出他心中的企业特色，是以人为载体，还是以事为载体。以人为载体的企业特色，是员工敬业、领导尽责；以事为载体的企业特色，是战略清晰、流程明确。回答第二个问题，候选人会透露出他心目中管理对象，如果以人为对象，他说的管理就是绩效考核、激励授权；如果以事为对象，他说的管理就是任务细分、程序优化。回答第三个问题，候选人会透露出他观察未来的立场,以人为立场看未来,是人员招聘、教育培训、股东结构;以事为立场看未来,是市场变化、行业态势、技术更新。

  测试对象投射要录音,评分是在面试之后,再根据录音来评分,因为这个测试比较复杂,现场判断比较难。候选人回答上面三个问题,如果表现出来的载体、对象、立场都只有"人",表明候选人的思维会不自觉地针对人,如果候选人回答时,表现出了两个以上的"事"的因素,候选人就通过了测试。

  攀比接纳、低阈应激、对象投射,这三个特质会妨碍人的合作能力,需要与人合作的岗位,招聘的时候,要做一轮专门的面试,以确认候选人没有这三个特质。

3.2 个人合作：蒙娜丽莎有什么魅力

本节介绍三个特质，**先验欣赏、人格共情、态度探询**，这三个特质会提高人际合作能力。在公司里，与人广泛合作的岗位，招聘的时候，要做一轮专门的面试，以确认候选人具备这些特质。下文是这些特质的详细介绍，为方便表述，我选择油画《蒙娜丽莎》中的人物蒙娜丽莎，来代表这些特质。

《蒙娜丽莎》的魅力极具普适性，欣赏这幅画的人，不论年龄性别、种族文化，都会感受到的蒙娜丽莎的神秘魅力。

伟大的艺术作品都有普适魅力。琵琶古曲《十面埋伏》，开场便是高亢的"当当当，当当当"，声音突如其来、渐急渐远，不论男女老少，也不论西人华人，听到乐曲的开场，都会屏气凝神，这便是普适魅力。乐曲开场，是模拟部队集合的敲钲声。钲是铜铸的小钟，用木槌敲打，发出"当当当"的声音。铜钲金光闪闪，所以敲钲也叫鸣金。鸣金收兵的说法就是从敲钲来的。敲钲的声音频率高，那个频段的声音让人警觉。各文化、各种族的人，都以那个频段的声音来报警，而且，人类的灵长类祖先，如猴子、猩猩等，也用那个频段声音报警。所以，《十面埋伏》的开场是具备跨种族、超时空的普适魅力。

蒙娜丽莎的普适魅力有深浅两层，浅层魅力来自注视。人对注视很敏感，假如被人注视，被注视的人能很快感觉到。假如房间墙上挂着《蒙娜丽莎》，人们走进来，就会被蒙娜丽莎的注视所吸引。蒙娜丽莎的深层魅力，来自她的神态，那是母亲注视孩子的特殊神态。新生儿的母亲，体内激素和平时不同，这时的妈妈格外慈爱。人类的灵长类祖先，如猴子、猩猩等，刚生孩子时，母亲也会因为激素与平时不同，对孩子格外慈爱。蒙娜丽莎传递的慈爱，具有跨种族、超时空的普适性。在人类社会中，母爱是最友善的爱，人们对友善的判断都以母爱为参照，离母爱越近，就越友善。本节介绍构成友善的心理特质，因此，我选择蒙娜丽莎来代表这三个特质，即先验欣赏、人格共情、态度探询。

与人广泛合作的岗位，面试要测试的第一个特质是**先验欣赏**。其定义如下：**先验性的人际积极预期。**

看一个人的神态，能感觉到他的内心感受。在《三国演义》第八回（王司徒巧使连环计，董太师大闹凤仪亭）里，"吕布往董卓府上，入内问安，正值董卓睡。貂蝉于床后探半身望吕布，以手指心，又以手指董卓，挥泪不止。吕布心碎。董卓朦胧双目，见吕布注视床后，目不转睛；回身一看，见貂蝉立于床后。董卓大怒，叱吕布曰：'汝敢戏吾爱姬耶！'唤左右逐出，今后不许入堂。"

吕布看着貂蝉，董卓看到吕布神态，就知道吕布是真心喜欢貂蝉，因此大怒，下令把吕布赶走。在董卓面前，吕布想掩饰自己的感受，但他做不到，他的神态出卖了他。

看别人的神态，还能感觉到自己的内心感受。在《红楼梦》第三回（托内兄如海酬训教，接外孙贾母惜孤女）里，林黛玉和贾宝玉第一次见面。黛玉一见宝玉，便大吃一惊，心下想道："好生奇怪，到像在那里见过一般，何等眼熟到如此！"贾宝玉看见多了一个姊妹，便料定是林姑母之女，忙来作揖。厮见毕归座，宝玉细看黛玉形容，因笑道："这个妹妹我曾见过。"贾母笑道："可又是胡说，你又何曾见过他？"宝玉笑道："虽然未曾见过他，然我看着面善，心里就算是旧相识，今日只作远别重逢，未为不可。"

林黛玉觉得贾宝玉眼熟，是感觉到了自己的内心感受，林黛玉被这个感受吓了一跳，她不知道这个感受是从哪里来的。贾宝玉看到林黛玉，觉得是重逢，他也感觉到了自己的内心感受，贾宝玉虽然有点奇怪，但他很喜欢这个感受。

　　林黛玉和贾宝玉第一次见面，他们是用感受进行交流。用感受交流，这是人类的本能。在很久以前，原始人还没有语言，他们和别人沟通、和自己沟通，主要靠感受。有了语言之后，人类的沟通主要靠语言，但感受沟通仍然在起作用。举例来说，如果人们注视着蒙娜丽莎，感受系统就开始起作用，根据蒙娜丽莎的神态，人们能感觉到她的感受，也能感觉到自己的感受。蒙娜丽莎的神态有三个特征：笑意、注视、兴趣。她嘴角带一丝笑容，眼角带一丝笑意，注视着画外的人；她左手支在椅子的扶手上，右手放在左手上，身体稍微前倾，这个姿势透露出兴趣。笑意、注视、兴趣，是母亲注视孩子的神态。不论孩子是爬来爬去，还是在咿呀呀学语，母亲看孩子都是这个神态。用词汇来描述，这个神态叫作欣赏。爬来爬去的孩子感觉到了妈妈的欣赏，孩子的感受是幸福。

　　幸福是一种个人状态，用词汇来表达幸福，那是"好好的我，活在好好的世界上"。对孩子来说，幸福是人际状态，孩子的大部分的幸福，来自妈妈的欣赏。

　　欣赏，是母子间的感受沟通。八个月的小宝宝，从一个房间爬去另一个房间，小宝宝会先看妈妈，如果看到妈妈的欣赏，孩子就得到了两个提示。提示一，世界美好。妈妈用欣赏告诉孩子，另一个房间是安全的。欣赏孩子的妈妈，会让孩子相信，外部世界是美好的。孩子的世界观，有一部分来自妈妈的欣赏。提示二，我有能力。妈妈用欣赏告诉孩子，他有能力去探索另一个房间。欣赏孩子的妈妈让孩子相信，他有探索外部世界的能力。孩子的人生观，也有一部分来自妈妈的欣赏。两个提示合并，就是幸福感，即"好好的我，活在好好的世界上"。

　　欣赏能提升幸福感。在不同文化中，各有一位代表母爱的神，如佛教中的观音、东亚海神中的妈祖、基督教中的圣母玛利亚。这些神的共同点，是像妈妈一样的注视。面对这些神，人们能感受到被妈妈注视的幸福。理解了欣赏，再去欣赏蒙娜丽莎，就能收到达·芬奇的祝福。通过蒙娜丽莎的注视，达·芬奇祝福画外的欣赏者：祝福好好的你，活在好好的世界上。

欣赏是不自觉的行为，热恋中的情侣会出现不自觉的欣赏，想掩饰都掩饰不了，例如吕布看见貂蝉。刚见面的人，也有可能出现欣赏，当事人自己都不知道是为什么，例如林黛玉见到贾宝玉。假如某个人，能像画中的蒙娜丽莎一样，用欣赏的目光去注视所有人，这种非经验性的、无差别的欣赏倾向，叫作先验欣赏。

在公司里，与人广泛合作的工作，工作者要有先验欣赏特质。先验欣赏能给他人带来如沐春风的愉悦，把这些愉悦集合到一起，就是凝聚力。

在组织里的凝聚力，都是来自具体的人。在《红楼梦》第一百一十回（史太君寿终归地府，王凤姐力诎失人心）里，贾母临终前，从被窝里伸出手来，拉着宝玉道："我的儿，你要争气才好！"贾母又对凤姐道："我的儿，你是太聪明了，将来修修福罢。我也没有修什么，不过心实吃亏，那些吃斋念佛的事我也不大干，就是旧年叫人写了些《金刚经》送送人，不知送完了没有？"凤姐道："没有呢。"贾母道："早该施舍完了才好。"

贾母临终前，嘱咐贾宝玉要争气，因为贾府的未来要靠贾宝玉。贾母嘱咐王熙凤要修福，因为贾府的家务是由王熙凤在管理，管家务不能太聪明，要能吃亏。在《红楼梦》的人物里，贾母的先验欣赏特质最明显，她是贾府的凝聚力核心。

与先验欣赏相反的特质，是先验歧视。贾宝玉的父亲贾政，从贾宝玉周岁起，就认定贾宝玉终生都是个酒色之徒。贾政基于片面的判断，对一些人的未来作出固定的消极预测，这种人际判断就是先验歧视。

在《红楼梦》第一百二十回（甄士隐详说太虚情，贾雨村归结红楼梦）里，贾政扶贾母灵柩，到金陵安葬，然后乘船回返京城。那天乍寒下雪，贾政打发众人上岸投贴辞谢朋友，自己在船中写家书。写到宝玉的事，便停笔。抬头忽见船头上微微雪影里一个人，光着头、赤着脚，身上披着一领大红猩猩毡的斗篷，向贾政倒身下拜。贾政急忙出船，才要还揖，迎面一看，却是宝玉。贾政吃一大惊，忙问道："可是宝玉么？"宝玉未及回言，只见船头上来了两人，一僧一道，夹住宝玉说道："俗缘已毕，还不快走。"说着，三人飘然登岸而去。

贾政的先验歧视，是贾府的离心力。贾母去世之后，对贾宝玉而言，贾府就只剩下离心力，因此，他觉得"俗缘已毕"，毅然出家。

在公司里，需要与人广泛合作的工作，工作者要有先验欣赏特质，因为大部分人，或多或少有先验歧视，他们是离心力的来源。如果公司里，先验欣赏的人太少，而先验歧视的人太多，公司里的离心力会大于凝聚力，在这种情况下，公司要花比较高的代价，去把人才留住。在贾府里，贾政和贾宝玉相互歧视，贾政认为贾宝玉是酒色之徒，贾宝玉认为贾政是国贼禄鬼。如果没有贾母的先验欣赏，贾府很难维持。

先验欣赏，是人际合作的观念基础，在公司里，与人广泛合作的岗位，招聘时要甄选先验欣赏，因为它很难培养。如果贾政要摆脱他的先验歧视，并培养出先验欣赏，他需要教练对他进行长期辅导。教练先指导贾政，从注视上学习欣赏注视，再从观念上审视他对人的评价，然后再针对具体人物的评价，和教练讨论，经过这样的辅导，可以提高贾政的亲和力。公司很难具备这样的辅导条件，所以，应该在面试中甄选先验欣赏。此外，另一个人际合作的促进特质，也要在面试中甄选，那个特质是人格共情。

与人广泛合作的岗位，面试要测试的第二个特质是**人格共情**。其定义如下：**基于人性的无差别共情**。

在《红楼梦》第三十四回（情中情因情感妹妹，错里错以错劝哥哥）里，贾宝玉挨打受伤，薛宝钗来看他。"只见宝钗手里托着一丸药走进来，向袭人说道：'晚上把这药用酒研开，替他敷上，把那淤血的热毒散开，可以就好了。'说毕递与袭人，又问道：'这会子可好些？'宝玉一面道谢说：'好些了。'又让坐。宝钗见他睁开眼说话，不像先时，心中也宽慰了好些。"

在这一段中，薛宝钗来看贾宝玉，带了药，看到贾宝玉的状态好些了，她也放心了许多。后面林黛玉来探望，则是另一番情景。

"宝玉半梦半醒，都不在意。忽又觉有人推他，恍恍惚惚听得有人悲泣之声。宝玉从梦中惊醒，睁眼一看，不是别人，却是林黛玉。宝玉犹恐是梦，忙又将身子欠起来，向脸上细细一认，只见他两个眼睛肿的桃儿一般，满面泪光，不是黛玉，却是哪个？此时林黛玉虽不是嚎啕大哭，然越是这等无声之泣，气噎喉堵，更觉利害。"

贾宝玉和林黛玉更加亲近，他和薛宝钗总觉得隔着一层，在这一回里揭晓了原因。贾宝玉挨打，薛宝钗送药，这是同情。贾宝玉挨打，林黛玉悲泣，她能感受到贾宝玉挨打的痛苦，这是共情。同情是理性的，后天可以学习也可以假装。共情是潜意识层面的，后天很难学习也很难假装。人们常用"赤子之心"形容真诚，因为小孩子还没有学会假装的同情，他们只有真实的共情，孩子的情感是真实的。同情和共情的区别，在于感同身受，用一句话描述共情，是"快乐着你的快乐、痛苦着你的痛苦"。

共情是两个人之间的情感纽带，它同时还有识别功能。人们用共情来区分"自己人"和"外人"：和自己共情的人，是自己人；不和自己共情的人，就是外人。

用共情来识别人，是人的本能。婴儿从 3 个月大时开始，看到陌生人就会笑，同时婴儿心跳加快，那种状态类似紧张、警惕。如果陌生人用笑回应婴儿的笑，婴儿心跳就会恢复正常。这个过程像是婴儿的自言自语，婴儿看到陌生人，就对自己说警惕、可能有坏人。然后婴儿对着陌生人笑，如果陌生人也笑，婴儿再对自己说，这个人和我共情，他是自己人，警报解除。等婴儿再长一点，从第八个月开始，婴儿看到陌生人会躲，如果陌生人主动露出笑脸，婴儿才会用笑脸回应。这个过程也像是婴儿的自言自语，婴儿说，这个人愿意对我笑，我应该用笑回应他，让他知道我把他当成自己人。婴儿的这些自言自语都在潜意识层面发生，潜意识的语言不是文字语言，而是感受。

在《红楼梦》里，林黛玉哭着探望受伤的贾宝玉，等黛玉回去，贾宝玉找了两条手帕子撂与晴雯，让晴雯送给黛玉。晴雯道："这又奇了。他要这半新不旧的两条手帕子？他又要恼了，说你打趣他。"宝玉笑道："你放心，他自然知道。"因为共情有识别功能，贾宝玉识别出了，他和林黛玉之间的感情是真实的感情，因此，他用两条半新不旧的手帕子，向林黛玉表白。

共情能力和激素有关。抚养宝宝的妈妈，激素与平时不同，此时的激素会提高她们对宝宝的欣赏，也会提高她们与宝宝的共情。因此，画中的蒙娜丽莎，她有妈妈对宝宝的欣赏注视，她也有与宝宝的高度共情。如果有人能像画中的蒙娜丽莎一样，有一种针对所有人的、普适的共情倾向，这种特质叫作人格共情。

在公司里，广泛与人合作的工作，工作者要有人格共情特质，因为人格共情让人和所有人都能友好相处，也能获得广泛的信任。

人格共情的人，能体会到所有人的难处，不论和谁在一起，他们都能设身处地地体谅对方，他们有一种针对所有人的慈悲心。在《三国演义》里，诸葛亮用火攻一共用了三次，第一次是火烧博望坡，第二次是火烧新野，这两次是因为实力对比过于悬殊，用常规方法同对方作战，无异于以卵击石。孙刘联合抗曹，诸葛亮建议周瑜火烧赤壁，也是因为双方力量悬殊，不用反常规的战术无法取胜。诸葛亮第三次用火攻，是在《三国演义》的第九十回（驱巨兽六破蛮兵，烧藤甲七擒孟获）里，为了七擒孟获，诸葛亮设计，于盘蛇谷火烧藤甲兵。诸葛亮在山上往下看时，见到藤甲兵被火烧的惨状，他垂泪而叹曰："吾虽有功于社稷，必损寿矣！"

诸葛亮对所有人，都有基于人性的普适共情，和诸葛亮打交道的人，相信他做事有原则、有底线，不会不择手段。与人格共情相反的特征，是身份共情，即以身份对人进行区分，对相同身份的人能够共情，对身份不同的人，则体会不到对方的处境。成语"请君入瓮"，来自《新唐书》，酷吏周兴对人只有身份共情，他对人极其残忍。

"初，兴未知被告，方对俊臣食。俊臣曰：'囚多不服，奈何？'兴曰：'易耳，内之大瓮，炽炭周之，何事不承。'俊臣曰：'善'。命取瓮且炽火。徐谓兴曰：'有诏按君，请尝之。'兴骇汗，叩首服罪。"

武则天当政的时候，为加强权力，她鼓励告密，规定诬告不算犯罪，揭发则有重奖。这个政策致使冤案群起，朝臣犯案者以千计。周兴主持司法，审案专用酷刑，他的揭发功劳最大。公元691年，有人揭发周兴谋反，武则天下诏，命令来俊臣审问周兴。来俊臣设酒席宴请周兴，席间问周兴："囚犯多数不肯认罪，怎么办？"周兴说："容易，把囚犯放在一个大瓮里，再用木炭放在大瓮边上烤，不论什么指控，囚犯都会认罪。"来俊臣说："好。"他命令手下取来大瓮，并在大瓮周围放上木炭，然后对周兴说："接到诏书，调查你的谋反案，请你到瓮里尝试一下你发明的酷刑。"周兴吓得大汗淋漓，马上叩首认罪。

周兴缺少人格共情，请君入瓮，是他自食其果。在公司里，与人广泛合作的工作，如果让周兴这样的人承担，他会为了业绩而不择手段。这种做法虽会提高一时的个人业绩，但会弱化合作的信任基础，这种做法不可持续，不良后果也难以修复。

在公司里，广泛与人合作的工作，工作者要有人格共情。人格共情的诸葛亮，在潜意识中相信，工作是人的谋生手段，人不应该成为工作的手段。诸葛亮这样的观念，会保证公司内部，人际合作不会演变成"有人得利、有人受损"的零和博弈。在零和博弈中，所有收益只是账面收益，如果把综合成本算上，零和博弈没有实质上的收益。

人格共情，是人际合作的信任基础。在公司里，需要与人广泛合作的岗位，面试要甄选人格共情。人格共情由基因和经历共同塑造，它很难培养。请君入瓮中的周兴，如果想获得人格共情特质，他需要在教练的指导下，进行长期的感觉跟踪练习。当他的自我感受足够敏感之后，再进行人际共情练习。这个辅导条件，公司很难具备，因此，应该在面试中甄选人格共情。此外，另一个人际合作促进特质，也应该在面试中甄选，那个特质是态度探询。

与人广泛合作的岗位，面试要测试的第三个特质是**态度探询**。其定义如下：**以态度表达的善意探询**。

唐诗《琵琶行》中，有这样一段，"弦弦掩抑声声思，似诉平生不得志。低眉信手续续弹，说尽心中无限事。"这是诗人白居易听演奏时的感受，他觉得琵琶声非常凄美，其中有"不得志"和"无限事"。白居易很好奇，他问演奏的乐师，为什么她的演奏会如此凄美。为了回答白居易的提问，乐师先介绍自己的生平，"自言本是京城女，家在虾蟆陵下住。十三学得琵琶成，名属教坊第一部。"这一段是铺垫，以引出演奏凄美的答案。

"今年欢笑复明年，秋月春风等闲度。弟走从军阿姨死，暮去朝来颜色故。门前冷落鞍马稀，老大嫁作商人妇。商人重利轻别离，前月浮梁买茶去。去来江口守空船，绕船明月江水寒。夜深忽梦少年事，梦啼妆泪红阑干。"这是乐师在诉说自己的凄苦，她把心中的凄苦融入她的演奏中，因而有了曲调的凄美。

听了乐师的诉说，白居易大为感叹，"我闻琵琶已叹息，又闻此语重唧唧。同时是天涯沦落人，相逢何必曾相识……凄凄不似向前声，满座重闻皆掩泣。座中泣下谁最多，江州司马青衫湿。"白居易请乐师再弹一曲。在听新曲时，白居易不仅感受到了曲调的凄美，还感受到了乐师心中的凄苦，他感同身受，泪湿青衫。

《琵琶行》中的乐师和白居易素昧平生，她能向白居易介绍自己的经历，诉说心中的凄苦，需要三个前提。一是善意，乐师要觉得白居易是个善良的人；二是信任，乐师要觉得白居易是值得信任的人；三是兴趣，乐师要觉得白居易有兴趣听。白居易要让乐师感觉这三点，不能靠说，因为语言受理性控制，可以撒谎。如果白居易的表情、神态、姿势，这些理性不能控制的因素，能够让乐师感觉到白居易为人善良、值得信任、有兴趣听，乐师才会"说尽心中无限事"。

是什么表情、神态、姿势，让白居易成了善意、可信任、有兴趣的倾听者，现在无法考证。如果现在有人想诉说人生感悟，油画中的蒙娜丽莎却是很好的倾听者。

蒙娜丽莎安静地坐着，目光专注，这个神态表明，她把全部心思都投入到倾听当中；蒙娜丽莎脸上很平静，只有嘴角带一丝微笑，眼角带一丝笑意，这个表情说明，她的情绪也投入到了当下的倾听中；蒙娜丽莎双手放在椅子的扶手上，身体微微前倾，这个姿势表明，她有兴趣倾听。面对蒙娜丽莎，人们的表述会不自觉地深刻而细致，因为蒙娜丽莎用她的态度，表达了善意的探询，她的这种特质，叫作态度探询。

在公司里，与人广泛合作的工作，工作者要有态度探询，因为态度探询会是把沟通引向深入，这会加强合作的效果。

在现实中，像蒙娜丽莎那样的倾听者不多。为了深刻地表达自我，过去的人们会去祠堂向祖先诉说，或者去寺庙向菩萨诉说。祠堂里的祖先牌位和寺庙里的菩萨造像，其实都是倾听者，人们有无处安放的担忧，或者，有不敢表露的真情，找不到真实的倾听者，只能去祠堂或寺庙。诉说是人的心理需求，只有在被倾听的诉说中，人们才能感觉到自己的价值。诉说是跨种族、跨文化的心理需求，在基督教文化区域，人们可以去教堂诉说，或者去忏悔室对牧师诉说。在当下，人们可以选择向心理咨询师诉说，因为心理咨询师接受过训练，能用态度表达善意、信任、兴趣。

在合作性的工作中，如果一方有态度探询特质，沟通的效率就更高。白居易写诗，尽量不用生僻的典故。传说白居易为了让诗通俗易懂，每次写完诗，他会读给老太太听，老太太说哪里听不懂，白居易就去改哪里。这个传说记载于宋朝的《冷斋夜话》中："白乐天每作诗，令一老妪解之，问曰解否？妪曰解，则录之；不解则易之。故唐末之诗近于鄙俚。"像《琵琶行》那样的长诗，如果白居易没有态度探询特质，他问别人哪里不懂，别人也说不清。

态度探询还能让合作的效果更好，例如白居易，他听一次琵琶演奏，就能学到把情绪融入演奏的技法。其他人可能听十次、听一百次，也了解不到。

和态度探询不一样的探询，是语言探询。在《红楼梦》第三回（托内兄如海酬训教，接外孙贾母惜孤女）里，林黛玉来到贾府，正和贾母说话，"一语未了，只听得后院中有人笑声说：'我来迟了，不曾迎接远客！'黛玉纳罕道：'这些人个个皆敛声屏气，恭肃严整如此，这来者系谁，这样放诞无礼？'心下想时，只见一群媳妇丫鬟围拥着一个人从后房门进来。贾母对黛玉笑道：'你不认得他，他是我们这里有名的一个泼皮破落户儿，南省俗谓作"辣子"，你只叫他"凤辣子"就是。'众姊妹都忙着告诉黛玉，这是琏嫂子王熙凤。这熙凤忙携黛玉之手，问：'妹妹几岁了？可也上过学？现吃什么药？在这里不要想家，想要什么吃的、什么顽的，只管告诉我，丫头、老婆子们不好了，也只管告诉我。'"

王熙凤这样一连串的提问，全部都是语言探询，而且，王熙凤提出问题，并不是真心要了解林黛玉，她是为了显得热情而提问；或者说，王熙凤没有态度探询的能力，她希望借助语言探询来弥补。王熙凤不知道，语言探询和态度探询不能脱开，如果只有语言探询，沟通会失去善意和真诚，这样的沟通反而会让她失信于人。

在《红楼梦》第六十五回（贾二舍偷娶尤二姨，尤三姐思嫁柳二郎）里，尤二姐准备去见王熙凤，贾琏的心腹小厮兴儿，"连忙摆手说：'奶奶千万不要去，我告诉奶奶，一辈子别见他才好。嘴甜心苦，两面三刀；上头一脸笑，脚下使绊子；明是一盆火，暗是一把刀；都占全了。'"

王熙凤只有语言探询，没有态度探询，她因此失信于人，而她本人并不知道。态度探询和语言探询，都是不自觉的特质，白居易不知道他擅长倾听，也不知道他容易获得别人的信任。态度探询和语言探询的不自觉，还表现为周围人对这两种探询的不自觉。和白居易聊天的乐师，只知道白居易值得信任，但她不知道为什么。第一次见到王熙凤，林黛玉会觉得王熙凤有些放诞无礼，细说为什么，林黛玉也说不出来。

在《论语·季氏》中，孔子表明了沟通的原则。孔子曰："侍于君子有三愆，言未及之而言，谓之躁；言及之而不言，谓之隐；未见颜色而言，谓之瞽。"

孔子说，和君子沟通可能会犯三种错误：话在不该讲的时候讲，是急躁；话在该讲的时候还不讲，是隐藏；不懂表情神态就讲话，是盲目。孔子对沟通错误的现象列举，就是语言探询和态度探询的脱节。

态度探询，是人际合作的互动基础。在公司里，与人广泛合作的岗位，面试要甄选态度探询，因为它是不自觉的特质，很难培养。王熙凤的语言探询，是她在成长过程中，向她的行为榜样模仿形成的。如果王熙凤要重新培养态度探询，她需要教练。教练辅导王熙凤，在倾听的时候，要采用蒙娜丽莎的表情、姿势、神态，教练还要引导王熙凤，重新为自己寻找行为榜样。经过长期的训练，王熙凤可以把她的语言探询，调整为态度探询。公司很难具备这样的辅导条件，因此，应该在面试中甄选态度探询。

与人广泛合作的岗位，面试要测试三个特质，**先验欣赏、人格共情、态度探询**。其中，先验欣赏是人际合作的观念基础；人格共情是人际合作的信任基础；态度探询是人际合作的互动基础。

测试**先验欣赏**，是做一个"积极预期测试"。有先验欣赏的候选人，对他人的未来持有普遍的积极预期，因此，如果在面试中，让候选人对同学、同事的未来作判断，如果候选人有先验欣赏特质，他的判断就会普遍偏积极；没有先验欣赏特质，候选人的判断就会有积极、有消极，甚至是只有消极。根据这个特征，测试先验欣赏，是问两个面试问题：最近一次，你和四五个同事组成项目小组，是完成什么项目？候选人回答之后，再问第二个问题：预测一下，项目组里的同事，他们在20年后，分别会做什么。

回答第二个问题时，候选人预测同事的未来：如果对其中一个或一个以上的同事，作出了消极预测，候选人就没有通过测试；如果对同事的预测都是积极的，候选人就通过了测试。例如像这样回答：项目组里的老赵，他思维严谨，是当科学家的材料，估计20年后，他应该是首席技术官，或者是首席科学家。组里的老钱，他执行力很强，想到就能做到，20年后，他应该是首席执行官，或者是首席运营官。组里的老孙，他特别擅长挖掘客户需求，20年后，他应该在运营一家技术公司，为大客户做专业服务，或者是某个大公司的产品总监。组里的老李，他最有担当，不管多难的事，他都不会退缩，而且条理很清晰，先做什么、再做什么，他从来不会乱，老李将来应该是个企业家。

测试**人格共情**，是做一个"语境跟随测试"。有人格共情特质的候选人，能在倾听当中，让自己的情绪和思维与对方同步。假如两个面试官，用不同的词汇、不同的表达风格，向候选人提问，如果候选人有人格共情特质，他在回答两个问题时，会表现出和面试官提问时一样的词汇和表达风格。根据这个特征，测试人格共情，需要两个面试官配合。

在面试当中间，主持面试官提问，是以正式的语气、用正式的词汇提问。问过几个正式的问题之后，由另一个面试官，用平时聊天的语气、用口语词汇提问,例如像这样提问:你带过弟兄当中,谁是最不靠谱的?说一个他不靠谱的事,再说一说,你是怎么收拾他的,他被你整服帖了吗?候选人回答这个问题,如果也能用口语词汇回答,候选人就通过了测试。例如这样回答:"我带过的兄弟,马大拿最不靠谱,他做事想起一出是一出,头个事还没完,他就忘了,又弄一个事,新弄的事还没完,他又会想一个事出来,他整天急吼吼、忙叨叨地,特别辛苦,但他就是苦不出个名堂来。"

做语境跟随测试之前,先要设计不同语境的问题。选出几个正常语境的面试问题,例如面试问题:你领导过的下属当中,哪一位让你的领导力最受挑战。可以改成:你带过弟兄当中,谁是最不靠谱的?说一个他不靠谱的事;再说一说,你是怎么收拾他的,他被你整服帖了吗?

测试**态度探询**,是做一个"善意反问测试"。有态度探询特质的候选人,遇到不理解的面试问题,会反问面试官,而且他们在反问当中,只会表达自己的不理解,不会假设面试问题有错误。根据这个特征,测试态度探询,先要准备需要反问的面试问题。问题设计是根据候选人的专业,提一个那个专业领域里的常识问题,例如,候选人是学营销专业的,就让他举例说明,如何应用营销学中的4P[注:即产品(Product)、价格(Price)、渠道(Place)、促销(Promotion)]理论。但在提问的时候,面试官假装读错了问题,把"营销学"中的4P理论,说成是"管理学"中的4P理论。就像这样提问:张先生,请用管理学中的4P理论,分析一个你们公司的案例。

听到这个问题,如果候选人反问:管理学中的4P理论,我不了解,能不能给一点提示。等候选人反问之后,面试官就再看一下面试问题卡,然后解释说,不好意思,我读错了问题,应该是营销学中的4P理论,我再提一遍问题:张先生,请用营销学中的4P理论,分析一个你们公司的案例。面试官再次提问后,如果候选人说:"我就说嘛,管理学中怎么会有4P理论。"候选人就没有通过测试,如果候选人不再纠缠对错,直接构思、回答重新提出的问题,候选人就通过了测试。

如果面试官读了错误的问题，候选人没有反问，而是按自己的思路回答，候选人就没有通过测试。如果候选人听完问题之后，直接说："管理学中没有 4P 理论，应该是营销学中的 4P 理论，问题是不是搞错了。"这样反问候选人，也没有通过测试。

先验欣赏、人格共情、态度探询，这三个特质能促进人际合作，与人广泛合作的岗位，招聘的时候，要做一轮专门的面试，以确认候选人具备这些特质。

3.3　团队合作：刘邦靠什么凝聚团队

本节介绍三个特质，**内在乐观、脆弱明示、行为评价**，这三个特质能促进团队合作。在公司里，对团队合作负责的岗位，招聘的时候，要做一轮专门的面试，以确认候选人具备这三个特质。下文是这三个特质的详细介绍，为了方便表述，我选择《史记》中的刘邦来代表这些特质。

"天下大定，高祖都洛阳……置酒洛阳南宫。高祖曰：'列侯诸将无敢隐朕，皆言其情。吾所以有天下者何？'"

上文出自《史记·高祖本纪》。公元前202年，刘邦在洛阳南宫宴请群臣，酒席上，刘邦让群臣说一说，他为什么能得天下。刘邦向臣子提问，答案难免会有局限性，假如向当代的组织学家提出这个问题，他们的视野会开阔很多。组织学家会说，刘邦得天下是得益于蝴蝶效应。刘邦像一只蝴蝶：蝴蝶扇动翅膀的微小力量，经由组织放大，变成了一场龙卷风。《史记》的作者司马迁，对汉得天下提出了他的观点，"承敝易变，使人不倦，得天统矣。"司马迁说，汉朝沿用周朝的政体，并针对弊端进行改良，让天下人在熟悉之中看到了希望，民众的这种心理，是天下的道统。司马迁的观点，表明了他的视野极为开阔，很像当代社会学家的观点。

在刘邦提问的现场，有两位大臣发言，他们说刘邦能论功行赏，所以能得天下。刘邦觉得他们只知其一，不知其二，刘邦自己补充说："夫运筹策帷帐之中，决胜于千里之外，吾不如子房。镇国家，抚百姓，给馈饷，不绝粮道，吾不如萧何。连百万之军，战必胜，攻必取，吾不如韩信。此三者，皆人杰也，吾能用之，此吾所以取天下也。"

刘邦说，他得天下是因为他会用人。刘邦认为自己的能力不行，战略规划，他不如张良；后勤管理，他不如萧何；战场指挥，他不如韩信。刘邦能让他们三人充分施展才华，因此得了天下。刘邦的观点，很像当代领导学家的观点，让合适的人做合适的事，从而让团队发挥最大潜力，这是领导学定义的团队领导力。刘邦的团队领导力很突出，因此，我选择刘邦来代表促进团队合作的三个特质，即内在乐观、脆弱明示、行为评价。

负责团队合作的岗位，面试要测试的第一个特质是**内在乐观**。其定义如下：**对积极结果的广泛预期。**

不论处境如何，有人始终看好自己的未来，例如秦末起义的陈胜。《史记》记载："陈涉少时，尝与人佣耕，辍耕之垄上，怅恨久之，曰：'苟富贵，无相忘。'庸者笑而应曰：'若为佣耕，何富贵也？'陈涉太息曰：'嗟乎，燕雀安知鸿鹄之志哉！'"

陈胜年轻的时候，曾给别人帮工种田，在那个时候，陈胜有点自命不凡，相信自己是麻雀中的天鹅。陈胜的自命不凡和他的社会背景、知识能力都没有关系，那是骨子里的、无来由的信念。庄子有类似的信念，觉得自己是大鹏鸟，可以"扶摇而上者九万里"。刘邦也有类似的信念，《史记》里对刘邦的记载，有一段和陈胜的记载很像。

"（高祖）仁而爱人，喜施，意豁如也。常有大度，不事家人生产作业。及壮，试为吏，为泗水亭长……高祖常繇咸阳，纵观，观秦皇帝，喟然太息曰：'嗟乎，大丈夫当如此也！'"

刘邦待人仁爱，喜欢帮助人，性情豁达，有远大志向，不想从事只能养家糊口的普通职业。成年之后，他通过考试当了泗水的亭长。一次去咸阳服徭役，看到秦始皇出巡，刘邦感慨地说，大丈夫应该是这个样子。刘邦布衣出身，没有显赫的家世，也没有出众的本事，他的自命不凡让他遭受了很多嘲笑，但也为他赢得了婚姻。有一年，山东单县的吕公，全家迁到沛县。沛县县令和吕公是老朋友，为了欢迎老朋友，县令大摆酒席，还要求乡绅衙役给吕公送礼。萧何当时是县衙里的主吏，职位相当于现在的办公室主任，他在现场帮吕公收钱，来了客人，萧何就告诉他们，贺礼不够一千钱，就要坐在堂下。刘邦写了一个名帖，在上面写着"贺钱万"，即送一万钱。名帖递上去，吕公大吃一惊，看到刘邦的容貌气度，吕公对刘邦特别尊重，亲自把他引到上座。

萧何告诉吕公，刘邦好吹牛，他不可能送一万钱。酒席过后，吕公觉得刘邦的前途不可限量，决定把女儿许配给他。吕公的女儿叫吕雉，比刘邦年轻15岁。沛县的县令想娶吕雉，吕公没同意。和刘邦第一次见面，吕公就把女儿嫁给了刘邦，因为刘邦身上，有一种莫名的淡定，和无来由的自信，吕公因此断定，刘邦日后定会飞黄腾达。刘邦的淡定和自信，叫作内在乐观。内在乐观是潜意识中的自我信念，是看不见的乐观。通常的乐观，是外在的情绪，是看得见的乐观。

《红楼梦》里的刘姥姥，她的乐观是看得见的。在《红楼梦》第四十回（史太君两宴大观园，金鸳鸯三宣牙牌令）里，贾母及小姐丫鬟们，都拿刘姥姥取乐。"一时吃毕，贾母等都往探春卧室中去说闲话。凤姐儿忙笑道：'你可别多心，才刚不过大家取乐儿。'一言未了，鸳鸯也进来笑道：'姥姥别恼，我给你老人家赔个不是。'刘姥姥笑道：'姑娘说那里话，咱们哄着老太太开个心儿，可有什么恼的！你先嘱咐我，我就明白了，不过大家取个笑儿。我要心里恼，也就不说了。'"

刘姥姥对未来没有大追求，小事也看得开，别人嘲笑两句，她也无所谓，因此，她整天乐呵呵的。刘姥姥这种状态，是情绪上的乐观。刘姥姥进大观园，是穷人到了富地方，虽然身处奢华的贾府，但她知道，她不属于那个地方。陈胜和刘邦的内在乐观，像是富人去了穷地方，虽然处在贫穷之中，但他们知道，自己不属于那个地方，面对周围的贫穷，他们有置身事外的超脱。这种超脱的根源，是他们的潜意识里的自我信念。这个信念是肉眼看不到的，但会反映在他们态度当中，他们对未来有广泛的积极预期，这种特质就是内在乐观。

在公司里，对合作负责的团队领袖，具有内在乐观特质则更好，因为内在乐观的团队领袖，能为团队树立卓越的目标。

公元前209年，刘邦押送苦役去骊山，路上有苦役逃跑。刘邦估计，等走到骊山，苦役就逃跑完了，而且，按秦朝法律，犯罪要连坐，一个人逃跑，押送人员和其他苦役都要被治罪。刘邦心想，与其走到骊山再被治罪，不如现在就把人放了。一天夜里，刘邦把所有人都放了，告诉他们趁夜色逃命。苦役中有十几个壮士愿意跟随刘邦，从那一刻起，刘邦就成了一个小团队的领袖，他的命运也在那一刻发生了转折。

当天晚上，刘邦团队走过一个沼泽地，前面探路的人跑来告诉刘邦，有一条巨大的白蛇挡在路上。刘邦走到前面，挥剑把白蛇斩成两段，然后带领众人继续前行。斩白蛇这件事后来有了寓意：传说那条白蛇是龙，它是天上白帝的儿子，白帝是秦朝的元神。只要那条白龙不死，秦朝就会一直延续。刘邦看到龙也不害怕，因为他是赤帝的儿子，他来人间的使命就是杀死白龙，结束秦朝的暴政。因为这个传说，刘邦由一事无成的小吏，变成了天降大任的真龙。追随刘邦的壮士，本想当打家劫舍的强盗，结果成了替天行道的英雄。刘邦的自命不凡，为团队注入了卓越基因。

陈胜也是因为团队，才由燕雀变成鸿鹄。《史记·陈涉世家》记载："二世元年七月，发闾左谪戍渔阳，九百人屯大泽乡。陈胜、吴广皆次当行，为屯长。"

陈胜和九百名民夫一起，前往河北边境服兵役，队伍中途停留在安徽。停留期间，陈胜被任命为屯长。因为这次任命，陈胜当上了团队领袖，他的自命不凡，为团队注入了共同愿景。陈胜说"天下苦秦久矣"，这句话是蝴蝶效应的起点。陈胜就像一只蝴蝶，因为这句话，第一次扇动翅膀。于是，一起去服兵役的九百人，把这个微小的力量放大，本来是燕雀的陈胜，就果真变成了鸿鹄。

在公司里,对合作负责的团队领袖,具有内在乐观特质则更好,因为内在乐观的团队领袖,能为团队发现杰出人才。

杰出人才有远大抱负,遇到自命不凡的团队领袖,会产生英雄所见略同的共鸣。张良是杰出人才,在秦末起义的大潮中,他也组织了几百人的队伍,准备去投靠楚王。途中遇到刘邦,张良就暂时跟随刘邦。刘邦拜张良为掌管骑兵的将军,张良也多次根据《太公兵法》为刘邦出谋划策,刘邦很欣赏张良,经常采纳他的计策。张良曾经给其他人出谋划策,其他人都不能领悟。张良说:"刘邦是接受了上天授命的。"于是,张良决心跟随刘邦。《史记》中的原文如下。

"沛公拜良为厩将。良数以《太公兵法》说沛公,沛公善之,常用其策。良为他人言,皆不省。良曰:'沛公殆天授。'故遂从之。"

刘邦自认为是真龙天子,张良认为刘邦是上天授命的真君,两种观点的根源,都是刘邦的内在乐观。团队领袖的内在乐观,会促使团队追求卓越,在公司里,负责团队合作的岗位,面试要测试内在乐观。内在乐观是基因和幼年经历共同塑造的特质,它很难培养。如果父母在孩子的婴儿和幼儿阶段,与孩子的互动是良性发展的,由全面支持,逐渐过渡为鼓励独立,孩子形成内在乐观的概率就比较大。

《红楼梦》中的刘姥姥,如果要变成内在乐观,需要长期的、专业的心理辅导。那种辅导企业很难实现,因此,内在乐观需要在面试中甄选。此外,另一个团队合作的促进特质,也需要在面试中甄选,那个特质是脆弱明示。

负责团队合作的岗位,面试要测试的第二个特质是**脆弱明示**。其定义如下:**自我脆弱感的真实流露。**

刘邦当皇帝之后,回过一次老家沛县。公元前196年,淮南王起兵反叛,刘邦带兵平叛。胜利之后,刘邦回长安,路过老家,决定住几天。在临时的行宫里，刘邦召集家乡父老及子弟一起喝酒，还另外找了 120 个少年到现场唱歌。在酒席上，刘邦即兴唱了一首《大风歌》，他让在场的少年一起唱。刘邦跟歌声跳舞，唱着跳着，刘邦不知不觉就泪流满面。《史记》中的原文如下。

"高祖还归，过沛，留。置酒沛宫，悉召故人父老子弟纵酒，发沛中儿得百二十人，教之歌。酒酣，高祖击筑，自为歌诗曰：'大风起兮云飞扬，威加海内兮归故乡，安得猛士兮守四方！'令儿皆和习之。高祖乃起舞，慷慨伤怀，泣数行下。"

在歌舞中，刘邦的孤独惆怅、凄苦无助，涌上心头，他不禁泪流满面。像刘邦这样，能够把消极情绪真实地展现在他人面前，这种状态叫作脆弱明示。

脆弱明示，类似公开示弱，但又与示弱不同。示弱有理性的目的，例如萧何，在刘邦带兵去平叛的时候，萧何作为丞相留守京城，主持朝政。在主政期间，萧何"贱强买民田宅数千万"，即低价强买老百姓的土地房产。萧何的这些行为，每天都有人用密报呈送刘邦。刘邦在前线指挥作战，最怕后院起火。看到这些密报，刘邦很安心，因为萧何没有趁机收买民心，而是趁机以权谋私，这说明萧何胸无大志，只想占便宜。萧何的做法，是理性地示弱，这是有预谋的自我掩饰。

刘邦唱《大风歌》，情不自禁地"泣数行下"，这不是有预谋的示弱，而是情绪的自然流露，这种自然而然的"示弱"才是脆弱明示。

脆弱明示，是不加掩饰地向他人展示自我的脆弱感。有些情绪，是在人们觉得自己脆弱的时候才会产生，例如无助、沮丧、悲伤、羞愧、懊悔，这些情绪统称为脆弱感。成年人会掩饰自己的脆弱感，而孩子不会，因为孩子展示脆弱感可以获得帮助。例如，小孩子看着桌上的糖，想吃又拿不到，孩子会觉得无助、沮丧；又如，小孩子的玩偶不见了，他会觉得无助、悲伤。孩子让脆弱感流露出来，是要获得大人的帮助。

在婴儿和幼儿阶段，孩子会让一切情绪自然流露。随着年龄的增长，幼儿逐渐发现，当他流露出脆弱感时，会被别人冷落、厌恶，甚至会被嘲笑、欺负。只有最亲密的人，才会在他脆弱时和他一起共情。基于成长经历，孩子逐渐学会了，在可以信赖的人面前，才能不加掩饰地流露出脆弱感。有一些成年人，例如刘邦，能在众人面前和不熟悉的人面前，让脆弱感真实流露，这种特质就是脆弱明示。脆弱明示，只在可以信赖的人面前才会发生，因此，脆弱明示就有了建立信赖关系的功能。

在公司里，对合作负责的团队领袖，具有脆弱明示特质则更好，因为它能促进信赖。信赖是超理性的信任和亲密，脆弱明示，是形成信赖的条件。

在《红楼梦》里，王熙凤和刘姥姥建立了超理性的信任感和亲密感，这就得益于她们之间的脆弱明示。在《红楼梦》第六回（贾宝玉初试云雨情，刘姥姥一进荣国府）里，刘姥姥一进荣国府，向王熙凤开口要资助。刘姥姥未语先飞红了脸，欲待不说，今日又所为何来？只得忍耻说道："论理今儿初次见到姑奶奶，却不该说的，只是大远的奔了你老这里来，也少不的说了……"刚说到这里，只听得二门上小厮们回说："东府里小大爷来了。"凤姐忙止刘姥姥不必说了。

刘姥姥有困难，想获得王熙凤的资助，她"飞红了脸，欲待不说"的窘迫，是脆弱感的真实流露。脆弱感很难作假，在心爱的人面前，人们会飞红了脸，还会变得笨嘴拙舌，被爱的人一看就知道，这个人的爱是发自内心。刘姥姥的窘迫，她自己控制不住，她的窘迫也告诉了王熙凤，她信赖王熙凤。

其他人在王熙凤面前，会因为怕她而感到恐惧，会因为有求于她而讨好，但王熙凤感觉不到信赖，因为恐惧和讨好都不是信赖。

在《红楼梦》第一百一十三回（忏宿冤凤姐托村妪，释旧憾婢感痴郎）里，凤姐病危，派人去把刘姥姥请来。刘姥姥来到炕边，凤姐睁眼一看，不觉一阵伤心，说："姥姥你好？怎么这时候才来？你瞧你外孙女儿也长的这么大了。"刘姥姥看着凤姐骨瘦如柴，神情恍惚，心里也就悲惨起来，说："我的奶奶，怎么这几个月不见，就病到这个分儿。我糊涂的要死，怎么不早来请姑奶奶的安！"王熙凤请刘姥姥过来，是求刘姥姥替她祷告，凤姐说："姥姥，我的命交给你了。我的巧姐儿也是千灾百病，也交给你了。"巧姐是王熙凤的女儿，她平时多病，王熙凤也拜托刘姥姥替巧姐祷告。

刘姥姥的脆弱，展示给了王熙凤；王熙凤的脆弱，展示给了刘姥姥。基于这些机缘，她们之间形成了超理性的信赖。后来贾府遭难，贾环平时就忌恨王熙凤，为弥补他亏空的银子，贾环趁巧姐的父亲贾琏不在家，把巧姐卖掉。刘姥姥知道后，偷偷把巧姐藏在乡下，这才让巧姐逃过一劫。

在公司里，对合作负责的团队领袖，具有脆弱明示特质则更好，因为它能以极高的效率建立起信赖关系。建立信赖需要机缘，脆弱明示能创造机缘。

王熙凤和刘姥姥的信赖，是在自然的生活事件中形成的，每一件能促进信赖的事件，都是她们两人的一次机缘。机缘可遇不可求，因此，在王熙凤的一生当中，有机缘和她相互信赖的人寥寥无几。而刘邦不一样，他与人建立信赖关系的机缘远多于常人。回一次老家，刘邦组织几百人喝酒唱歌，他能当着几百人的面，"慷慨伤怀、泣数行下"，这相当于刘姥姥在几百个王熙凤面前，展示窘态。通常情况下，两个人的信赖达到当面痛哭的程度，只靠机缘，需要好几年才能建立。假设普通人花一年的时间，能和另一个人建立"泣数行下"的信赖，而刘邦通过宴会上的一小时，就和几百人建立了这样的信赖，在理论上，刘邦建立信赖的效率，比普通人高一百万倍。

刘邦与众人的信赖关系，是团队的向心力。张良、萧何、韩信都是人杰，曹参、陈平、周勃都是人才，这些杰出人才都追随刘邦，因为刘邦是众人的信赖中心。刘邦建立信赖的能力，比普通人高出几个数量级。脆弱明示的刘邦，像太阳系里的太阳，吸引众多行星围着他旋转。

刘邦的这种能力，通常是杰出演员才有的能力。唐朝的李龟年曾是宫里的乐师，他精通乐器，尤其擅长演唱。"安史之乱"时，李龟年南下湖南潭州避祸，偶尔会去酒肆演唱，他唱一首悲伤的歌，喝酒的人都会放下酒杯，掩面而泣。李龟年唱悲伤的歌，这是脆弱明示，听众听了掩面而泣，这也是脆弱明示，几首歌听下来，听众和李龟年之间，就建立了超理性的信赖关系。李龟年的这一段故事，记录在《明皇杂论》里。

"唐开元中，乐工李龟年、彭年、鹤年兄弟三人皆有才学盛名。其后龟年流落江南，每遇良辰胜赏，为人歌数阕，座中闻之，莫不掩泣罢酒。"

团队领袖的脆弱明示，会促进团队内部的信赖。在公司里，对团队合作负责的岗位，面试要甄选脆弱明示，因为它是经历塑造的特质，很难培养。脆弱明示是不自觉的特质，也是不自控的特质。像刘姥姥开口要资助，"飞红了脸"的表情，她控制不了；王熙凤躺在炕上，"神情恍惚"的状态，她也控制不了。如果某人想提高自己的脆弱明示能力，他需要长期的专业辅导。公司很难具备辅导条件，因此，应该在面试中甄选脆弱明示。此外，另一个团队合作的促进特质，也需要在面试中甄选，那个特质是行为评价。

负责团队合作的岗位，面试要测试的第三个特质是**行为评价**。其定义如下：**基于情景行为的人际评价**。

在洛阳南宫的酒宴上，刘邦问群臣，项羽为什么会失天下。高起、王陵对曰："项羽妒贤嫉能，有功者害之，贤者疑之，战胜而不予人功，得地而不予人利，此所以失天下也。"高起、王陵对项羽的评价，有道德评价的倾向。刘邦对项羽的评价，是"项羽有一范增而不能用，此其所以为我擒也。"

刘邦说，项羽只有范增一个谋士，他还不能采纳范增的计策，这是项羽失天下的原因。刘邦对项羽的评价，是基于项羽的行为。刘邦评价人都是基于行为，刘邦评价张良，是说张良坐在帐篷里，用小木棍在地图上摆来摆去，就能想明白千里之外的战略布局。刘邦评价萧何，说他"镇国家、抚百姓、给馈饷"，"镇""抚""给"，三个字都是动词，它们指向萧何的三个行为，即布置士兵看守城门、挨家挨户发放救济食粮、核对士兵的军饷。刘邦评价韩信，说他"连百万之军、战必胜、攻必取"，"连""战""攻"三个字也是动词。

刘邦评价人，不直接下结论；他不说张良智慧、萧何认真、韩信勇敢，刘邦评价人，都是描述行为。而且，刘邦描述的行为，都有参照的标准：运筹帷幄、推演战略，他不如张良；镇守国家、安抚百姓，他不如萧何；指挥百万军队，作战攻城，他不如韩信。评价张良、萧何、韩信三个人的行为，刘邦是以自己的行为做参照。

像刘邦这样，基于特定情景，用可参照的标准、以可描述的行为，而对他人作出评价，这种人际评价方式叫作行为评价。

人际评价方式一共有四种，行为评价是其中的一种，另外三种是直觉评价、身份评价、结果评价。对人的评价方式，是稳定的特质，不经学习和觉察，评价方式会维持一生。像刘邦，他对人的评价都是行为评价，评价伙伴萧何，他是行为评价；评价对手项羽，他也是行为评价。

在《史记·留侯世家》里，司马迁说过他对张良的直觉："余以为其人，计魁梧奇伟，至见其图，状貌如妇人好女。盖孔子曰：'以貌取人，失之子羽。'留侯亦云。"

司马迁说，他想象中的张良，应该是身材魁梧、相貌伟岸；而见到张良的画像，才发现张良的容貌像美丽的女性。看到张良的画像，司马迁想到孔子说过，他的学生子羽，相貌丑陋而才华横溢，如果以貌取人，就会错看子羽这个人。司马迁把这句话引申一下，以相貌取人，也会错看张良。司马迁根据张良的画像，形成的评价是直觉评价。直觉评价很容易出错，要用事实去修正。

《晏子春秋》中，有一个身份评价的案例："酒酣，吏二缚一人诣王。王曰：'缚者曷为者也？'对曰：'齐人也，坐盗。'王视晏子曰：'齐人固善盗乎？'"

公元前 548 年，齐国大夫晏婴出使楚国。楚王设酒宴款待。喝酒喝到高兴的时候，两个官吏押着一个被捆的人，来见楚王。楚王问，是什么人、犯什么罪。官吏回答说，是齐国人，犯盗窃罪。楚王看着晏婴说，齐国人都擅长盗窃吗？这是楚王事先设的局，想借机羞辱晏婴。在这个故事里，楚王的人际评价方式，是身份评价，他把人分成齐国人、楚国人。身份评价有逻辑缺陷，它用普遍性代替了真实性，也需要用事实去修正。

《史记·商君列传》中，有一个结果评价的案例："有军功者，各以率受上爵……宗室非有军功论，不得为属籍。"

商鞅在秦国实行变法：对有战功的军人，按标准授予爵位；没有战功的贵族子弟，要从家谱中除名，不再享有贵族身份。商鞅变法后，秦国增加了一种对人的评价方式，即结果评价。相比直觉评价和身份评价，结果评价很客观，但它也有缺陷：结果评价是事后评价，它不能发现行为规律，也不能引导和预防行为。

在公司里，对合作负责的团队领袖，具有行为评价特质则更好，因为它有预测性，让人对人才的识别能力越来越强，从而能组建互补团队。

互补团队，就像是刘邦、张良、萧何、韩信，他们四人合在一起，团队就具有感召力、战略眼光、后勤保障、指挥才华，他们的能力是互补的。项羽的团队里，核心成员是项伯、项梁、项庄，他们都是武将，这样的团队是同质团队。和互补团队比，同质团队的效率要低很多。同质团队的形成原因，是团队领袖对人的直觉评价。凭直觉看人，印象好的人和印象差的人，基本上是同一类人。

成语"遇人不淑"来自《诗经·中谷有蓷》："中谷有蓷，暵其乾矣。

有女仳离,慨其叹矣。慨其叹矣,遇人之艰难矣。……条其啸矣,遇人之不淑矣。"

这首诗是说一位女子,在感慨婚姻遇到错误的人,生活艰难。在现实中,遇人不淑和直觉评价有关。人对人的直觉,主要由过去的经历塑造。《中谷有蓷》里的女子,如果在早年的生活经历中,没有遇到过正确的人,她对人的直觉就会不准,她用直觉评价来选择配偶,很可能会遇人不淑。团队领袖的直觉评价,也会导致遇人不淑。诸葛亮在《出师表》中,提醒后主刘禅"亲贤臣、远小人",用现在的眼光看,诸葛亮的提醒不会起作用,刘禅要借助心理辅导,才能把他看人的直觉评价,调整为行为评价。

身份评价,对团队合作的有妨碍,它会导致团队分裂。如果刘邦看人是身份评价,他会按张良、萧何、韩信的身份,把他们分成三种类型。张良的祖上是韩国丞相,张良属于名门派;萧何原来是沛县的主吏,有一线的行政经验,他属于经验派;韩信是平民出身,凭实力成长为大将军,他属于实力派。按照身份,刘邦团队就分成了名门派、经验派、实力派。有了派系,派系之间厚此薄彼、争权夺利,斗争会愈演愈烈。

如果团队最初有派系斗争,派系斗争就会一直延续下去,因为派系不存在于团队当中,而是存在于团队领袖的大脑里。假如刘邦的团队里有三派,即名门派、实力派和经验派,在派系斗争中,最终结果是经验派胜出,按理说,只剩下一派,派系斗争就应该结束;其实不然,因为刘邦的评价方式是身份评价,他把面前的人看一眼,原本一派的人,又被刘邦分成沛县派、汉中派、关中派,派系斗争会因为刘邦的思维方式,周而复始、生生不息。

结果评价,会抑制团队的潜力。龚自珍写过一首《己亥杂诗》:"九州生气恃风雷,万马齐喑究可哀。我劝天公重抖擞,不拘一格降人才。"

其实,天公经常不拘一格地降人才。例如韩信,在当大将军之前,他没有指挥过战斗，当上大将军之后，战必胜、攻必取；再如刘邦，在当统帅之前，他只当过亭长；又如萧何，在当丞相之前，他连县令都没当过。如果只按结果评价人，天公不拘一格降下来的人才，会被理所当然地埋没掉。

团队领袖的行为评价，能激发团队合作的潜力。在公司里，对团队合作负责的岗位，面试要甄选行为评价。行为评价是过去经历和环境风气共同塑造的，如果风气正确，培养的难度不太大，如果团队风气不正确，培养难度会非常大。举例来说，因为刘邦的行为评价，刘邦团队就形成了行为评价的风气，后加入团队的人，受风气熏陶，会慢慢养成行为评价的习惯。项羽的待人是直觉评价和身份评价，这也让项羽团队形成风气。如果行为评价的刘邦，加入项羽的团队，团队风气会把刘邦逼走。如果项羽要把他的人际评价改成行为评价，他要接受长期的辅导。公司很难具备辅导条件，因此，应该在面试中甄选。

负责团队合作的岗位，面试要测试三个特质，即**内在乐观、脆弱明示、行为评价**。其中，内在乐观能促使团队追求卓越；脆弱明示能促进团队内部的信赖；行为评价能激发团队合作的潜力。

测试**内在乐观**，是做一个"行业机会测试"，测试候选人能不能看到行业中蕴含的大机会。如果候选人有内在乐观特质，他会表现出无来由的自信，觉得自己能成大事。在面试中，候选人通常不会说自己能成大事，因为那样有吹嘘的嫌疑。换一个角度，面试官不问候选人对个人未来的判断，而是问他们选择的行业，是否有发展机会，这样也可以测试内在乐观。因为个人成就，要借助行业机会来实现，内在乐观的候选人，他们能看到自己的大未来，也就是看到行业的大机会。根据这个特征，测试内在乐观是问两个问题。第一个问题：如果可以重新选择一个行业，你会选择哪个行业？等候选人回答了第一个问题之后，再问第二个问题：这个行业是否有发展机会？

回答这个问题时，如果候选人说，他选择的行业有大的、革命性的、前所未有的机会，候选人就通过了测试。例如像这样回答：如果可以重新选择，我会选择游戏行业，然后把难学的知识，例如物理学、数学、经济学、心理学，全部改成体验式游戏。这个行业有发展机会，因为全世界的人都要学这些知识，但是大部分人觉得深奥，如果有这样一个体验版的教学游戏，就能解决问题，这是个革命性的机会。

回答第二个问题时，如果候选人说，他选的行业没有什么机会，或者他没想过机会，他选择这个行业，是出于个人的童年梦想、兴趣爱好、责任感、情怀，或者是临时突然想到。这样回答，候选人就没有通过测试。

测试**脆弱明示**，是做一个"情述一致测试"，测试候选人在讲述个人经历时，情绪和讲述是否一致。候选人如果有脆弱明示特质，他在讲述伤心、无助、懊悔的经历时，他的伤心感、无助感和懊悔感也会流露出来，他的情绪和语言表述能保持一致。如果候选人没有脆弱明示特质，他不习惯表达情绪上的伤心、无助、懊悔，讲述这些经历时，他们的情绪不会表现出伤心感、无助感和懊悔感，他们的情绪和表述会不一致。根据这个特征，测试脆弱明示，是问两个问题。第一个问题：在工作中，你经历过的一个有点尴尬的事情，是什么事情？这个问题是铺垫，候选人怎么回答都可以。等候选人回答之后，再问第二个问题：在工作中，最让你伤心无助的一次经历是什么？第二个问题不能直接问，因为面试直接问伤心无助的问题，过于突兀，要用第一个问题做铺垫。

候选人回答第二个问题，如果表现出两个特征，就通过了测试。第一，候选人说的伤心无助，是他自己要面对的困境，例如，他要被降职、他要完成一个不可能完成的任务。如果候选人说的伤心无助，是别人的困境，例如，同事不上进、公司没政策，候选人就没有通过测试。第二，候选人说起伤心无助的经历，能自然地表现出伤心感、无助感。如果候选人在说伤心无助时面无表情，或者是面带喜色，候选人就没有通过测试。

测试**行为评价**，是做一个"评价依据测试"，测试候选人在评价他人时，得出结论的依据是什么。如果结论的依据，是主观感受，或者是他人的身份、成果，说明候选人的人际评价方式，不是行为评价。如果候选人对他人评价是根据他人的行为，说明他的人际评价方式是行为评价。根据这个特征，测试行为评价是问三个问题。第一个问题：在你最近的工作团队中，你印象最深的三个同事是哪三个？问这个问题，是让候选人确定具体的评价对象。等候选人说出了三个人的名字之后，再问第二个问题：这三个同事，他们分别有什么优点？

问第二个问题，是让候选人说出他的评价结论。人们平时说某人的优点，是对某人一系列行为的概括，例如，萧何巡查城门、安抚百姓、核对军饷，这些行为可以概括为"认真负责"。在面试中，让候选人说出同事的优点，是让他对同事的行为进行概括。等候选人说完优点之后，再问第三个问题：他们的优点，你是怎么发现的？回答第三个问题时，如果候选人能针对每个人的优点，说出至少一个真实场景中的具体行为，说明候选人评价同事的依据，是同事的行为。这样回答的候选人，就通过了测试。如果候选人说同事的优点，依据不是真实行为，而是用不同的词来进行重复概括，候选人就没有通过测试。重复概括，是用不同的词概括同一类行为，而不说行为本身。举例来说，假如刘邦说萧何"认真负责"，因为他细致周全、专心致志、严谨务实，这样说话，就是重复概括。

内在乐观、脆弱明示、行为评价，这三个特质能促进团队合作。对团队合作负责的岗位，招聘的时候，要做一轮专门的面试，以确认候选人具备这些特质。

3.4　组织合作：孔子如何治国平天下

本节介绍三项能力，**人性塑造、范式转化、文化维护**，这三项能力可以促进组织合作。需要对组织合作负责的岗位，在招聘的时候，要做一轮专门的面试，以确认候选人具备这些能力。下文是这些能力的详细介绍，为了方便表述，我选择《论语》中的孔子，来代表这三项能力。

"樊迟请学稼。子曰：'吾不如老农。'请学为圃。曰：'吾不如老圃。'樊迟出，子曰：'小人哉樊须也。'"

上一段文字引自《论语》。樊迟是孔子的学生，有一天，樊迟对孔子说，他想学种粮食，孔子回答说："种粮食我不如老农。"樊迟又说想学种蔬菜，孔子说："种蔬菜我不如老菜农。"等樊迟出去后，孔子说："樊须啊，是个小人啊。"樊须就是樊迟，须是名，迟是字。孔子在这里说的小人，是做不成大事的平凡小人。孔子说樊迟是小人，是说他没找到做大事的方法。随后，孔子说出做大事的方法。

"上好礼，则民莫敢不敬；上好义，则民莫敢不服；上好信，则民莫敢不用情。夫如是，则四方之民襁负其子而至矣，焉用稼？"

孔子说，领导者崇尚礼义信，民众就会恭敬、顺从、真诚。领导者做好自己的事，四方民众会背着襁褓中的孩子前来投奔，为什么要学种粮食？孔子的反问，是提醒学生，社会有分工。社会上层，职责是用礼义信去规范风气；社会民众，职责是种粮食种菜。孔子阐述的这个观点，在其他文献中也有表现。《中庸》中有这样一句"在上位不陵下，在下位不援上"，这句话是说，上层不要挤占下层的功劳，下层不要代行上层的职责。根据上下有别的原则，樊迟的责任是好礼义信。而樊迟想学种粮食，这不是做大事的方法，因此，孔子说"小人哉樊须也。"用现代组织学的立场，去分析"樊迟请学稼"，孔子是在提醒学生，领导者的职责是塑造企业文化，具体业务是中层和基层的工作职责，领导者不应该管得那么具体。孔子的观点与现代组织学的观点很契合，因此，我选择孔子来代表促进组织合作的三项能力，即人性塑造、范式转化、文化维护。

负责组织合作的岗位，面试要测试的第一项能力是**人性塑造**。其定义如下：**组织行为的人性化塑造**。

据《史记》记载，公元前208年，刘邦率军进入关中，军队驻扎在咸阳东边的灞上。秦王子婴出城投降，向刘邦奉上皇帝的印章、兵符、权节。刘邦接受投降后，率军进入咸阳。刘邦本想到秦宫里居住，经樊哙和张良的劝说，刘邦下令把秦宫里的财宝和官方仓库封好，然后率军回到灞上扎营。

在灞上，刘邦召集各县父老和有名望的人士，刘邦向他们发表演讲："父老乡亲，你们久受秦朝严酷法律的虐待，我现在宣布，废除秦朝的一切法律。我和诸侯有个约定，谁先率军进入关中，谁就是关中王，所以，我是关中王。现在我和父老们做个约定，关中大法只有三条：杀人者处死，伤人和抢劫抵罪。秦朝留下来其他法律，一致废除。现有的官吏仍然各司其职，我入关是为父老除害，不是侵犯，大家不要怕。"成语"约法三章"，就来自刘邦的这次演讲，下面是《史记》中的原文。

"父老苦秦苛法久矣。诽谤者族，偶语者弃市。吾与诸侯约，先入关者王之，吾当王关中。与父老约，法三章耳：杀人者死，伤人及盗抵罪。馀悉除去秦法。诸吏人皆案堵如故。凡吾所以来，为父老除害，非有所侵暴，无恐！且吾所以还军霸上，待诸侯至而定约束耳。"

刘邦的演讲，为关中治理确定了"以人为本"的原则。秦国的严刑酷法，是以作战为目标的社会治理，这个治理达到了预期效果，秦国被塑造成了战争机器。可是，当战争结束之后，秦朝不能及时调整，还沿用秦国的战时系统，导致秦朝迅速消亡。刘邦入关之后，与关中父老约定，废除严刑酷法，刑罚只针对人身伤害和财产伤害，民事纠纷由官吏受理，人际行为由父老去教化。约法三章，纠正了秦朝的弊病，让社会恢复了服务于人的功能。关中父老听完刘邦的演讲，"人又益喜，唯恐沛公不为秦王。"

拿刘邦的约法三章，和现代企业管理进行类比，显示出刘邦的行为，类似公司的人性塑造。秦国为了战争，把社会改造成战争机器，导致社会失去尊重人性的能力，这是人性迷失。现代公司到了一定的规模，由于系统复杂、条块分割，也有可能失去尊重人性的能力，这是公司的人性迷失。如果一家公司，按照以人为本的原则，去塑造公司的组织行为，以确保公司以服务于人作为基本属性，这样的管理实践，叫作人性塑造。

在公司里，负责组织合作的领导者，应该具备人性塑造能力，因为它可以促进公司的内部合作，同时还能提高公司的人才竞争力。

在"樊迟请学稼"中，孔子描述了一个情景，"四方之民襁负其子而至"，即四方民众背着孩子前来投奔。孔子描述的情景，有一个前提，即人员可以自由流动。基于人员的流动性，孔子找到了邦国竞争的新思路，假如某个邦国，导入以人为本的文化，让民众感受到被尊重、被善待、被信任，四方的民众就会来投奔，这些人当中，有人会种粮食、有人会种菜。所以，领导者的责任是塑造礼义信，而不是学习具体的生产技能。

孔子发现，文化导入的难点在于领导者。如果领导者尊重人，民众自然乐于被尊重；领导者善待人，民众则乐于被善待；领导者信任人，民众则乐于被信任。这就是"上好礼，则民莫敢不敬；上好义，则民莫敢不服；上好信，则民莫敢不用情。"因此，邦国竞争是自上而下的文化竞争。基于这个发现，孔子提出正心、修身、齐家、治国、平天下。如果领导者正心修身，崇尚礼义信，对内可以齐家治国，对外可以平天下。孔子的这个思路，逻辑清晰、步骤明确，儒家经典《大学》里，对此进行了总结。

"是故君子先慎乎德。有德此有人，有人此有土，有土此有财，有财此有用。德者本也，财者末也。"

孔子说，竞争的关键，在于领导者的道德自省。如果领导者有德，人才会来投奔，真正的人才重视长期利益，不太注重钱财，因为他们有能力创造财富。人才聚集，加上邦国的资源，自然会产生财富，有了财富，生活更加便利，可以进一步吸引人才。德、人、土、财、用，这是社会发展的良性循环。社会循环体现在君子身上，是正心、修身、齐家、治国、平天下，这是个人发展的良性循环。孔子的思想，把社会发展和个人发展实现了良性统一，因此被历代学者推崇。

孔子思想的前提是人员流动。如果民众自由迁徙，尊重人性的邦国，人才会持续流入，不尊重人性的邦国，人才会持续流出，此消彼长，尊重人性的邦国，就能不战而胜。在孔子之后，商鞅在秦国实行变法，让人员不再流动。商鞅变法，弱化了孔子思想的前提。《史记·商君列传》记载，秦孝公授命商鞅变法。新法规定，百姓每十户人家编成一个大组，叫作"什"；每五户人家编成一个小组，叫作"伍"。什伍连坐，一家犯法，其他五家、十家一起治罪。在什伍当中，发现邻居做坏事而不告发，罪责相当于投降敌人；告发邻居做坏事，功劳相当于战场杀敌。经过变法，秦国的人员不再流动，一个秦国人跑到其他国家，就有十户人家要按通敌罪论处。下面是《史记》中的原文。

"以卫鞅为左庶长，卒定变法之令。令民为什伍，而相牧司连坐。不告奸者腰斩，告奸者与斩敌首同赏，匿奸者与降敌同罚。"

因为人员不流动，秦国的严刑酷法就可以推行下去。如果人员可以流动，严刑酷法会让民众离开秦国，迁去尊重人性的地区。所以，商鞅变法的核心，是先消除人员的流动性，再把社会改造成战争机器。现代公司的人员，可以自由流动，因此，在公司治理的层面上，孔子的理想可以实现。实现孔子理想的具体方法，是以尊重人性为核心，实施文化战略，再借助文化战略实现人才优势，然后凭借人才优势实现基业长青，这就是《大学》中总结的"德人土财用"。

公司的人性塑造，先要导入"人格"概念。人格是社会学家的假设，假如一个人，能从社会背景中走出来，变成和任何人都没有关系的人，这个人就是人格。《西游记》中的孙悟空，是人格的象征。据说，盘古开天地时，花果山上有一块仙石，它受天地灵气、感日月精华，诞生出一个猴子，那就是孙悟空。刚出世的孙悟空，无父无母，没有任何社会背景和社会关系，没有社会任务和社会角色，这个了无牵挂的孙悟空，就是人格。

基于人格，可以人格平等。在人格平等的观念中，平等是永恒的，不平等是有条件的。举例来说，天庭的天蓬元帅和弼马温，分别是猪八戒和孙悟空，他们两人的人格是平等的。天蓬元帅和弼马温这两个职位不平等，反映在人身上，职位的不平等有四个条件，即工作时间、工作场所、工作任务、工作指令。天蓬元帅可以在工作时间、工作场所针对工作任务，向弼马温下达工作指令；而一旦离开这四个条件，孙悟空不必理会猪八戒。

在天庭里，让元帅猪八戒尊重养马的孙悟空，就要让他们两人都知道，他们的人格平等，只有在四个条件下，天蓬元帅可以向弼马温下指令。猪八戒认同了人格平等观念，对弼马温就会礼义信。假如天庭自上而下，都认同人格平等，天庭就有了人才竞争优势，四方之民，会襁负其子而至。实现这个优势的过程，就是人性塑造。

人性塑造，是组织合作的认知基础。在公司里，对组织合作负责的岗位，面试要甄选人性塑造能力。人性塑造的相关知识和相关技能，都可以去管理学院学习。如果公司没有该类知识的传授能力，就应该在面试中甄选人性塑造能力。此外，另一项促进组织合作的能力，也要在面试中甄选，那项能力是范式转化。

负责组织合作的岗位，面试要测试的第二项能力是**范式转化**。其定义如下：**人本理念的场景行为转化**。

《论语》中的"乡党"篇，记载了孔子在不同场景中的行为。在家乡父老面前，孔子温和恭敬，好像不会说话一样。在宗庙里、在朝廷上，孔子说话清晰流畅，很会说话，但他说话谨慎，逻辑很严密。《论语》中的原文如下："孔子于乡党，恂恂如也，似不能言者。其在宗庙朝廷，便便言，唯谨尔。"

孔子提倡礼、义、信，不仅只是口头提倡，他的行为，也时时处处在为礼、义、信做示范。有一次，孔子走进周公庙，看到庙里的每一件事，孔子都会询问庙里的工作人员。有人知道了这个情景，对孔子知礼表示怀疑。因为据说孔子提倡的礼制规范，都来自周礼，孔子是公认的周礼专家。但是，周礼专家到了周公庙里，看到庙里的礼制规范，每件事都要问，他好像完全不懂周礼。因此，怀疑孔子知礼的人就说："谁说孔子懂礼，他是邹人的后代，怎么会懂周礼？"孔子听说了之后，说："这就是礼。"孔子的意思是说，不论他多么懂周礼，到了周公庙，态度都应该恭谦，每件事都问一问，这才合乎礼。这个情节，记录在《论语》的"八佾"篇中，原文如下。

"子入大庙，每事问。或曰：'孰谓鄹人之子知礼乎？入大庙，每事问。'子闻之，曰：'是礼也。'"

类似"子入大庙"的场景，《论语·乡党》记录了46个。对于重要场景，"乡党"篇中描述得非常仔细。例如，上朝的时候，国君到来之前，孔子和下大夫闲聊，说话耿直，表情率真；和上大夫闲聊，言语直接、表情温和。国君到了之后，孔子和国君谈话，说话会字斟句酌，表情是若有所思。孔子在上朝的时候，不会站在门中间，过门槛会跨过去，不会踩门槛。这些描述，就是各个场景的行为范式，后世弟子可以按照范式，来规范自己的行为。像《论语·乡党》那样，把场景中的正确行为确定为范式，再让其他人按范式中的行为，去呈现行为背后的理念，这样就能把抽象的理念，转化为具体的行为，这个过程叫作范式转化。

在公司里，负责组织合作的领导者，应该具备范式转化能力，因为它可以把理念上的文化变成真实的文化，让公司具备组织行为的调整能力。

一些公司想把理念转化成行为，但苦于不得其门而入。典故"不得其门而入"，来自《论语》。有一天，名叫叔孙武叔的鲁国大夫，在朝堂上对其他大夫说，子贡比孔子有才华。有人把这话告诉了子贡。子贡听了之后说："我用围墙打比方吧，我的围墙有肩膀那么高，别人站在围墙外面，就可以看到墙里面美好的房屋。孔子的围墙有几丈高，不从大门进去，看不到里面华美的宗庙和富丽的房屋。能从大门进去的人少，所以，叔孙武叔的说法很自然。"这个典故见于《论语·子张》，原文如下。

"叔孙武叔语大夫于朝曰：'子贡贤于仲尼。'子服景伯以告之子贡。子贡曰：'譬之宫墙，赐之墙也及肩，窥见室家之好。夫子之墙数仞，不得其门而入，不见宗庙之美、百官之富。得其门者或寡矣。夫子之云，不亦宜乎！'"

子贡理解别人对孔子的误解，因为孔子对理念已经融会贯通，举手投足都在传播理念。子贡是孔子的学生，和孔子有长期接触，知道孔子知行合一、深不可测。但是，别人对孔子只有片面的了解，他们看孔子，就是不得其门而入。

现代公司的文化理念，类似围墙中的"宗庙之美"。理念的大门，就是和《论语·乡党》一样的行为范式。以人为本的文化理念，要变成真实的行为，需要有人针对具体的工作场景，提炼出场景中的行为范式，再推而广之，理念上的文化，就能为真实的文化。领导者要规范企业文化，除了确定理念，还把正确的行为转化为范式。

范式转化的第一步，是选择场景。以"人格平等"为例，最具代表性的场景，是口头的称谓。有些公司确定，上级对下级，不允许用"员工""雇员""下属""手下"，这些带有地位感的称谓，而要用"同事"，正式文本中，也禁止使用"员工""雇员""下属"这一类称谓，一律用同事。称谓规范，是文化建设的起点。孔子对称谓很重视，有一次，子路问孔子，如果卫国请孔子去主政，孔子首先会做什么。孔子回答说："必也正名乎"，就是"一定是把不恰当的称谓给纠正过来"。听孔子这么说，子路很诧异，他觉得孔子有点迂腐。这个情节记载在《论语·子路》里，原文如下。

"子路曰：'卫君待子而为政，子将奚先？'子曰：'必也正名乎！'子路曰：'有是哉，子之迂也！奚其正？'"

孔子告诉子路，礼的起点就是正名，名不正则言不顺。用现代的知识来分析，称谓是人际观念在语言上的表现，在语言上规范称谓，就是在观念上规范人际关系。称呼同事为同事，就是"正名"，它能把传统社会中的人际关系，变成现代企业中的工作关系。现代企业中的基本假设，是人格平等，上下级关系只在四个条件下成立，即工作时间、工作场所、工作任务、工作指令。

在称谓当中，有些边界模糊的称谓，如秘书、助理。一些公司会专门说明这些称谓的含义，假如某人是秘书，在职位说明书上，以及名片上印的头衔，会写明是"总经理办公室秘书"；并且，公司会对总经理提要求，介绍秘书的时候，要说总经理办公室秘书，不允许说"我的秘书"，同理，假如某人的职位是设计助理，公司就会要求设计师把助理说成"设计助理"，不允许说成"我的助理"或"设计师助理"。

为了强化平等的理念，有公司规定，对所有人都直呼其名，或者一律互称"老师",不提倡用职位头衔称呼人。

除了称谓,还要选择关键场景来彰显理念。开会是多层级的集体沟通,开会的场景,是入围率最高的理念场景。针对开会,一些公司有"咖啡笔记本"的行为范式,即公司开会时,在谁的办公室开会,就由谁给参加会议的同事泡茶、倒咖啡。在会议室开会,则由会议的发起人给大家泡茶、倒咖啡。按范式要求,经常召集会议的高层经理,要准备一个本子,写下每个同事喝茶、喝咖啡偏好,比如谁喜欢红茶、谁喜欢乌龙茶,谁的咖啡要放糖,谁的咖啡不加牛奶等。

招聘面试,也是入围率很高的场景,因为面试场景有传播价值。有公司规定:面试的时候,要为候选人准备专门的等候区;等候区设茶水、咖啡;面试有专人引导;面试要按程序进行;面试官始终面带微笑;每场面试不少20分钟。除了开会、面试,具体选择哪些场景,则由负责企业文化的部门,按标准选取。如果理念不能转化为真实行为,就是虚假理念,那样的理念会让人反感。

范式转化,是组织合作的操作基础。在公司里,对组织合作负责的岗位,面试要甄选范式转化能力。范式转化和公司现状有关,相同的范式转化,在有些公司就容易实现,换一家公司则比较难。为了实现范式转化,不同类型的公司要选择不同的切入点。范式转化的知识和技能,可以去管理学院学习,如果公司没有传授这些知识的能力,就应该在面试中甄选范式转化能力。此外,另一项促进组织合作的能力,也需要在面试中甄选,那项能力是文化维护。

负责组织合作的岗位,面试要测试的第三项能力是**文化维护**。其定义如下:**职能性的文化理念维护**。

《论语》记载了这样一个情节,有一天,孔子对曾参说:"曾参啊,我的学说有一个贯穿其中的基本原则。"曾参说:"是的"。孔子出门之后,其他学生就来问曾参，孔子学说的基本原则是什么。曾参说，老师的学说的基本原则，就是忠恕。这个情节记录在《论语》的"里仁篇"里，原文如下。

"子曰：'参乎！吾道一以贯之。'曾子曰：'唯。'子出，门人问曰：'何谓也？'曾子曰：'夫子之道，忠恕而已矣。'"

曾参是孔子晚期的学生，他比孔子小 46 岁，但曾参很有悟性，孔子说的话，如果其他同学没有理解，就会去问曾参。曾参是孔子晚期教学的助手，孔子教学不是一个人在教，还有一个助教团队在支持他。孔子有 3000 弟子，其中有 72 贤人，这些贤人或者是追随孔子多年，更了解孔子的思想，或者是理解能力强，能清晰地解释孔子的思想，他们有能力指导其他学生。在孔子的教学中，贤人也担任助教，像孔子说"吾道一以贯之"，学生没听懂，就去问曾参。

在"樊迟请学稼"中，樊迟想学种粮食、种菜，孔子说他种粮食、种菜不如老农、老圃。等樊迟走了之后，孔子再说"礼义信"。孔子不担心樊迟听不到，因为助教会把孔子的话转述给樊迟。孔子的学生组建了一个职能团队，他们记录、整理、解释孔子的思想，没有这个职能团队，孔子的思想很难传承下去。如果现代公司的高层经理，能够组建一个职能团队，去传承企业文化，他们的这个能力，叫作文化维护。

在公司里，负责组织合作的领导者，应该具备文化维护能力，因为文化维护可以把文化活动转化为日常职能，让企业文化能持续优化。

公司塑造企业文化，就需要文化维护的职能团队，去完成理念提取、范式转化、手册编制、行为培训等工作。企业文化团队由首席文化官带领；不设置首席文化官的公司，通常由一名执行董事负责。假如张三是首席文化官，他由董事会任命，也由董事会罢免，张三向两个上级机构汇报，一个是董事会，另一个是首席执行官。董事会和首席执行官，都对首席文化官进行绩效考核，董事会考核战略层面的任务，首席执行官考核执行层面的任务。这样设置首席文化官岗位，能保证文化在决策上具有战略性，在执行上具有操作性。

作为首席文化官，张三的第一项任务是文化规划。上任之初，张三要出一份企业文化报告，列举公司理念中，哪些是战略性的理念，哪些经营性的理念，哪些已经有范式，哪些还缺少范式。

张三的第二项任务，是理念定义。企业理念需要描述型定义，例如，什么是以人为本、什么是人格。企业理念还需要故事定义，这需要张三去搜集公司里的真实故事；企业理念还需要行为定义，这需要张三去编制行为范式手册。

张三的第三项任务，是文化培训。有了理念的定义，张三可以讲解理念中的知识、讲述企业文化故事，还可以根据行为范式，指导学员练习。

张三的第四项任务，是体验设计。例如，为了强化人格平等的理念，张三针对公司招聘面试，为应聘者设计体验。来公司面试的应聘者，会有一位专门的面试陪伴，这位陪伴是一位态度特别亲和的老员工，在面试当天，面试陪伴会在办公楼前迎接应聘者，然后陪着应聘者去面试的房间。在面试的时候，陪伴就坐在应聘者旁边，像应聘者的老朋友，用微笑、点头来鼓励应聘者。面试结束之后，陪伴再把应聘者送出办公楼。张三设计好这个体验，先做实验，再调整，规范之后，写成标准的范式手册，然后把手册报告给首席执行官，并抄送董事会。由首席执行官签字之后，在公司全面推行，这个过程就是体验设计。

张三的第五项任务，是文化检查。张三要以员工为中心梳理工作体验，从入职开始，包括日常办公、会议讨论、汇报呈现、出差旅行，一直到离职退休，全面梳理，以保证公司所有活动的体验，都不违背以人为本的理念。

张三的第六项任务，是文化提醒。举例来说，如果某总监在聚餐的时候，对女同事讲不得体的笑话，一起聚餐的同事，可以匿名向董事会举报，或者是向第三方咨询机构举报。董事会或第三方机构收到举报，会通知首席文化官和该总监谈话。作为首席文化官，张三和总监的谈话是程序性的通报，即提醒那位总监，他疑似某次开玩笑不得体。总监可以否认，因为谈话目的只是提醒不是调查。但是，有程序性的提醒，总监的不恰当行为就会收敛。如果公司没有首席文化官，就没有人提醒高层经理。如果高层经理不遵守公司理念，理念会失去它应有的感召力。

张三的第七项任务，是持续改进。为了增强理念的凝聚力、感召力、竞争力，张三要定期召集专题讨论，还要收集改善员工体验的建议。例如，新招大学生入职，怎样开欢迎会、参观公司，怎样领办公用品、申请电脑、印名片等。持续讨论这些专题，是为了持续改进文化体验。

张三的第八项任务，是文化预测。张三要预测企业文化的变化，以保证公司对年轻一代有感召力。这项任务不紧急，但是很重要，很多公司有技术、有市场，只是因为企业文化落后，招不到年轻人，公司就慢慢衰落。要预测文化变化，张三需要心理学知识，因为年轻一代的价值观变化，是成长经历导致的。例如，从 3 岁起就一个人住一间房的孩子，他们对隐私的要求、对自由意志的要求，以及兴趣的多样性，要极大地高于 12 岁之后才有独立房间的孩子。当这批孩子长大，他们对职场的预期，和上一代会有巨大的差别，如果企业文化不做调整，公司会失去对这一代人的吸引力。又如，和父母的关系，会影响孩子的逻辑思维。能与父母讨论因果逻辑的孩子，长大之后，会认为逻辑的权威性，优于职位的权威性。这样的年轻人进入职场，他们不会把权威人士的观点，视为有逻辑的观点。如果上级用职务权威代替逻辑权威，去说服这一代年轻人，这个上级就会在年轻人面前失去权威性。

首席文化官不是一个人，而是一个职能机构，它包括首席文化官本人以及若干个外部专家和一个内部团队。

企业文化团队，包括项目经理、文化专员、文化助理，还包括一个半职能化的全员文化小组。全员文化小组是跨部门、跨层级的非正式小组，由项目经理带领，支持企业文化工作。小组成员先参加培训，然后每月集中工作一天，讨论如何丰富理念场景，如何改善文化体验，以及如何优化范式手册。文化小组的成员定期轮换，以保证成员来自所有部门和所有层级。轮换是为了培训，参加过文化小组的人，对文化有更深的理解，他们具备了检查文化的能力。小组成员来自各个部门、各个层级，就可以全面梳理公司理念。文化小组对领导力开发也有意义，中层经理在晋升之前，参加一次文化小组，能从战略高度审视理念，也能学会从执行层面去塑造文化。

文化维护，是组织合作的优化基础。在公司里，负责组织合作的岗位，面试要甄选文化维护能力。企业文化的相关知识，以及文化维护的技能，可以去管理学院学习。如果公司不具备传授这些知识的能力，就应该在面试中甄选文化维护能力。

负责组织合作的岗位，面试要测试三项能力，即**人性塑造、范式转化、文化维护**。其中，人性塑造是组织合作的认知基础；范式转化是组织合作的操作基础；文化维护是组织合作的优化基础。

测试**人性塑造**，分为两步，先做一个"理念排序测试"。如果候选人具备人性塑造能力，他就能在众多理念中，按照理念的人性化程度进行排序，越符合人性的理念，越是核心理念。根据这个特征，测试人性塑造，可以做笔试，让候选人为若干个文化理念排序。测试方法如下。先准备一个问题卡，写下测试问题：请为下列企业文化理念，做优先顺序的排序，把最核心的文化理念列为第一，第二核心的列为第二，如此类推。A. 勇于创新，B. 尊重人性，C. 回报社会，D. 做大做强，E. 身心健康，F. 利润最大化。

在进行理念排序测试时，如果候选人把"尊重人性"或"身心健康"列为第一位，再把"身心健康"或"尊重人性"列为第二位，候选人就通过了测试。其他四个理念可以任意排序，不影响测试结果。

候选人通过了第一步测试，就再做一个"理念类型测试"。如果候选人具备人性塑造能力，他会知道哪些理念是塑造凝聚力的战略理念，哪些是提高收益的经营理念。根据这个特征，测试人性塑造能力，是这个问题：假如有一个公司，没有任何文化理念，这家公司想加强凝聚力，你觉得可以用哪一个或哪几个理念来实现？如果候选人提出的理念，是针对公司立场的经营理念，例如行业领先、做大做强、持续创新，候选人就没有通过测试。如果候选人提出的理念，是针对个人的理念，例如尊重个性、人格平等、生涯支持，候选人就通过了测试。

测试**范式转化**，是做一个"理念行为测试"。如果候选人具备范式转化能力，他就能站在理念的立场，去审视行为，并能把行为描述成可以学习和模仿的动作。针对这个特征，测试范式转化能力，是问两个问题。第一个问题：请说一个你尊重同事的具体场景，当时你做了什么？候选人回答这个问题，有三个测试点：第一是动作，候选人能描述出具体的动作；第二是理由，候选人能说出他做动作的理由；第三是思考，候选人能说出他做动作时的思考。回答中有这三点，候选人就通过了测试。例如这个回答：我和同事谈工作，会提前三天发一个邮件给同事，邮件中会列一个清单，把谈话要解决的问题、我解决问题的打算以及我希望的结果，都写下来，这样能让同事先整理好思路，免得临时想，也能让同事有准备，不用猜。

通过了第一个问题的测试，就再问第二个问题：请说一个你见过的，工作中不太尊重同事的行为；如果是你，你会怎么做？候选人回答这个问题，测试点有三个：第一是错误，即不尊重同事的行为；第二是理由，为什么那个动作是不尊重同事；第三是范式，即他想到的正确的行为。候选人的回答中，有这三点，他就通过了测试。例如这个回答：上周开会的时候，我看到某人打断另一个人的讲话，我觉得这个行为不尊重人，也容易引起误解，我想安排一次会议发言的培训，让同事学会，先听别人把话说完，再先举手示意主持人，经主持人同意后，再站起来发言。

测试**文化维护**，是先做一个"操作意识测试"。如果候选人具有文化维护能力，候选人就会对文化维护，有如何具体操作的意识。根据这个特征，测试文化维护能力，先做一个笔试。题目如下：如果由你负责企业文化，请为企业文化的职能团队，列一份简单的职责清单。候选人回答这个问题，如果能写出两条，一是范式手册的编写，二是文化体验的设计，候选人就通过了测试，其他职责不作为测试依据。在首席文化官的任务中，手册编写和体验设计是操作性的，其他任务是知识性的。能说出职责中的操作性任务，说明候选人有操作意识，能把文化维护变成可操作的职能。

通过了上一步测试，再先做一个"趋势验证测试"。如果候选人具备文化维护能力，他就能发现年轻人的行为变化，并主动去验证，这个变化是不是趋势。根据这个特征，测试文化维护是问两个问题，第一个问题：新一代年轻人，他们对职业的诉求和老一代职业者有哪些不同？候选人回答之后，再问第二个问题：你是怎么发现这些不同的？如果候选人说，他发现的方法包括阅读资料、自己感受、同事讲述，这三个方法中提到了任意两个或三个，候选人就通过了测试。上述三个方法，代表了三种信息来源，即外部启发、主观感受、内部通报，其中阅读资料可以替换成听专家说、听说其他公司的做法，或者是其他形式的外部启发。如果候选人说的方法只有一种，就没有通过测试。因为两个或两个以上的方法，才可以相互验证，只有一种方法，就不是验证。

人性塑造、范式转化、文化维护，这三项能力可以促进组织的合作。对组织合作负责的岗位，在招聘的时候，要做一轮专门的面试，以确认候选人具备这些能力。

第 4 章

岗位责任：责任心的四层级

不同岗位，对工作者的责任心有不同的要求。有些岗位，工作者不需要承担责任，或者只承担部分责任。这类岗位对个人责任心的要求最低，这种程度的要求，属于责任心要求的第一级。有些岗位，工作者要承担全部责任，这是责任心要求的第二级。有些岗位，工作者要承担团队的责任，或者要承担组织的责任，这是责任心要求的第三级和第四级。

本章依次介绍不同层级的责任心要求，详见下表。

	4.1 部分责任	4.2 个人责任	4.3 团队责任	4.4 组织责任	层级
4 责任	管束依赖 批评内化 因令执行	冲动延迟 推导追溯 局限自知	内控预设 挫败脱敏 常态应对	责权认知 机制调整 责任具象	特质 能力
	贾瑞	淳于意	曾国藩	吕不韦戈	代表

4.1　部分责任：贾瑞有哪些个性缺陷

　　本节介绍三个特质，**管束依赖、批评内化、因令执行**，这三个特质会妨碍人的责任心。需要承担责任的岗位，在招聘的时候，要做一轮专门的面试，以确认候选人没有这三个特质。下文是这些特质的详细介绍，为了方便表述，我选择《红楼梦》中的贾瑞来代表这三个特质。

　　《红楼梦》第十二回（王熙凤毒设相思局，贾天祥正照风月鉴）里，贾瑞病重，跛足道人递与贾瑞一个风月宝鉴："这物有济世保生之功，千万不可照正面，只照它背面，要紧，要紧！"

　　贾瑞收了镜子，向背面一照，只见一个骷髅立在里面，唬得贾瑞连忙掩了，骂："道士混账，如何唬我！"想着，又将正面一照，只见凤姐儿站在里面招手叫他，贾瑞心中一喜，荡悠悠的觉得进了镜子。如此照了三四次，只见两个人走来，拿铁锁把他套住，拉了就走，贾瑞叫道："让我拿了镜子再走。"只说得这句，就再不能说话了。傍边伏侍贾瑞的众人，只见他先还拿着镜子照，末后镜子落下来便不动了。众人上来看看，已没了气。

　　书到此处，脂砚斋有一处批注："观者记之，不要看这书正面，方是会看。"跛足道人把镜子交给贾瑞，警告他不要照正面，这似乎是在提醒贾瑞，一定要照正面。镜子两面的反差，一定会让贾瑞沉迷于镜子的正面，因为贾瑞没有自我约束能力，所以，命丧风月宝鉴，似乎是贾瑞的宿命。

　　《红楼梦》的独特之处，是作者观察人生的视角。曹雪芹看待人物命运，有类似达尔文的进化观。贾宝玉的命运不在他自己手里，不在贾母、贾政手里，也不在林黛玉、薛宝钗、花袭人手里，它在整个社会环境之中。《红楼梦》是一部悲剧小说，其中所有追求幸福的人物，最后都是"悲喜千般同幻渺，古今一梦尽荒唐。"《红楼梦》中的贾瑞，曹雪芹对他的评价是"图便宜没行止的人"，即一味占便宜、不会适可而止的小人。按照贾瑞的社会环境、成长经历，他的命运也必然是悲剧的命运。如果从心理上分析贾瑞，他具有三个妨碍责任心的特质，即管束依赖、批评内化、因令执行。

承担个人责任的岗位，面试要筛查的第一个特质是**管束依赖**。其定义如下：**基于外在管制的自我约束。**

《红楼梦》第十一回（庆寿辰宁府排家宴，见熙凤贾瑞起淫心）里，有这样一段描写："凤姐儿故意的把脚步放迟了些儿，见他走远了，心里暗忖道：'这才是知人知面不知心呢。哪里有这样禽兽样的人呢！他如果如此，几时叫他死在我手里，他才知道我的手段。'"

王熙凤说的那个人，就是贾瑞。贾瑞是贾府的远房亲戚，论辈分，他管王熙凤叫嫂子。那天贾府有酒席，贾瑞进府喝酒，顺便在园子里闲逛。王熙凤带领众婆子媳妇，走在园子里的僻静处，贾瑞猛然从假山石后走出来，向前对凤姐儿说道："请嫂子安。"王熙凤猛然见了，将身子往后一退，说道："这是瑞大爷不是？"贾瑞道："也是合该我和嫂子有缘，我方才偷出了席，在这个清静地方略散一散，不想就遇见嫂子也从这里来，这不是有缘么？"一面说着，一面拿眼睛不住的觑着王熙凤。"觑"是眯着眼睛偷偷瞟，这种眼神有挑逗的意味。王熙凤是个聪明人，见贾瑞这个光景，如何不猜透八九分呢。

王熙凤假意含笑道："怨不得你哥哥时常提你，说你很好。今日见了，听你说这几句话儿，就知道你是个聪明和气的人了。这会子我要去太太们那里去，不得和你说话儿，等闲了咱们再说话儿罢。"

王熙凤遇到贾瑞的挑逗，她说了三句话，第一句是"你哥哥时常提你"，这是提醒贾瑞，她和贾瑞没关系，不要套近乎。第二句是"我要去太太们那里去，不得和你说话儿"，这是警告贾瑞，她是荣国府的大管家，太太们都让她三分，贾瑞说话要注意分寸。第三句是"等闲了咱们再说话儿罢"，这是客套，提醒和警告太过生硬，用客套话收场，免得伤和气。王熙凤的三句话，分寸拿捏得极好。

如果贾瑞懂礼数，听了王熙凤的话，会有所收敛。但是贾瑞不懂礼数，见王熙凤一脸笑意，贾瑞道："我要到嫂子家里去请安，又恐怕嫂子年轻，不肯轻易见人。"

贾瑞这样说话，就不是挑逗，而是直接勾引。王熙凤内心无比厌恶，但是脸上却假意笑道："一家子骨肉，说什么年轻不年轻的话。"王熙凤这句话，也有讲究，她没有接着贾瑞的话头往下说，而是暗示贾瑞，一家人不要产生乱伦的邪念。但是贾瑞听不懂暗示，那次相遇之后，从九月到十二月，贾瑞时常去给王熙凤请安，但一次也没见到她。如果贾瑞懂礼数，就会知道是王熙凤不想见他。但贾瑞是个怪人，他锲而不舍地去请安。

事情到了这一步，王熙凤还是没有直接拒绝，她假意和贾瑞约会，把他骗到一个过道里关了一个晚上。按理说，这就是直接拒绝，但贾瑞不懂，他去问王熙凤为什么失约。王熙凤就再一次骗他，把他骗到黑屋子里，再派人假扮自己去捉奸，这才制止贾瑞的非分之想。被王熙凤设局之后，贾瑞就生了病，在床上躺了将近一年，病情总不见好转。跛足道人上门化缘，口称专治冤业之症，贾瑞听到了，忙求道士救命。道士这才把风月宝鉴借给贾瑞照三天，说只能照背面不能照正面。贾瑞忍不住照正面，照了三四次之后，就溘然去世。

如果时间可以倒流，贾瑞的悲剧很容易避免。贾瑞用眼神挑逗王熙凤，如果被王熙凤当面训斥，就不会有后面的语言勾引。如果贾瑞在锲而不舍的请安过程中被训斥过一次，就不会有后面的一错再错。但是，贾瑞不是贾府里的下人，按当时的礼数，王熙凤不能直接训斥他，只能暗示、提醒。礼数，是非强制性的社会规则，大家共同遵守、彼此心照不宣。但是贾瑞不懂礼数，只能用强制手段去约束他。贾瑞要借助外界的强制手段，才能管住自己的言行，这种心理状态，叫作管束依赖。

在公司里，从事要承担责任的工作，工作者不能有管束依赖特质，因为管束依赖会妨碍人们的自我约束能力。

责任心的底线要求，是自我约束能力。贾瑞的自我约束能力比较弱，遇到王熙凤，他忍不住要占便宜，硬说和王熙凤有缘。到了生死关头，跛足道士警告他别看镜子正面，他仍然管不住自己。如果跛足道士想管住贾瑞，不准他看镜子正面，道士要拿一个鞭子，站在贾瑞边上，不看镜子背面，抽一鞭，看了正面，抽两鞭，如此才能管住贾瑞。

管束依赖，是早年形成的自我管理模式，根源是对恐惧情绪的过度依赖。举例来说，假如两个人在聊天，正说得谈笑风生，这时有人恶作剧，把一条蛇扔到两人面前，两人的笑声会戛然而止，并大惊失色、仓皇逃跑。如果两个人在吵架，吵得剑拔弩张，把蛇扔过去，两人也会大惊失色、仓皇逃跑。人们看到蛇会产生恐惧，恐惧是最有穿透力的情绪，只要恐惧发生，其他的情绪、行为、思想会即刻停止。因为恐惧具有穿透力，它就成了管理他人的终极手段，对没有自控力的罪犯，刑罚产生的恐惧可以制止犯罪。大人也偶尔利用恐惧情绪，去制止孩子的淘气哭闹。

假如贾瑞从幼年到童年，他身边的大人，总是利用恐惧情绪去管理他的行为，贾瑞就会形成管束依赖。具体来说，是幼年的贾瑞，每当产生了大人认为的坏情绪、坏行为、坏思想，例如哭、偷懒、吃零食，大人就用威胁、恐吓激起他的恐惧，让最具穿透力的恐惧，去制止他的"坏"。长期这样管束贾瑞，导致贾瑞没有机会学习怎样用理性去管理他的"坏"。如果以恐惧为主的管教模式，持续管教贾瑞到青春期，贾瑞可能会形成管束依赖特质。这样的贾瑞，他的一生，都要依赖外部管束来制止他的"坏"。没有外部管束，贾瑞会一直"坏"；这样的贾瑞，就是"图便宜没行止的人"；这样的贾瑞去上班，离不开霸道上司，因为温和的上司不能激起他的恐惧，也就管不住他的行为。

在公司里，管束依赖的另一个弊端，是提高了管理成本。贾瑞要有人监管，以便随时约束他，这需要成本，否则，弥补他的不当行为的后果，需要更高的成本。

在《三国演义》第三十八回（定三分隆中决策，战长江孙氏报仇）里，刘备访诸葛亮两次不遇，欲再往访之。张飞道："哥哥差矣。量此村夫，何足大贤！今番不须哥哥去，他如不来，我只用一条麻绳缚将来！"刘备叱曰："汝岂不闻周文王谒姜子牙之事乎？文王且如此敬贤，汝何太无礼！今番汝休去，我自与云长去。"张飞道："既两位哥哥都去，小弟如何落后！"刘备道："汝若同往，不可失礼。"飞应诺。

三人同往卧龙岗，于庄前叩门，童子开门。刘备吩咐关、张二人，只在门首等着。刘备徐步而入，见诸葛亮仰卧于草堂几席之上。刘备拱立阶下。半晌，诸葛亮未醒。关、张在外立久，不见动静，入见刘备犹然侍立。张飞大怒，谓云长曰："这先生如何傲慢！见我哥哥侍立阶下，他竟高卧，推睡不起！等我去屋后放一把火，看他起不起。"关羽再三劝住。

《三国演义》中的张飞，有管束依赖特质，没有刘备和关羽管束他的行为，张飞会毁掉"隆中对"，也会毁掉"隆中对"之后的三分天下。

管束依赖会妨碍自我约束，需要承担责任的岗位，面试时要筛查管束依赖，因为管束依赖是不自觉的特质，改变难度很大。如果贾瑞想改变自己的管束依赖，他需要一个长期教练，他先依赖教练的管束，然后在教练的辅导下，再慢慢摆脱教练的管束。公司很难具备这样的辅导条件，因此，应该在面试中筛查管束依赖。此外，另一个妨碍责任心的特质，也要在面试中筛查，那个特质是批评内化。

承担个人责任的岗位，面试要筛查的第二个特质是**批评内化**。其定义如下：**外部消极评价的人格化。**

《红楼梦》的第四回（薄命女偏逢薄命郎，葫芦僧乱判葫芦案）里，贾雨村补授了应天府，一下马就有一件人命官司详至案下，乃是两家争买一婢，各不相让，以致殴伤人命。被告薛家公子，原系金陵一霸，倚财仗势，喝令手下豪奴将原告冯渊打死。这薛公子学名薛蟠，幼年丧父，寡母又怜他是个独根孤种，未免溺爱纵容些。今年方十有五岁，性情奢侈，言语傲慢。虽也上过学，不过略识几字，终日惟有斗鸡走马，游山玩景而已。这薛公子的混名，人称"呆霸王"，最是天下第一个弄性尚气的人，而且使钱如土，人命官司一事，他却视为儿戏，自为花上几个臭钱，没有不了的。

在《红楼梦》里，薛蟠有点另类：书中的纨绔子弟，多少会假装斯文，以言语粗鄙为耻；薛蟠似乎没有羞耻之心，反而以鲁莽粗鄙为荣。

《水浒传》里的高衙内，也没有羞耻之心。在《水浒传》第七回（林教头刺配沧州道，鲁智深大闹野猪林）中，林冲抢到五岳楼，见了数个人，拿着弹弓、吹筒、粘竿，都站在栏杆边。胡梯上一个年少的后生，独自背立着，把林冲娘子拦着。林冲赶到跟前，把那后生肩胛只一扳过来，喝道："调戏良人妻子，当得何罪！"恰待下拳时，认得是本管高太尉螟蛉之子高衙内。原来高俅新发迹，不曾有亲儿，无人帮助，因此过房这阿叔高三郎的儿子在房内为子。本是叔伯弟兄，却与他做干儿子。因此，高太尉爱惜他。那厮在东京倚势豪强，专一爱淫垢人家妻女。京师人惧怕他权势，谁敢与他争口，叫他做花花太岁。

薛蟠和高衙内，他们都被溺爱害了。溺爱不是爱，而是剥夺和贬低。父母把孩子该做的事、该想的事，都替孩子做了、替孩子想了，这是在暗示孩子，他没有做事的能力，也没有想事的智力。经过长期的溺爱，孩子会在潜意识里接受溺爱的暗示，相信自己是无能而愚蠢的"呆霸王""花花太岁"。父母对孩子严格要求，也不一定对。在《红楼梦》第十二回（王熙凤毒设相思局，贾天祥正照风月鉴）里，有这么一段："原来贾瑞父母早亡，只有他祖父贾代儒教养。贾代儒素日教训最严，不许贾瑞多走一步，生怕他在外吃酒赌钱，有误学业。今忽见他一夜不归，只料定他在外非饮即赌，嫖娼宿妓，那里想到这段公案，因此气了一夜。"

贾瑞爷爷的严格要求，给了贾瑞一个暗示：他本性是偷懒耍滑、沉迷酒色，他是一个是贪便宜、没行止的小人。经过多年暗示，贾瑞就成了他爷爷暗示的那种人。在孩子和成年人的互动中，成年人的思想、行为，都对孩子有暗示作用。如果这个暗示是负面的，孩子在潜意识里，就相信自己是坏人、小人。这种由暗示形成的自我评价，会内化成孩子的自我信念。薛蟠、高衙内、贾瑞，都在潜意识里相信，他们在本质上不是好人。他们把外部的负面评价变成内在的人格，他们的这个特质，叫作批评内化。

在公司里，从事要承担责任的工作，工作者不能有批评内化，因为批评内化，会让人下意识地放弃自己应当承担的责任。

批评内化有多种表现，第一个表现是不上进。例如贾瑞，明明知道怎么做是对的，但鬼使神差，偏要做错事。在园子里遇到王熙凤，贾瑞的眼神暧昧、言语轻浮，二十岁的贾瑞，知道这些行为不合礼数，但他就是要这么做。在这之后，贾瑞一次又一次地去给王熙凤请安，他也知道这么做不合礼数，但他像鬼使神差，偏要把不合礼数的事情坚持做到底。贾瑞如此执着地不合礼数，因为在潜意识里，他相信他自己是没行止的小人。

批评内化的第二个表现，是屡教不改。在园子里遇到王熙凤，贾瑞躲到假山后面，等王熙凤走近了，他突然走出来，用暧昧的眼神、挑逗的言语向王熙凤请安。贾瑞这个做法，不只是对王熙凤，对其他年轻女性也一样。贾瑞因为类似的事情而经常被人数落，但他屡教不改，因为他不知道怎么改。批评内化的贾瑞，看到正常人和女性交往，他不会去模仿，因为那不是他应该学的，他是小人。看到另一个小人的行为，他才会去模仿。贾瑞、高衙内和薛蟠，他们身边都不缺乏正常人，如果想学好，肯定能找到榜样。但他们不学好，因为他们认定自己是坏人。

批评内化，会导致自我强化。在《红楼梦》第二回（贾夫人仙逝扬州城，冷子兴演说荣国府）里，子兴冷笑道："贾宝玉周岁时，政老爹便要试他将来的志向，便将那世上所有之物摆了无数，与他抓取。谁知他一概不取，伸手只把些脂粉钗环抓来。政老爹便大怒了，说：'将来酒色之徒耳！'因此便大不喜悦。说来又奇，宝玉如今长到七八岁，说起孩子话来也是奇怪了，他说：'女儿是水做的骨肉，男人是泥做的骨肉，我见了女儿，我便清爽；见了男人，便觉浊臭逼人。'"

贾宝玉的父亲，认为贾宝玉是酒色之徒。由于父亲的暗示，贾宝玉从七八岁起，就只喜欢和女孩子打交道，还觉得男人都有浊臭味，这就是自我强化。

自我强化会塑造人格，认定自己是坏人的高衙内、薛蟠，和认定自己是小人的贾瑞，他们学坏很快、学好很难。在《红楼梦》第四回（薄命女偏逢薄命郎，葫芦僧乱判葫芦案）里，因为在应天府犯案，薛蟠躲到了京城。"谁知自在此间住了不上一月的光景，贾宅族中凡有的子侄，俱已认熟了一半，凡是那些纨绔气习者，莫不喜与他来往，今日会酒明日观花，甚至聚赌嫖娼，渐渐无所不至，引诱着薛蟠比当日更坏了十倍。"

积极的自我强化也会塑造人格。据《阳明先生年谱》记载，"成化八年九月三十日，太夫人郑娠十四月。祖母岑梦神人衣绯玉云中鼓吹，送儿授岑，岑警寤，已闻啼声。祖竹轩公异之，即以云名。乡人传其梦，指所生楼曰'瑞云楼'。先生年才十二，尝问塾师曰：'何为第一等事？'塾师曰：'读书登第耳。'先生疑曰：'恐未是，当读书作圣人耳。'"。

1472年，王阳明诞生。诞生前夜，他祖母梦见身披彩霞的仙人在云中奏响鼓乐，把一个孩子送到她手里。祖母接过孩子，即从梦中惊醒，此时刚好听到王明阳出生的哭声。王阳明的祖父觉得这个梦很神奇，就为孩子取名为云。乡亲都在传这个梦，还把王阳明出生之地叫作"瑞云楼"。王阳明十二岁时问老师，什么事是第一等事。老师说，是读书做官。王阳明觉得老师说得不对，他觉得，读书做圣人才是第一等事。

王阳明一出生，就被认为是神仙送到人间来的贵人。外界的积极评价，被王阳明转化为自己的人格，他坚信自己是天降大任的圣贤。在王阳明的一生中，他的志向、品行、学识、能力，都向圣贤看齐，因为这个内在的动力，王阳明完成了正心、修身、齐家、治国。

批评内化，会妨碍自我发展，需要承担责任的岗位，面试中要筛查批评内化。批评内化很难改变，因为它是潜意识层面的信念。薛蟠并不想做坏人，贾瑞也不想做小人，但他们不论做什么，都离不开坏人和小人基调。如果薛蟠想摆脱潜意识中的坏人信念，贾瑞要摆脱潜意识中的小人信念，他们需要换一个人际环境。因为原有人际环境中的人，例如薛蟠的母亲，会不自觉地把薛蟠当成有问题的幼儿，认为他能力有缺陷、智力也有缺陷。贾瑞的爷爷，则不自觉地把贾瑞当成没行止的小人。在新的环境里，他们还需要教练，经过长期的辅导，使其重建自我信念，这样就能摆脱批评内化。公司很难具备这样的辅导条件，因此，应该在面试中筛查批评内化。此外，另一个会妨碍责任心的特质，也需要在面试中筛查，那个特质是因令执行。

承担个人责任的岗位，面试要筛查的第三个特质是**因令执行**。其定义如下：**依照操作指令的任务执行。**

在《红楼梦》第四十八回（滥情人情误思游艺，慕雅女雅集苦吟诗）里，香菱要学诗，想请林黛玉教她，便往潇湘馆中来。见到黛玉，香菱因笑道："我这一进来了，也得了空儿，好歹教我作诗，就是我的造化了！"黛玉笑道："既要作诗，你就拜我为师。我虽不通，大略也还教得起你。"香菱笑道："果然这样，我就拜你作师。你可不许腻烦的。"……黛玉道："你若真心要学，我这里有《王摩诘全集》，你且把他的五言律读一百首，细心揣摩透熟了，然后再读一二百首老杜的七言律，次再李青莲的七言绝句读一二百首。肚子里先有了这三个人作了底子，然后再把陶渊明、应玚、谢、阮、庾、鲍等人的一看。你又是一个极聪敏伶俐的人，不用一年的工夫，不愁不是诗翁了！"

香菱要学诗，拜林黛玉为师，林黛玉告诉她，先读一百首王维的五言律诗，再读二百首杜甫的七言律诗，然后读二百首李白的七言绝句。此后，再学陶渊明等人的诗，不用一年就能成诗翁。

林黛玉介绍的学诗方法，包含了对一个词的解释，那个词是"工课"。如果林黛玉真是老师，为了保证香菱的学习进度，她会按照一年的时间，把香菱应该学的诗，明确规定到每一天里，这样算下来，香菱每天要学三首诗。按照林黛玉编制的学习进度表，香菱就会有一份每天更新的清单，清单上写明了每天要学的三首诗。如果香菱按照清单上的内容，坚持每天学习，她每天学诗的活动，就是她每天的"工课"。

在过去，参禅修道，习武学文，都有工课。工课不是"功课"，在学佛的时候，参禅礼佛是积累功德，学佛的工课才是"功课"。现在"功课"一词，比工课更普及。

工课是了不起的发明，它在普通人和专家之间，搭建了一座桥梁。但是，工课用不好也有坏处。《红楼梦》第十二回（王熙凤毒设相思局，贾天祥正照风月鉴）里，贾瑞一夜未归，贾代儒道："自来出门，非禀我不敢擅出，如何昨日私自去了？据此亦该打，何况撒谎！"因此，发狠到底打了三四十板，还不许吃饭，令他跪在院内读文章，定要补出十天的工课来方罢。

贾瑞的爷爷要贾瑞"补出十天的工课"，说明贾瑞读书，每天读哪些文章，一篇文章读几遍，都有明确的清单。贾瑞的爷爷把工课和体罚结合在一起，这就让童年、少年和青年阶段的贾瑞，形成了一个经验，清单上没有的书别看，看了会挨打；清单上没有的事别做，做了会挨打；只有照着清单上的描述，去做清晰定义的事情，才不会挨打。当这个经验变成内在信念，贾瑞对自己要做的事，会形成一个判断标准，如果那件事有明确的操作指令，像工课一样，怎么做、做几遍，他就会去做；如果那件事只有方向和原则，没有操作指令，他就不去做。贾瑞这个内化观念，反映在行为方式上，就是因令执行。

因令执行，是收到操作指令才去做事情。操作指令是不需要解读和理解的指令，例如，把《三字经》抄两遍，这是操作指令。

因令执行是不自觉的特质，它会让人特别听话。贾瑞就特别听话，爷爷说读哪篇文章他就读哪篇，说读几遍他就读几遍。贾瑞很守规矩，每次出门，会向爷爷禀告。但贾瑞只是在行为层面上听话，也只是在字面上守规矩，他不寻找方向、不判断收益、不理解原则。他也不会问原理性的问题，假如爷爷让他抄两遍《三字经》，他不会问，为什么抄《三字经》、为什么抄两遍。贾瑞问的问题都是操作性的，例如，《三字经》抄在哪个本子上、用什么笔抄。这样的贾瑞，遇到工课上没有的问题，他就不知道怎么处理。比如：遇到不太熟的女性，应该怎么打招呼；打招呼的时候，应该是什么眼神。

在公司里，从事要承担责任的工作，工作者不能有因令执行特质，它让工作者把回避责任当成执行条件，对需要尝试的事情，就倾向于不做。

与因令执行相反的特质，是因事执行。有些人做事，不需要操作指令，根据客观事实和工作原则，就可以去做事。西汉重臣霍光，就是这样一个人。成语"因循守旧"，出自《汉书·循吏传》，书中有一段是对霍光的介绍，"孝昭幼冲，霍光秉政，承奢侈师旅之后，海内虚耗，光因循守职，无所改作。至于始元、元凤之间，匈奴乡化，百姓益富，举贤良文学，问民所疾苦，于是罢酒榷而议盐铁矣。"

汉昭帝八岁登基，由霍光代为主政。当时是大战之后，全国人口减少、物资匮乏，霍光遵从事理、恪守职责，施政稳定。这样过了八年，匈奴归顺、百姓日益富足，民间有可以举荐人才。朝廷了解到了民间疾苦，于是废除酒税，并讨论恢复民间的盐铁生产。

《汉书》称赞霍光因循守职，其中的"循"字，意思是沿着道路走。霍光因循守职，是说他的认识能够遵从客观规律，他的行为能够恪守工作原则。在历代的史书中，都有"循吏列传"，其中"循吏"的字面意思是指明事理的官吏，引申意义，是指有些官吏能像霍光一样，以较小的社会代价实现较大的社会价值，史书给这样的官吏立传，这就是循吏列传。

因循守职后来转变成了"因循守旧"，一字之差，词性就从褒义词变成了贬义词，因循守旧，意思是墨守成规、不思变革、不愿承担责任。

据钱穆在《国史大纲》中的分析，秦朝灭亡，根源是各级官吏的因循守旧。战国初期，各封建侯国都规定"戍边三日"，即国内男丁每年要自带武器、自备粮食，到边境上服三天的兵役。钱穆在文中分析，"封建小国，四境农民行程最远不出三、四日，每冬农隙，为贵族封君服力役三日，往返不过旬日，其事易胜。秦得天下，尚沿旧制，如以会稽戍渔阳，民间遂为一大苦事。陈胜、吴广即由此比起。"

秦国统一天下后，秦国变成了秦朝，但仍坚持"戍边三日"的制度。秦朝的戍边三日，就很不合理，假如浙江的百姓要自备粮食走到河北去戍边，这个负担太重，加上秦国严刑峻法，导致起义比比皆是。戍边三日有制度缺陷，秦朝有不少官吏知道，因为秦朝刑罚过严，没有官吏建议修改制度，使得这个可以改正的毛病，变成了不可改变的顽疾。在现代公司里，严刑峻法已经不再有，如果工作者有因令执行特质，也会起到秦朝"戍边三日"的效果，工作者知道流程制度不合理，但又不想惹麻烦，情愿因循守旧。

因令执行，会妨碍工作者的自我优化，也会妨碍操作程序、工作流程的优化改善。需要承担责任的岗位，面试要筛查因令执行，因为它很难改变。假如贾瑞要改变自己的因令执行，他先要自觉，知道自己有因令执行特质，并希望改变这个特质。自觉之后，他还要离开家，坚持较长时间的独自居住，并且定期接受教练辅导。在教练的引导下，贾瑞学习对自己的事务做决策，经过长期的辅导，他可以摆脱因令执行。公司很难具备辅导条件，因此，应该在面试中筛查因令执行。

承担个人责任的岗位，面试要筛查三个特质：**管束依赖、批评内化、因令执行**。其中，管束依赖会妨碍自我约束；批评内化会妨碍自我发展；因令执行会妨碍自我优化。

测试**管束依赖**，是做一个"失误觉察测试"，以测试候选人能不能主动发现自己的行为失误。管束依赖的候选人，如果行为有失误，他们自己发现不了，除非有人在他们失误的时候，能对他们进行威胁、恐吓，借助外界的管束，他们才知道自己的行为有失误。根据这个特征，测试管束依赖是问两个问题。第一个问题：最近一次，你发现自己在工作中的一个失误，是什么失误？等候选人回答之后，再问第二个问题：请说一说，你发现这个失误的过程。

第二个问题有三个测试点。第一个测试点是观察，即候选人发现自己的失误，是他观察到的某个现象，从而主动发现的。第二个测试点是猜测，即候选人观察到某个现象的时候，他根据那个现象，猜测是自己有失误。第三个测试点是确认，即候选人猜测自己有失误之后，就去确认，看自己是否失误。候选人回答第二个问题，如果回答中包括了这三个测试点，候选人就通过了测试。例如像这个回答：最近一次失误，是我在讲解产品原理的时候，里面有个恒河猴的实验，我引用错了，我把两个类似的实验给混淆了。讲完实验之后，我发现有几个人皱了眉头，好像是对我的引用有怀疑。讲解结束之后，我去查那个实验，从网上没查出问题。后来，我去买了一本介绍恒河猴实验的书，对着书检查，这才发现我引用的资料是错的。

测试**批评内化**，是做一个"行为认错测试"。批评内化的候选人，不会针对自己的行为而向他人承认错误，他们只会针对自己的观念、素质、态度、心理状态，而向他人认错。根据这个特征，测试批评内化，是问两个问题。

第一个问题：你有没有因为工作而向同事承认错误的经历。如果候选人回答有，再问第二个问题：请说一说你为什么认错。

回答第一个问题时，如果候选人说的错误，是行为、方法的错误，或者是目标选择错误、过程计划的错误，候选人就通过了测试。例如这个回答：我最近一次，是我在做产品方案的时候，直接根据客户的用途把产品改了。同事的客户收到方案之后，向同事报怨，说我们公司做事不认真，把别人的方案给了他们。其实这个事，我给同事发过邮件，他没注意到。我马上向同事承认了错误，说我应该打个电话告诉他。在给客户的说明书中我也做了说明，客户可能也没注意。然后，我打电话给同事的客户，向客户承认错误，说我应该用电话确认。从那之后，凡是我做了修改的方案，我都会用电话和业务部的同事确认，如果有必要，也会和客户确认。

回答第二个问题，如果候选人说的错误，是观念素质、态度心理上的错误，类似态度不够端正、认识不够深刻、思想不够重视、自我要求不够严格等，这样的回答，说明候选人看不到具体的错误。这样回答的候选人，就没有通过测试。

测试**因令执行**，是做一个"紧急应对测试"。因令执行的候选人，遇到紧急情况，不会自己产生解决方案，他们只会汇报情况并等待命令，然后按命令去应对紧急情况。因事执行的候选人，会根据情况做出应对决策，在汇报情况的时候，他们先会汇报情况，然后说出他们想好的应对决策。根据这个特征，测试因令执行是问两个问题。第一个问题：上一次，你在工作中遇到过不知道怎么处理，但又不得不处理的紧急情况，是什么情况？等候选人回答之后，再问第二个问题：你当时是怎么处理的？

回答第一个问题时，如果候选人说他遇到紧急情况，马上向上级请示，得到指示之后，顺利处理了问题。遇到这样的回答，就追问一个问题：你是怎么请示的？候选人说，他把情况如实地向上级汇报，然后等上级命令。这样回答，就视为因令执行，候选人没有通过测试。如果候选人回答，他在请示之前，已经想好了应对方法，请示上级是为了获得上级的确认和授权，这样的回答就通过了测试。

回答第二个问题时，假如候选人说当时情况紧急，来不及请示；或者，他向上级请示，但一时联系不到上级；或者，他向上级做请示，但上级只给了原则性和方向性的指示，没有操作意义，他就按自己构思的应对方案处理了问题。事后，他再向上级做了汇报，这样回答的候选人也通过了测试。

管束依赖、批评内化、因令执行，这三个特质会妨碍人们承担责任，需要承担个人责任的岗位，招聘要做一轮专门的面试，以确定候选人没有这三个特质。

4.2 个人责任：淳于意为什么写病历

本节介绍三个特质，**冲动延迟、推导追溯、局限自知**，这三个特质，能促进个人的责任心。需要承担个人责任的岗位，招聘的时候，要做一轮专门的面试，以确认候选人具备这三个特质。下文是这些特质的详细介绍，为了方便表述，我选择《史记》中的医生淳于意，来代表这三个特质。

淳于意，是汉初名医，姓淳于，名意。《史记》介绍淳于意，从一连串的提问开始："尝有所验，何县里人也？何病？医药已，其病之状皆何如？"

这一连串的提问，是汉文帝在审问淳于意，问他平时看病，病人是哪里人、得了什么病，治疗效果如何。公元前176年，淳于意被人告到了皇帝那里，说他是庸医。这个医疗纠纷案，按制度不该由皇帝审理。根据汉朝司法制度，案件的终审权，属于丞相。皇帝可以赦免案犯，但不参与审理。按常理，皇帝不会审理医疗纠纷案，因为费力不讨好。医疗纠纷案，专业性强，还经常让双方都不满意。为了维护声誉，皇帝不会审理那么麻烦的案件。汉文帝直接审理淳于意案，合理的解释，是他不得不审。在汉朝，王公之间的案件，皇帝不得不审理，因为那是皇帝的家务事，作为皇室的家长，皇帝处理家务要当仁不让。皇帝审问淳于意，说明这个案件牵涉两个亲王。假如案件的原告是一个亲王，状告淳于意是庸医，而另有一个亲王担保淳于意不是庸医，并反告原告亲王诬告。当这两个案子到了官府，两案合并，民间案件变成了皇家案件，在这种情况下，才会劳驾汉文帝来审案。

汉文帝审理这个案件，是下诏书提问，淳于意用上书回答，经过多次的往来问答，汉文帝确认淳于意医术精湛。淳于意行医是业余爱好，他的本职是齐王府里的太仓长，太仓长是管仓库的官员，因此，淳于意又被人称为"太仓公""仓公"。汉文帝和淳于意的问答，被司马迁收入《史记·扁鹊仓公列传》。根据《史记》中的记载，我推测，淳于意具备这三个特质，即冲动延迟、推导追溯、局限自知。

承担个人责任的岗位，面试要测试的第一个特质是**冲动延迟**。其定义如下：**身心冲动的刻意延迟**。

在上书中，淳于意用病例回答了汉文帝提的问题。淳于意提供的病例，不仅有诊治过程，病例还像电影剧本一样，有动作细节、有人物对话，就像下面这个病例。下面病例中的病人，是齐王府里的郎中令，病人的名字是循。

"齐郎中令循病，众医皆以为蹶入中，而刺之。臣意诊之，曰：涌疝也，令人不得前后溲。循曰：不得前后溲三日矣……所以知循病者，切其脉时，右口气急，脉无五藏气，右口脉大而数，数者中下热而涌，左为下，右为上，皆无五藏位，故曰涌疝。"

齐王府里的郎中令病了，好几个医生看过，都认为是忧郁引起的内脏失常。淳于意给病人右手诊脉，没发现内脏失常；再给病人的左手诊脉，也没发现内脏失常。病人的脉幅大，说明他情绪亢奋、体质虚弱。淳于意断定是涌疝病，这个病让人不能大小便。郎中令听到后，马上说是的，他已经三天没有大小便了。

这样的病例，淳于意列举了 25 个，每个病例都有细节。淳于意能提供这么多细节，因为他有记录。每次看完病，淳于意都会做记录，他把这些记录叫作"诊籍"。淳于意的诊籍是中国最早的病历，淳于意是病历的发明人。在医学史上，病历是病理学的起点。在淳于意之前，医生只开处方，不写病历。处方以药为中心，形成的知识是药理学；病历以病为中心，形成的知识是病理学。有病理学的医学，才是完整的医学。

淳于意发明了病历，重新定义了医学。在汉朝初年，医生发明病历的概率不大，因为当时没人要求医生写病历，而且写病历以及编辑、保存病历都需要技术。

成语"刀笔小吏"，来自萧何。《史记·萧相国世家》中，司马迁这样评价萧何："萧相国何，于秦时为刀笔吏，录录未有奇节。"司马迁说，萧何在秦朝时是一个"刀笔吏"，为人庸庸碌碌，没有特殊才能。秦末汉初，纸还没有被发明，写字是写在竹简上，写错了字，要用小刀把错字刮掉。刀和笔都是当时的写作工具。萧何曾是县衙里的文书，所以，司马迁称他为"刀笔吏"。

淳于意也是刀笔吏，他是齐王府里的太仓长，就是管仓库的小官，当医生是淳于意的业余爱好。淳于意写病历，和他是管仓库的刀笔吏有关。管仓库要时刻记账，比如入库什么东西、数量多少、什么包装、放在什么位置，出库什么东西、数量多少，等等。太仓长的主要工作是记账以及编辑、保管账簿。淳于意把账簿技术带到行医当中，每治一个病，就记下病人是谁、什么病、怎么治疗、效果如何，于是，他就发明了病历。因为接受过账簿训练，再加上行医的业余爱好，淳于意才有可能发明病历。

除了账簿技术和医疗技术，淳于意发明病历，还需要一个心理特质，即冲动延迟。假如某一天，淳于意看完病，身体疲惫，很想睡觉。但他忍着疲惫，先磨墨，再泡毛笔，然后在小竹简上一笔一画地写下刚才看病的过程，偶尔写错，要用刀修改，写完之后才去睡觉。在这个过程中，淳于意把自己想睡觉的冲动刻意延迟，这个特质就是冲动延迟。

在公司里，需要承担个人责任的工作，工作者要有冲动延迟特质，因为冲动延迟让人战胜情绪冲动，从而实现理性目标。

冲动延迟，是责任心的心理基础。责任心，是不论高兴不高兴、不管辛苦不辛苦，都愿意把事情做好。行为和思想不受情绪影响，是责任心的本质特征。如果淳于意没有冲动延迟特质，他就不能当医生，因为什么样的病人都有，有的暴躁、有的胆小，极端的病人会影响医生的情绪，医生要有能力让情绪不受影响。没有冲动延迟，淳于意也管不好仓库，仓库货品进进出出，时刻都在变化；仓库货品还有鼠咬虫蛀，时刻都在损耗。货品出现变化损耗都要及时记账，如果淳于意觉得疲惫，休息一下再记账，他就会漏记账目。

冲动延迟有程度差异，淳于意的程度高，可以管仓库，也可以当医生，冲动延迟程度最高的人，可以坐怀不乱。《和圣年谱》记载了柳下惠"坐怀不乱"的故事。"鲁桓公十七年，禽二十六岁。远行归，夜宿郭外。时天大寒，有一女子趋诣，恐其冻死，乃令坐于怀中，以衣覆之，至晓不乱。"

在上一段文字里，"禽二十六岁"中的"禽"，就是柳下惠。柳下惠姓展，名获，字禽。公元前695年，柳下惠二十六岁，一次远行归来，夜晚住在城外。当天晚上天气非常寒冷，有一个女子前来借宿，柳下惠担心那个女子会被冻死，于是解开自己的冬衣，让女子依偎在自己的怀里，他再用冬衣把自己和那女子一起裹紧。柳下惠和那女子坐到天亮，他的心思都没有乱过。

柳下惠的坐怀不乱，是长期积累形成的特质。打个比方，幼年的柳下惠还不会说话，肚子饿了就放声大哭。妈妈一听他的哭声，就知道是饿了，温柔地拍一拍小柳下惠，然后给他喂奶。这样的情景不断重复，小柳下惠就相信，自己的欲望肯定会被满足，但会稍稍延迟一下。从那之后，肚子饿的柳下惠会先哭，等妈妈拍拍他，他就不哭了。肚子仍然饿着的小柳下惠，能够忍住不哭，这是幼年阶段的冲动延迟。

童年的柳下惠，有一天肚子很饿，此时餐桌上有一盘刚烤好的羊肉，他恨不能马上去吃。这时他还有一个想法，先洗手再吃肉。按照欲望的强度，吃羊肉的冲动远强于洗手的想法，但柳下惠还是先洗手。洗手的理性能战胜吃肉的冲动，因为在幼年阶段，柳下惠就能够与冲动和谐共处。因为有幼年、童年、少年的积累，到二十六岁，柳下惠的冲动延迟可以让他坐怀不乱。冲动延迟会自我强化，柳下惠会因为坐怀不乱，而更加坐怀不乱。

如果把柳下惠换成猪八戒，不论猪八戒多么想坐怀不乱，他都做不到，因为他缺少从幼年开始的持续积累。没有冲动延迟的猪八戒，不能管仓库，也不能当医生。

看一个人的冲动延迟程度，能不能和工作责任匹配，要看他能不能为了工作，主动培养出非强制的习惯，以及主动戒除非禁止的习惯。淳于意写病历，这是他自己培养出来的、非强制的工作习惯，在他行医的时候，写病历不是行医的强制要求。如果淳于意不管仓库，也不当医生，改行去做马车夫，他会戒掉喝酒的习惯。如果某人为了工作，既可以培养新习惯，也可以戒除旧习惯，他就具备了承担责任所需要的冲动延迟。

冲动延迟，是责任心的心理基础，需要承担责任的岗位，面试中要甄选冲动延迟，因为它是经历塑造的特质，主动培养并不复杂，但成功率比较低。

假如猪八戒要培养冲动延迟能力，他可以把喜欢吃的零食放在桌上，每次想吃了，就坐下来看5分钟书，如此坚持一个月。第二个月，把5分钟改成10分钟；第三个月，把10分钟改成半小时，每天训练，坚持三个月，猪八戒能迅速提高冲动延迟能力。这个训练看似容易，但能坚持下来的人不多，所以，冲动延迟要在面试中甄选。此外，另一个能促进责任心的特质，也需要在面试中甄选，那个特质是推导追溯。

承担个人责任的岗位，面试要测试的第二个特质是**推导追溯**。其定义如下：**对论证推理过程的追溯**。

在《三国演义》第四十六回（用奇谋孔明借箭，献密计黄盖受刑）里，周瑜向诸葛亮讨教破曹的计策，他邀诸葛亮入帐共饮。周瑜曰："某昨观曹操水寨，极是严整有法，非等闲可攻。思得一计，不知可否。先生幸为我一决之。"诸葛亮曰："都督且休言。各自写于手内，看同也不同。"瑜大喜，教取笔砚来，先自暗写了，却送与诸葛亮；诸葛亮亦暗写了。两个移近坐榻，各出掌中之字，互相观看，皆大笑。原来周瑜掌中字，乃一"火"字；诸葛亮掌中，亦一"火"字。

周瑜一直在想对付曹军的办法，想到了火攻，他不确定火攻是否可行，请诸葛亮帮他确认。两人把计策写在手里，一起伸出手来，见都是"火"字，两人大笑。

为了保密，周瑜和诸葛亮各写了一个"火"字，确认之后，没有讨论，喝完酒各自分散。帐中的将领，都不知道他们写了是什么字。如果不用保密，周瑜一定会问诸葛亮：你是什么想到的？诸葛亮也一定会问周瑜：你是怎么想到的？因为对别人思考过程的好奇，这是与生俱来的思维方式，叫作认知型好奇。每个人都是因为认知型好奇，才形成了自己的思维能力。

小孩子喜欢问为什么，从4个月开始，还不会说话的小宝宝，会一边看着苹果，一边咿咿呀呀，父母看到这个情景，就指着苹果对孩子说，这是苹果。通过这样的互动，孩子学会了用咿咿呀呀来提问。学会说话之后，孩子就直接提问。从4个月到14岁，孩子平均要问30000个问题，成年人回答问题的质量，会塑造孩子的思维。如果成年人回答孩子的问题，不仅仅给出答案，还说明自己的思考过程，孩子会模仿成年人的思维，并终生保持认知型好奇。

认知型好奇，是独立思维的门槛。诸葛亮和周瑜肯定具备认知型好奇，他们对别人思考过程更有兴趣，对结论的兴趣反而不大，因为结论是思考过程的必然产物。

认知型好奇也有缺陷，它是指对别人的思考过程有兴趣，对自己的思考过程没兴趣，因为每个人都会想当然地认为，他知道自己的思考过程。其实不然，个人的结论可能来自直觉，也可能来自道听途说，也可能是信口胡说。如果某人能把自己结论的推理过程说出来，这才能说明，他的结论来自理性的推理。

在《三国演义》第四十七回（阚泽密献诈降书，庞统巧授连环计）里，庞统向曹操献计，让曹操把战船锁在一起，然后，庞统找个借口离开曹营。

拜别曹操，庞统至江边，正欲下船，忽见岸上一人，道袍竹冠，一把扯住庞统曰："你好大胆！黄盖用苦肉计，阚泽下诈降书，你又来献连环计。只恐烧不尽绝！你们把出这等毒手来，只好瞒曹操，也须瞒我不得！"唬得庞统魂飞魄散，急回视其人，原来却是徐庶。徐庶把蒋干盗书、黄盖挨打、阚泽投降、庞统献计，这些事件放在一起，就想到了火攻。徐庶能把他的推导过程说出来，这个思维特质叫作推导追溯。

在公司里，需要承担个人责任的工作，工作者要有推导追溯特质，因为推导追溯，能让人根据思考过程，去承担判断和决策的责任。

淳于意是医生，要对自己的诊断负责，病人是什么病，不能信口胡说，要有清晰的推导过程。淳于意还要对自己的治疗负责，怎么治病，是针灸还是汤药，也不能凭感觉，也要有清晰的推导过程。如果淳于意的诊断和治疗，都有可以追溯的推导过程，他才能当医生。推导追溯，是责任心的思维基础。

推导追溯可能是特质，爱问为什么的小孩子，如果得到了高质量的回答，会形成推导追溯特质；推导追溯也可能是行为，如果曹操每次做完决策，就把推导过程记录下来，然后再来回顾记录，这就是推导追溯的行为。长期坚持推导追溯的行为，能把它转化为心理特质。推导追溯的表现，是推导步骤。以淳于意为例，在给汉文帝的上书中，他列举了25个病例，这些病例都有相同的推导步骤，即搜集、诊断、治疗、验证。其中齐王王孙的病例，他诊断为气鬲病，诊断过程就是按这四个步骤进行的推导。

"齐王中子诸婴儿小子病，召臣意诊切其脉，告曰，'气鬲病……'臣意即为之作下气汤以饮之，一日气下、二日能食、三日即病愈。"

齐王的孙子生病，太医久治不愈，齐王请淳于意去看病。按照推导步骤，淳于意的第一步是搜集。他搜集脉象、症状和自述。王孙的脉象浊躁，症状是精神萎靡、全身发热；自述是恶心呕吐，吐酸水。淳于意的第二步是诊断。

王孙的病，症状像风寒，但脉象不是风寒，思考之后，淳于意诊断是气鬲病。淳于意的第三步是治疗。王孙体虚，经受不住针灸，淳于意于是配制汤药给王孙喝。淳于意的第四步是验证。他估计王孙三天能痊愈。王孙喝下汤药，第一天不再胀气，第二天开始吃饭，第三天痊愈。

淳于意治病有步骤。如果治疗没有达到效果，他可以沿着推导步骤，找到出错的环节。太医给王孙治病，久治不愈，因为太医根据症状和自述，断定是风寒，但脉象不是风寒，所以太医的错误是诊断错误。如果太医要总结经验，是他只根据症状和自述做诊断，忽视了脉象与诊断不符。

在公司里，需要承担个人责任的工作，工作者需要推导追溯，因为推导追溯是承担责任的操作基础。承担工作责任，不是严厉惩罚责任人，而是知道错在哪里，避免再次出错。像齐王府中的太医，他很想治好王孙的病，但不论他怎么努力，病就是不好，而他不知道错在哪里。像太医这样当医生，就算他想承担责任，也不知道要承担什么责任。

推导追溯，还是探索和蛮干的分水岭。据《淮南子》记载，"神农乃尝百草滋味，水泉之甘苦，令民知所辟就。当此之时，一日而遇七十毒。"

神农氏试吃各种植物，还试喝各处的水，提醒百姓避开有害的植物和有害水源，也提示百姓选择有益的植物和水源。为了甄别植物和水源，那个时候的神农氏，一天要中 70 次毒。在《淮南子》中，神农氏"一日而遇七十毒"的说法，是修辞手法，只有一种情况才会使他一天能中 70 次毒。有一天，神农氏尝了 100 种草，然后中毒了。为了调查毒源，他每天从 100 种草中挑一种吃下去，在那一天里，他只吃安全的食物、喝安全的水，在这种条件下，如果中毒了，大致能确定，是那天吃的草有毒。像这样试了 100 种草，发现其中 70 种有毒，这才能"一日而遇七十毒"。这种情况应该不成立，所以"一日而遇七十毒"的说法是修辞手法。抛开修辞，神农氏尝百草，一定会做试验，做实验的人要具备推导追溯特质，否则他就无法确认是哪种草有毒。

在公司里，负责探索和创新的工作，工作者需要推导追溯特质，否则会做很多无谓的尝试，降低创新效率。

推导追溯，是责任心的思维基础，也是承担责任的操作基础。需要承担责任的岗位，面试要甄选推导追溯，因为培养的成功率不高。培养推导追溯特质，方法并不复杂，只要每天写日志，记录工作中的思考过程，并每天回顾前几天写的日志，把决策和结果进行对比，坚持这样做，就能培养出推导追溯的能力。如果不写日志，就像齐王府里的太医，医术还不如管仓库的淳于意。太医没有病历，每当治疗不理想，太医就要去回忆错在哪里；假如他记不起诊断时的思考过程，他就找不出错误的原因。如果太医也写病历，他的医术有可能追上淳于意。

写工作日志，类似医生写病历，只要坚持写就能形成推导追溯特质。但是，培养写日志的习惯，成功率就不高，这导致推导追溯的培养概率也不高。因为不好培养，推导追溯应该在面试中甄选。此外，另一个能促进责任心的特质，也需要在面试中甄选，那个特质是局限自知。

承担个人责任的岗位，面试要测试的第三个特质是**局限自知**。其定义如下：**自我认知局限的清晰认识。**

在《史记·扁鹊仓公列传》里，汉文帝提问、淳于意回答，两人的一问一答，很像两个高手在华山论剑。汉文帝提问9次，问题精心设计，步步紧逼。根据第一次回答，汉文帝能判断出淳于意是不是医生；根据后面问题的回答，汉文帝能判断出淳于意是不是个好医生。最后一个问题，汉文帝直取要害，看淳于意是不是个负责任的医生。最后问题的回答，淳于意真诚坦荡，彰显了他的医风医德。

问臣意："诊病决死生，能全无失乎？"臣意对曰："意治病人，必先切其脉，及治之。败逆者不可治，其顺者乃治之。心不精脉，所期死生视可治，时时失之，臣意不能全也。"

汉文帝问，治病事关生死，你能做到万无一失吗？淳于意回答："我给人看病，一定先号脉，再决定是否接诊。如果脉象和症状一致，我就接诊，脉象和症状不一致，我不接诊。处在生死边缘的病人，精神不在状态，会导致脉象不准，这种病人，我时常判断失误，把无法诊治的病诊断为可以治好的病，所以，我治病不能保证万无一失。"

脉象和症状不一致的病，淳于意不接诊，因为那个病超出了他的诊断能力，如果接诊，会耽误病人找其他医生的机会。这反映了淳于意的严谨医风。处在生死边缘的病人，其脉象已经不准，不能作为诊断的依据。对这一类病人，淳于意会根据脉象，把病人的病诊断为可以治的病，因为不论治愈的机会多么渺茫，他都要为病人争取，这反映了他慈悲为怀的医德。

在最后一次问答中，淳于意说"败逆者不可治"，不是说病不可以治，而是说他没有能力治，因为依靠他的判断力，判断不出那是什么病。淳于意对自己的判断力有清晰的了解，知道自身的条件和局限，对于判断条件不够和超出能力范围的病情，他不会贸然诊断。淳于意了解自我能力的局限，这个特质叫作局限自知。

《三国演义》中的徐庶，很了解自己的能力局限，他为人做事有底线，做不到为了成功而不择手段。徐庶也了解自己施展才华的条件，如果上司是不择手段的人，要求他不择手段地出谋划策，但他做不到，这会导致上下级不和。所以，他很难和不择手段的上司共事。为了选择合适的上司，徐庶对刘备做了一个测试，看刘备为人是否有底线。

在《三国演义》第三十五回（玄德南漳逢隐沦，单福新野遇英主），徐庶化名单福，去见刘备。刘备大喜，待为上宾。单福曰："适使君所乘之马，再乞一观。"刘备命去鞍牵于堂下。单福曰："此非的卢马乎？虽是千里马，终必妨一主，不可乘也。某有一法可破解。"刘备曰："愿闻破解之法。"

单福曰:"公意中有仇怨之人,可将此马赐之。待妨过了此人,然后乘之,自然无事。"刘备闻言变色曰:"公初至此,不教吾以正道,便教作利己妨人之事,备不敢闻教。"单福笑谢曰:"向闻使君仁德,未敢便信,故以此言相试耳。"

徐庶化名单福,去投奔刘备。见面之后,徐庶说刘备骑的马叫"的卢",这是千里马,但会妨害一个主人。徐庶建议刘备,把马送给一个他怨恨的人,等马妨害了那人,再把马要回来。刘备一听就变了脸色,觉得徐庶心不正,请他另谋高就。徐庶一听就放心了,这说明刘备是个有底线的人。徐庶化名"单福"去测试刘备,是有预谋的。假如刘备没通过测试,"单福"会离开刘备,这样也不会给徐庶带来麻烦。徐庶了解自己的能力和施展能力的条件,这就是局限自知。

在公司里,需要承担个人责任的工作,工作者要有局限自知特质,它能保证工作者能按照自身的能力和条件,去承担自己的责任。

在公司里,大部分的失职来自两种情况:一是不知道自己的能力边界,盲目去做力所不能及的事,平时说的好大喜功,就属于这种情况;二是不知道施展自身能力条件,贸然去做条件不成熟的事,平时说的急功近利,就属于这种情况。从心理上分析,好大喜功和急功近利,都是缺少局限自知特质。局限自知是不自觉的特质,像徐庶,他并不知道自己有这个特质。但他和不具备这种特质的人,会产生观念冲突。《三国演义》中的曹操,是不择手段的人,他相信"宁教我负天下人,休教天下人负我",徐庶就和曹操产生了观念冲突。

没有局限自知特质,也是不自觉的。以李白为例,他才华横溢,同时又狂放不羁。李白曾经以诗抒怀,"安能摧眉折腰事权贵,使我不得开心颜。"李白也志存高远,以治国平天下为己任。李白曾经以文言志:"申管晏之谈,谋帝王之术,奋其智能,愿为辅弼。使寰区大定,海县清一,事君之道成，荣亲之义毕，然后与陶朱、留侯，浮五湖、戏沧洲，不足为难矣。"

在文中，李白自认才智胜过管仲、晏婴，可以辅佐帝王安定天下。他期望尽完报效国家、光耀门楣的责任，就和范蠡、张良一起，寄情山水、归隐江湖。

李白的志向是"谋帝王之术"，他实现志向的前提是要有帝王之争。李白生活于盛唐，那时没有帝王之争，只有重臣宠妃的争权夺利。诸葛亮比李白幸运，他的志向和李白一样，也是"愿为辅弼，使寰区大定"，但他生活在乱世，现实中天天上演帝王之争。诸葛亮和徐庶一样，做不出没有底线的事，所以，他也要挑选上司。徐庶试过刘备，就把刘备介绍给了诸葛亮。刘备三顾茅庐才见到诸葛亮，这可能是诸葛亮在测试刘备。因为诸葛亮知道，他可以辅佐帝王，但他做不到"摧眉折腰事权贵"。

诸葛亮还准备了功成身退，在离家之前，他嘱咐弟弟诸葛均："吾受刘皇叔三顾之恩，不容不出。汝可躬耕于此，勿得荒芜田亩。待我功成之日，即当归隐。"

在公司里，从事要承担责任的工作，工作者需要局限自知特质，以保证相关岗位的分权或裁撤。现代企业里有一个规律，责任重大的岗位，就会被系统取代。管理学的宗旨，是通过系统去降低不确定性。以总裁岗位为例，1940年时福特公司的总裁职责，比1980年时的总裁职责要大6倍。1940年的总裁职责，相当于1980年的6个岗位的职责总和，即总裁、独立董事、专业委员会主席、首席执行官、首席财务官、首席技术官。在用系统取代个人的过程中，总裁岗位被一而再、再而三地分权。到了当下，多数公司不再启用总裁头衔，因为这个头衔没有明确的指向，不知道是做什么的。在现代公司里，如果当事人没有局限自知特质，岗位的分权或裁撤会遇到阻力，系统优化就无法实现。

范蠡、张良最后都功成身退，因为帝王之争结束，施展帝王之术的条件消失，他们应该身退。从组织的立场看，功成身退是每个岗位都隐含着的责任。

局限自知，是责任心的觉悟基础。需要承担责任的岗位，面试要甄选局限自知，因为它很难培养。如果在童年阶段，张良对父母形成了情感上和思维上的信任，而张良父母评价张良，不是孤立地说张良有什么优点、有哪些能力，而是把优点、能力的条件、背景都说出来，经过这样的熏陶，张良会形成局限自知特质。成年人要培养这个特质，需要有教练辅导，教练和学员要花很长时间去建立情感上和思维上的信任，信任建立之后，再由教练引导学员，结合条件、背景去认识优点和能力，这样就能帮成年人重建局限自知。这样的辅导条件，企业很难具备，因此，应该在面试中甄选局限自知。

承担个人责任的岗位，面试要测试三个特质，即**冲动延迟**、**推导追溯**、**局限自知**。其中，冲动延迟是责任心的心理基础；推导追溯是责任心的思维基础；局限自知是责任心的觉悟基础。

测试**冲动延迟**，是做一个"习惯养成测试"，如果候选人有冲动延迟特质，他会为了更好地生活以及为了更好地工作，去培养新习惯。根据这个特征，面试测试冲动延迟，就是测试候选人最近是否养成了新习惯。这个测试是分两步，第一步测试生活习惯。如果候选人有冲动延迟特质，他能够为了更好地生活，或者成为更好的自己，而去培养一些新习惯。第一步测试是问两个问题。第一个问题：最近三年里，你在生活中养成了什么新习惯？等候选人回答之后，再问第二个问题：你是怎么养成的？

候选人回答第二个问题，如果他描述养成习惯的过程很顺利，不需要多次反复，候选人就通过了测试。例如这个回答：三年前，我养成了长跑的习惯。怎么养成的？就是天天跑，就养成了。我原来不跑长跑，有一个同事能跑马拉松，我看他坚持长跑也没有耽误上班，所以我也想试一试。然后就开始跑，就一直跑到现在。

习惯养成测试的第二步，是测试工作中的习惯。第二个测试也是问两个问题。第一个问题：最近三年里，你在工作中养成了什么新习惯？等候选人回答之后，再问第二个问题：你是怎么养成的？

候选人回答第二个问题，如果他描述养成习惯的过程很自然，不需要多次反复，候选人就通过了测试。例如这个回答：工作中我养成的新习惯，有开会做记录、发言之前先写提纲、写完邮件再改两遍。养成这些习惯，是听一个前辈说，工作中应该养成这些习惯，我就养成了这些习惯。

测试**推导追溯**，是做一个"决策回顾测试"。如果候选人具备推导追溯特质，他会养成一个习惯，在作复杂决策的时候，他多次回顾决策，以便从多种决策方案中选出最符合决策目的，也最符合决策条件的方案。根据这个特征，测试推导追溯，是看候选人能不能用条理化的语言，把最近的一次重要而复杂的决策，从目标排序到方案对比，到最终决策，整个过程都清晰地说出来。能说出来，候选人就通过了测试。做这个测试是问两个问题。第一个问题：最近一次，你作出的一个重要又艰难决策，是什么决策？等候选人回答之后，再问第二个问题：你做这个决策的目标是什么？决策为什么艰难？

候选人回答这个问题时，如果他说的目标是由若干个小目标组合成的大目标，决策艰难，是因为这些小目标是相互冲突的，他经过权衡取舍，最后作出了决策，这样回答的候选人就通过了测试。例如像这样回答：我最近作的一个艰难决策，是买车。买车的目标有好几个，要符合预算，要选择品牌，要看功能，还要看性能，还要看使用费用。我原来打算先看车，后来改了，我先把买车要解决的问题写下来，然后把目标排序，功能排第一，价格排第二，品牌第三，性能第四，费用第五。这样排序之后，选择面就窄了，最后锁定三款车。我就去试驾了一下，凭感觉选了一款。

测试**局限自知**，是做一个"能力条件测试"，如果候选人具备局限自知特质，他会知道发挥自己的优点、施展自己的能力，需要哪些条件和背景。根据这个特征，测试局限自知，是分两步测试。第一步测试候选人对能力施展条件的认知，这一步是问两个问题。第一个问题：在你的个人能力中，你认为哪一项能力，是你最强的能力？候选人回答了之后，再问第二个问题：你发挥这项能力，需要什么条件？

候选人回答第二个问题，如果能把能力发挥的条件条理清晰地表达出来，候选人就通过了测试。例如这个回答：我最强的能力是对于陌生市场的开拓。在这几年里，我去过的陌生市场，我的业绩都是最好的，虽然刚开始不是最好的，大概3个月到半年之后，我的业绩就会变成最好的。发挥我的市场开拓能力，我需要产品团队的配合。我擅长挖掘客户的需求，明确了需求，产品团队可以针对需求开发产品。如果产品团队不配合，我的能力就发挥不出来。

第二步测试，是测试候选人对能力限制条件的认知。这一步是问一个问题：在什么情况下，你的能力会发挥不出来？回答这个问题，如果候选人知道什么情况下，自己的能力不能发挥，候选人就通过了测试。例如这个回答：如果公司的产品是标准化的产品，不能根据客户的需求进行调整，我的能力就发挥不出来。还有一种情况，就是公司没有产品团队，公司的产品是外包的，而我又不能代表公司，去要求外包公司调整产品，在这种情况下，我的能力也发挥不出来。

冲动延迟、**推导追溯**、**局限自知**，这三个特质会促进当事人的责任心，需要承担个人责任的岗位，招聘的时候，要做一轮专门的面试，以确认候选人具备这些特质。

4.3　团队责任：曾国藩怎样重塑军队

本节介绍三个特质，**内控预设、挫败脱敏、常态应对**，这三个特质对承担团队责任有促进作用。需要承担团队责任的岗位，招聘的时候，要做一轮专门的面试，以确认候选人具备这三个特质。下文是有关这些特质的详细介绍，为了方便表述，我选择晚清的中兴名臣曾国藩，来代表这些特质。

社会学家解维廉（William James Hail）于 1926 年出版了他创作的《曾国藩传》，该书导言的题目，是"曾国藩是远东的华盛顿"。

把曾国藩比喻成华盛顿，这个比喻很传神，他们两人是惊人地相似。1853—1864 年，曾国藩带领自己组建的军队，苦战 11 年，获胜之后，他解散了军队，这个经历和华盛顿如出一辙。1775—1783 年，华盛顿率领大陆军打赢了独立战争，在 8 年里，华盛顿也经历了组建军队、艰苦战斗、取得胜利和解散军队。曾国藩和华盛顿，两人都不是军事天才，战绩都是败多胜少，他们都是凭着务实和坚韧，让破碎的国家重新统一。胜利之后，他们都顶着来自战友的压力，解散了军队。他们两人的个性、经历、成就都是惊人地相似。

在中国历史上，曾国藩是一座桥，桥的一头是古代中国，另一头是近代中国。曾国藩开启了军事近代化，他发明了近代练兵制度和近代指挥系统。曾国藩开启了财政近代化，他推动财政从农业税转向商业税。曾国藩开启了官制近代化，推动官制从品级制转向职能制。梁启超在《曾文正公嘉言钞》中，表达了他对曾国藩的景仰："岂惟近代，盖有史以来不一二睹之大人也已；岂惟我国，抑全世界不一二睹之大人也已。"

梁启超说，曾国藩不只是近代，而是有史以来难得一见的杰出人物；不只是中国,也是世界难得一见的杰出人物。曾国藩一生立志高远,自拔于流俗,不急功近利,历经艰险仍不屈不挠。时人和世人都对他推崇备至,他身上有很多难得的品质,也有很多值得研究的特质。本文介绍三个和团队责任相关的特质,即内控预设、挫败脱敏、常态应对。

承担团队责任的岗位,面试要测试的第一个特质是**内控预设**。其定义如下:**基于内在可控条件的规划**。

据《清史稿·曾国藩传》记载:"咸丰初,广西兵事起,诏群臣言得失……复上言,国用不足,兵伍不精,二者为天下大患……三年,粤寇破江宁……天下骚动,而国藩已前奉旨办团练於长沙……取明戚继光遗法,募农民朴实壮健者,朝夕训练之。"

1850年,广西爆发起义,咸丰皇帝召集群臣商议。曾国藩说,经费不足、队伍不精,是两大隐患。三年之后,起义军占领南京,天下骚动。咸丰任命曾国藩为钦差帮办团练大臣,于长沙协助地方兴办团练。曾国藩招募朴实健壮的农民,参照戚继光的练兵方法,每天早晚加强训练。

曾国藩的军事生涯,从兴办团练开始。团练是民间军事组织,在古代,发生大规模暴动时,军队来不及调配;为了让民间有力量自保,皇帝会下诏书,特许民间兴办团练。曾国藩本来是礼部侍郎,没有带过兵。皇帝让曾国藩去帮办团练,没有给经费、人手,也没有给实权。无论从哪一方面来看,曾国藩办团练,都是不可能完成的任务。

在任命曾国藩的同时,皇帝还任命了另外42个帮办团练钦差大臣。在43个钦差大臣中,筹到粮饷、找到兵源并最终组建军队的,只有曾国藩。

曾国藩做事,其过程可能曲折,但总能成功。梁启超评价曾国藩,"而困而知、而勉而行,历百千艰阻而不挫屈"。这是说曾国藩遇到问题先学习,遇到困难先实践,不推诿退缩,努力战胜困难。就拿练兵来说,曾国藩招募的团练兵,集中到长沙,借用长沙绿营的操场进行训练。绿营是清朝的正规军，曾国藩借用绿营的操场，主要是为了省钱，因为绿营的大营里不光有操场，还有军械器材、礼堂教室、伙房宿舍。曾国藩借用操场，还有另一个目的，他想按正规军的标准训练团练兵。刚开始训练，曾国藩发现不对，绿营兵一个月只训练三次，每次训练两小时，而且训练强度低。按绿营的标准训练，士兵的作战能力会很差；为了保证战斗力，曾国藩要求团练兵每天训练。

团练兵每天训练，引起绿营兵的不满。绿营兵是正规军，每月训练三次，团练兵是民兵，居然每天训练。绿营兵认为，这些业余军人在挑衅职业军人，因此排斥团练兵。每天训练的团练兵，看着每天睡觉的绿营兵，也觉得训练过于苛刻。如何让士兵们相信，每天训练是必要的，这是曾国藩练兵的第一个难题。

为了解决难题，曾国藩想到了三个方案。第一方案是劝说，他可以劝说绿营官兵每天训练；第二方案是告状，他可以上奏皇帝，批评绿营训练不够，让皇帝责令绿营每天训练；第三方案是独立，曾国藩可以自建营地，按自己的标准训练士兵。

经反复思考，曾国藩采用了第三方案，他离开长沙，去衡阳新建营地。在新营地里，团练兵每天训练8小时，每天的训练都达到极限。相比绿营兵，衡阳大营里的团练兵，每月训练的运动量要大100倍，训练时间要多40倍。除了提高训练强度，曾国藩还细化了科目，为训练设置了技能科目和品德科目，三天一次技能考核，五天一次品德训导。

由于训练实践中，包括极限制、科目制、考核制和训导制等各种制度，团练兵的训练，达到了当时亚洲的最高水准，也是世界的一流水准。一年后，衡阳大营训练出了一万两千人的陆军和五千人的水军。因为训练充分、纪律严明，这支军队是大清国中战斗力最强的军队，人称湘军。回顾曾国藩当初的选择，只有不怕麻烦、自建营地，才能创造出一支全新的军队。自建营地的想法，来自曾国藩的思维习惯，他会基于内在的、可以控制的条件去构思解决方案，这个思维习惯，叫作内控预设。

在公司里，要承担团队责任的工作，工作者应该具备内控预设特质。内控预设让人接受现状、面对问题，它是承担团队责任的思维基础。

内控预设，是不自觉的习惯。曾国藩觉得，和绿营一起练兵，会妨碍训练效果，他就自己建军营；为水军购置战船，他觉得船价太高，就自己动手造船。曾国藩的这个习惯从小就有，少年曾国藩学习写文章，家人告诉他有两个办法，一是名师指点，二是多看名篇，并试着改写名篇中的句子。曾国藩稍加思索，选择了第二个办法，家人问他为什么，他说他不会鉴别名师，但他会鉴别名篇，《古文观止》中的每一篇都是名篇。曾国藩从小的思维习惯，就是基于内在的、可控的条件去构思问题的解决方案。

与内控预设相反的思维习惯，是依存预设。多数人学习写文章，会选择名师指点，因为名师指点似乎更省事，只要听话、照做，就能写好文章。但这个办法的条件是名师和名师指点，这两个条件都是外在的、不可控的。基于外在的、不可控的条件，去构思解决方案，这个思维习惯就是依存预设。

依存预设，不会形成团队，内控预设是团队的构成基础。团队是独立的任务单元，核心特征是独立性和任务导向。假如三个人都想练习写作，同时，他们都相信名师指点，这三个人凑在一起，会一起去找名师。据此判断，这三个人并不独立，他们依赖名师。同时，他们没有从事"练习写作"的任务，他们是在寻找"名师"这个资源。所以，这三个人的组合，是资源导向的依赖群体，不是任务导向的独立团队。

如果这三个人遇到了曾国藩，曾国藩告诉他们，不用找名师，名篇的作者就是名师，看名篇就是接受名师指点。这三个人跟着曾国藩看名篇，资源导向的依赖群体，就变成了任务导向的独立团队。从心理特质来看，依存预设的人，组合在一起只能形成群体，增加一个内控预设的曾国藩，群体就能变成团队，因此，内控预设是团队的构成基础。

咸丰皇帝任命了43个团练钦差，只有曾国藩办成了团练，因为其他钦差始终在寻找资源，从来没有去完成任务。但他们自己不知道，一直认为自己在完成任务。

内控预设，也是团队的效率基础。曾国藩练兵时，每五天给士兵训一次话，他是用四书五经上的名篇名句，熏陶士兵的情操。但士兵都是农家子弟，听不懂训话。如果曾国藩的思维是依存预设，他会想，士兵应该怎么做，他才能达到目的；出于这个思考，他会让士兵学习四书五经。上万名士兵，以巨大的时间成本，去适应曾国藩，这个行为是反效率的。内控依存的曾国藩，他会想，他应该怎么做，才能达到目的。出于这个想法，他创作了一首《爱民歌》，把训话的内容写成歌词，士兵每次集合，就唱这首歌。经过无数次的歌唱，《爱民歌》上的训导内容，深深地印在了士兵的脑海里。曾国藩的做法是改变自己去适应团队，这种做法符合效率。

内控预设，是团队责任的思维基础，它还决定了团队的构成和效率。需要承担团队责任的岗位，招聘面试要甄选内控预设，因为它是基因和经历塑造的，很难培养。

孩子从一岁到两岁时，能力成长很快，但孩子不知道爬得太高会危险，不知道用很力打人会伤人，不知道用力摔打会毁坏玩具。孩子要借助和父母的互动，才能理解和体会危险。如果父母允许孩子冒一定的风险，当孩子遇到挫败、惊吓时，父母能宽慰鼓励孩子；当孩子行为超出边界时，父母能及时制止，这个孩子就能形成内控预设特质。如果父母不鼓励孩子探索、不宽慰孩子的挫败、不制止孩子的不当行为，孩子会形成依存预设特质。把成年人的依存预设调整为内控预设，需要长期的专业辅导，企业很难具备辅导条件，因此，需要承担团队责任的岗位，应该在面试中甄选内控预设。此处，另一个能促进团队责任的特质，也需要在面试中甄选，那个特质是挫败脱敏。

承担团队责任的岗位，面试要测试的第二个特质是**挫败脱敏**。其定义如下：**创伤性挫败的主动脱敏**。

在《三国演义》第二十九回（小霸王怒斩于吉，碧眼儿坐领江东）里，东吴孙策去世，孙权继立。曹操封孙权为将军，结为外应，共同对抗袁绍。袁绍得报大怒，遂起冀、青、幽，并等处人马七十余万，复来攻许昌。曹操起军七万，前往官渡迎敌。袁军兵力十倍于曹军，无奈袁军屯于乌巢的粮草，被曹操精兵偷袭，粮草尽行烧绝，袁绍被迫退兵。退兵时，袁军被曹军追杀，七十万大军竟遭惨败。官渡战败后，袁绍一蹶不振，他心烦意乱，旧疾复发，病势渐危，不治而终。书中有诗叹袁绍："羊质虎皮功不就，凤毛鸡胆事难成。"

官渡大战，是袁绍的创伤性事件。俗话说，一朝被蛇咬、十年怕井绳，"被蛇咬"加上"怕井绳"，就是创伤性事件。人陷在创伤性事件中走不出来，就像袁绍一样，羊质虎皮、凤毛鸡胆、一蹶不振。

在《三国演义》第五十回（诸葛亮智算华容，关云长义释曹操）里，曹操兵败赤壁，夺路望北而走。走到五更，回望火光渐远，曹操心放定，问曰："此是何处？"左右曰："此是乌林之西，宜都之北。"曹操见树木丛杂，山川险峻，乃于马上仰而大笑不止。诸将问曰："丞相何故大笑？"曹操曰："吾不笑别人，单笑周瑜无谋、诸葛亮少智。若是吾用兵之时，预先在这里伏下一军，如之奈何？"说犹未了，两边鼓声震响，火光竟天而起，惊得曹操几乎坠马。斜刺里一彪军杀出，大叫："我赵子龙奉军师将令，在此等候多时了！"

曹操兵败逃命，生死攸关的时候，还能站在对手的立场，思考如何调配军队、设置埋伏，看到对手指挥不当，曹操大笑不止，这是因为他经历过多次战败，能主动地从创伤性事件中走出来。曹操的这个特质，叫作挫败脱敏。

挫败脱敏，是主动面对创伤性事件，让自己从创伤形成的过敏中走出来。人们经历过的消极事件是否为创伤性事件，由情绪恢复状态决定。袁绍官渡战败，他产生的诸如恐惧、自卑、沮丧、怨恨这些消极情绪，应该随着时间的流逝，逐渐弱化并最终消失。但袁绍的消极情绪没有消失，因为他对官渡的战败形成了过敏。过敏是生理性的自我保护，不仅人类有过敏，其他动物也有。心理学家做过一个实验：他们在绵羊肉里掺上无色无味的呕吐剂，再把羊肉放到野外。一群野狼发现了羊肉，兴高采烈地大吃一顿。吃完羊肉不久，狼群就开始呕吐，把刚吃下去的羊肉都吐了出来。从那以后，这群狼看到绵羊就躲得远远的，它们对羊肉的气味形成了过敏。

过敏是生理反应，人们很难一下子就摆脱，如果主动面对，可以加快摆脱过敏。孩子从八个月起就会对高处产生恐惧，这个恐惧会维持一生。走钢丝的杂技演员，他们天生也对高处恐惧，为了克服恐惧，他们先站在一米高的绳子上，每天站三个小时，适应了一米的高度，再站在两米高的绳子上，然后是三米、五米；通过主动面对，演员不再害怕高度，从而能专注于脚下的钢丝，这就是脱敏。

袁绍官渡战败，形成了过敏，他再也没能脱敏。曹操赤壁战败，也形成了过敏，曹操只要几小时就从过敏中走了出来，这种特质就是挫败脱敏。

曾国藩面对挫败也能主动脱敏。1854年，曾国藩率五千水军、四千陆军，沿湘江到达洞庭湖。洞庭湖风大浪高，战船沉了24艘。驻扎在岳阳城外的湘军被敌军夜间偷袭，岳阳城里的湘军，被敌军里应外合地围攻。首次出征的湘军，出征不到一个月，就灰溜溜地退回长沙。在长沙以北60千米的靖港，曾国藩带领的40艘战船和800名士兵，中了2万敌军的埋伏，战斗极其惨烈，湘军战船全部被毁，士兵死伤大半。曾国藩极度悲愤，两次跳水自杀，两次被人救起。

靖港兵败之后，曾国藩的愧疚和悲愤没有弱化。回到长沙，他派人去买好了棺材，准备写完遗书，便以死谢罪。幸亏左宗棠赶到，他开导曾国藩说，自杀是逃避，不是谢罪。左宗棠说曾国藩想自杀，是因为内心有三怕。一怕对不起阵亡的湘军战士，因为他们都是曾国藩的乡亲子弟。左宗棠帮曾国藩分析，如果他自杀，就对不起大营里几万名湘军官兵，他们想跟随曾国藩建功立业，如果曾国藩自杀谢罪，湘军的前途就没有着落。曾国藩二怕对不起皇帝的信任。左宗棠告诉曾国藩，整个大清国，只有他训练出了一支有战斗力的军队，如果他自杀，帝国找不出第二个能带兵的统帅，没有曾国藩的大清帝国，前景更加令人担忧。曾国藩三怕名节不保。左宗棠告诉曾国藩，胜败是兵家常事，自杀谢罪，就失去了洗刷耻辱的机会。左宗棠走后，曾国藩一次又一次地反思靖港兵败，思考失败原因、思考怎样避免类似失败。通过一次又一次的反思，曾国藩从悲愤愧疚中走了出来。像曾国藩这样，通过主动面对，摆脱创伤性挫败，这就是挫败脱敏。

在公司里，要承担团队责任的工作，工作者应该具备挫败脱敏特质。因为挫败脱敏，能让人从过去的失败中走出来，去面对未来的挑战。

挫败脱敏，是团队领袖的必备特质，因为团队和个人不同，不论什么情况，团队都不能改行，也不可能离职。举例来说，假如销售部的业绩不好，公司可以把销售人员解散，重新招聘；也可以把销售经理免职，重新选拔。但是，不论怎样换人，销售始终是公司的一项职能，销售部不可能撤销。如果销售经理遇到挫败后离职，他就不知道怎么解决问题。要承担团队责任，就不应该离职，应该查明失败原因，避免再次犯错。

如果遭遇挫败，不能脱敏，团队领袖会意气用事。曾国藩的弟弟曾国荃就曾对挫败形成了过敏，并意气用事。曾国荃战功卓著，被提拔为浙江巡抚。1867年，曾国荃调任湖北巡抚，一次战场偶败，湖北官场的同僚便在背后议论，说他靠着曾国藩才得到巡抚的位子。听到非议，曾国荃愤然辞职，这种反应就是过敏。听说弟弟辞职，曾国藩写信劝慰，他信里写道："安知此两番之大败，非天之磨炼英雄，使弟大有长进乎？谚云吃一堑长一智，吾生平长进全在受挫受辱之时。"

挫败脱敏，要主动去脱敏。曾国荃在战场上出生入死，毫不畏惧，因为他的战斗经历是从小战到大战慢慢积累的，不知不觉中，他对战争形成了脱敏。但他无法忍受同僚的非议，因为他没有官场沉浮的经历。曾国藩则相反，他不怕官场的非议，但他承受不了战败。靖港兵败之后，曾国藩主动面对战败，这才对战败脱敏。

挫败脱敏，是团队责任的情绪基础，承担团队责任的岗位，面试中要甄选挫败脱敏，因为它不容易培养。遭遇创伤性事件的人，需要一位可信赖的、理智的引导者，帮助他面对挫败并逐步脱敏。靖港兵败后，曾国藩遇到了他信赖的左宗棠，左宗棠也很理智，引导曾国藩用理性去分析挫败。在公司里，遭遇创伤性挫败的人，不一定都能遇到左宗棠，多数情况下，他们会离职。如果在招聘中甄选挫败脱敏，相当于甄选经历了靖港兵败的曾国藩，这样一来，不论公司里有没有左宗棠，都不会损失一个曾国藩。因此，挫败脱敏适合在面试中甄选。此外，另一个能促进团队责任的特质，也需要在面试中甄选，那个特质是常态应对。

承担团队责任的岗位，面试要测试的第三个特质是**常态应对**。其定义如下：**常态化方案的问题应对**。

《史记·夏本纪》中，记载了大禹治水的经历："当帝尧之时，鸿水滔天，浩浩怀山襄陵，下民其忧。……禹乃遂与益、后稷奉帝命，行山表木，定高山大川。禹伤先人父鲧功之不成受诛，乃劳身焦思，居外十三年，过家门不敢入。左准绳、右规矩，载四时，以开九州，通九道，陂九泽，度九山。……于是帝赐玄圭，以告成功于天下。天下于是太平治。"

尧帝在位时，洪水包围了高山，漫上了丘陵，百姓非常担忧。后来，禹接受舜帝的任命，去治理洪水，他一路翻山越岭，立木桩作标志，测量高山大川。禹的父亲鲧，因为治水无功被诛，禹想到父亲，很是悲伤，他也更加劳心费力地治水。禹在野外生活了十三年，从家门口过也没有进家门。禹时刻带着准绳、规矩和测量方位的工具。经过多年的努力，他区划了九州土地，疏通了九条河道，修筑了九处湖堤，测量了九大山系。舜帝赐他一块玄玉，以向天下宣告他治水成功。天下自此安定太平。

大禹治水，是先了解山川河流的走势，再疏通河道、修筑湖堤，把洪水引入大海。大禹为洪水找到了常态化的、可持续的解决方案。这种思维方式，叫作常态应对。

大禹的父亲鲧，他治理洪水的办法，是修堤坝去堵住洪水，这是针对现象去安排应急性的、不可持续的应对方案。这种思维方式叫作权宜应对。权宜应对也是应对，但它会让人盲目，鲧看不到洪水的来龙去脉，也不会顺山川地势去化解洪水。像鲧这样工作，多年之后，对工作也不会有深刻的认识。权宜应对的方案还不可持续，针对现象去解决问题，问题则一直存在，就像堵洪水，堵住了东边，洪水会从西边漫起。如果团队领袖的思维方式是权宜应对，他会把团队资源，和成员的注意力，集中在当下的事务上，导致团队没有长远目标。

舜面对洪水，是派大禹去治水，把问题交给别人去处理，这种思维方式叫作转移应对。转移应对的弊端，是没有知识上的收获。大禹把洪水治理好了，舜不知道大禹是怎么做到的，下次再有洪水，舜还要委托他人去治理。转移应对，让团队过度依赖能人，这会抑制团队本身的潜力。

曾国藩处理问题，倾向常态应对。1853年，曾国藩受命帮办团练，他面临的第一个难题是缺钱。朝廷财政紧张，没有经费支持，地方衙门也拨不出经费。曾国藩在民间想办法，他劝乡绅富商捐钱，但效果不理想。最后，他请求朝廷允许他卖监生资格，才把第一笔资金凑齐。监生资格是读书人的身份象征，很多商人愿意花钱买一个读书人的身份，以光耀门楣。卖监生资格筹钱，这是权宜应对，曾国藩很清楚，如果找不到可持续的资金来源，团练新军就无法维持。

团练经费后来有了转机，跟随曾国藩的湘军将领胡林翼，于1855年被提拔为湖北布政使。主政湖北之后，胡林翼尝试征收厘金，并把厘金作为团练新军的专项经费。厘金是一种新的地方税，地方衙门在城门、码头和市场设置征收站，对过往的商品按商品价值的千分之一收税，这个税收就是厘金。

胡林翼用厘金支持新军，曾国藩受到了启发，他向胡林翼学习，把厘金变成常态的军费来源。厘金的常态化有三个重点：一是专款专用，厘金只用于团练新军经费；二是独立征收，厘金由独立的部门征收；三是军务优先，为了保证厘金的征收，地方团练的统帅兼任地方巡抚或总督，并有权罢免地方官员。有了常态的厘金系统，湘军拥有了屡败屡战、越战越强的经济基础。

在公司里，要承担团队责任的工作，工作者应该具备常态应对特质，因为它能让人看到事物的本源，并针对本源解决问题。

团队领袖要具备常态应对特质，因为回归本源去解决问题，不仅能找到可持续的解决方程，还能形成真正的创新。曾国藩看似保守，其实创新能力极强。训练新兵，曾国藩不模仿绿营，他盯住练兵的根本，开发出了全新的四制练兵法，即极限制、科目制、考核制和训导制。在世界各国，古代练兵法转向现代练兵法，其核心都是四制练兵法，曾国藩没有抄袭模仿其他国家的练兵方法，因为他不需要，他是找到问题的根源，然后从根源上解决问题。各国现代练兵法，之所以大同小异，因为大家面对相同的问题，解决方案自然相同。曾国藩的创新不以创新为目的，而以解决问题为目的。

在公司里，如果团队领袖具备常态应对特质，他能把完成任务变成常态，把失误变成意外。第一次兵败后，曾国藩总结了两个教训，其一是修筑工事。湘军第一次出征，遇到两次夜间的偷袭。从那之后，湘军扎营，先围绕军营建三道工事，最外面的是三排拦马桩，以阻止敌军马队冲锋；中间是两道壕沟，沟底插上竹签，以阻止敌军步兵跨越；最里面是军营的围墙，围墙对外有箭垛和火枪射击口。曾国藩从兵败当中总结的第二个教训是集结推进。靖港兵败，败在曾国藩孤军深入，此后，曾国藩要求部队集结推进，相互支援、步步为营。通过修筑工事和集结推进，曾国藩把打胜仗变成了常态。

　　常态应对，能发现趋势。在第一次世界大战（简称"一战"）中，各国军队都付出了惨痛代价，然后，各国都采用堑壕战。一战的堑壕战和曾国藩修筑工事、集结推进如出一辙。这不是偶然的巧合，而是必然的趋势，因为在相同条件下，最优方案只有一个。

　　在公司里，如果团队领袖具备常态应对特质，会激发出团队的系统优势。在练兵初期，曾国藩事必躬亲，有了带兵经验，他把经验总结为模式。基于练兵模式，湘军成了优秀士兵和优秀教官的熔炉。从练兵当中解脱之后，曾国藩又去探索作战模式，总结出了修筑工事和集结推进两套经验。因为这两套经验，湘军又成了优秀将军的熔炉。

　　在曾国藩身上，看不到通常的英雄色彩，因为曾国藩的追求，不是成为大众心目中的英雄，他希望自己是完美系统的参与者。为了让系统更完美，曾国藩会把自己变成资源，帮助系统实现练兵常态化、军费常态化、指挥常态化，他因此缔造了当时大清国最强的军队。战争结束之后，曾国藩没有把军队当成个人资源，而是解散了自己缔造的军队。有英雄梦想的人，不理解曾国藩的做法。从心理角度看，因果关系很清楚，因为军队解散之后，系统会更加完美。

　　常态应对是让自我去服务于团队，这是团队责任的观念基础。缺少这种观念的人，会把团队视为个人资源。需要承担团队责任的岗位，面试当中要甄选常态应对，因为它是早年经验形成的信念，很难培养。

　　常态对应的根源是自信，如果某个人相信自己的能力，他就不再图表现。不图表现的曾国藩，会去追求系统的完美。如果曾国藩不相信自己的能力，他就不会用诸如修筑工事和集结推进，这样的笨办法打仗，他会追求出奇制胜，以证明自己的指挥能力。自信来自早年经验，如果曾国藩在幼年、童年和少年阶段，通过个人努力，不断地达成既定的目标，这种经验的重复，会让他充分自信。自信的曾国藩，做一切事情，都不会急功近利。

如果某人在青少年阶段，对自己的能力还没有形成自信，这个人会在一生当中都图表现。图表现的冲动，会妨碍他形成常态应对。培养成年人的常态应对，要做长期的心理辅导，企业很难具备辅导的条件，因此，应该在面试中甄选常态应用。

承担团队责任的岗位，面试要测试三个特质，它们是**内控预设**、**挫败脱敏**、**常态应对**。其中，内控预设是团队责任的思维基础；挫败脱敏是团队责任的情绪基础；常态应对是团队责任的观念基础。

测试**内控预设**，是做一个"失败归因测试"，在面试当中，如果候选人把与人合作失败的原因，归结到自己身上的、可以控制的因素，表明候选人分析问题的特质是内控预设。如果候选人把合作失败的原因，归到外界的、他不能控的因素，则表明他分析问题的特质是依存预设。根据这个特征，测试内控预设是问两个问题。第一个问题是引导问题：最近一次，你和别人合作失败是什么合作？

问候选人合作失败的经历，是给测试创造机会。合作失败就意味着候选人可以把失败的原因，归结到合作方的身上。有了这样一个伏笔，就可以问真正的测试问题。测试内控预测的第二个问题：这次合作失败的原因是什么？如果候选人把失败原因，归结于自己身上的、可以控制的因素，他就通过了测试。例如这样回答：这次失败的原因，主要是我前期调查不充分；次要原因，是我在分工的时候没有分得很明确。

如果候选人回答问题时，把失败归因于自己身上的、他不能控制的原因，候选人就没有通过测试。例如这样回答：这次失败的原因，主要是我不适合做这种项目，每个人的个性不同，我的个性不适合做这种太短期的项目。如果候选人把失败的原因归结为外在的、他不能控制的原因，候选人也没有通过测试。例如像这样回答：这次失败的原因，主要是同事都不专业，他们没有做过这样的项目；还有一个原因，是市场部给我们的数据不准，从一开始，就误导了项目的方向。

测试**挫败脱敏**，是做一个"挫败回忆测试"。在面试中，问候选人一个他经历的挫败，如果候选人对挫败已经脱敏，他会像旁观者一样看待曾经的挫败经历，在这样的状态下，他能描述出挫败事件的过程和细节。还没有脱敏的人，则会回避谈论过去的挫败。根据这个特征，测试挫败脱敏，可以问两个问题。第一个问题：在你的职业生涯中，你经历过的最可怕的一次失败是什么？

等候选人回答之后，再问第二个问题：你现在是否可以回想一下，当时你觉得可怕的那一刻是什么情景？候选人回答这个问题，如果能把可怕的情景生动地描述出来，说明候选人对那次可怕的失败，已经形成了脱敏，这个候选人就通过了测试。例如像这样回答：最可怕的失败，是第一次上台做呈现，我一上台就忘了词，我又不知道怎么打开电脑中的备注，我特别着急，手心都在冒汗。本来半小时的呈现，我不到五分钟就下来了，我还觉得那五分钟特别长，感觉比两个小时还长。

如果候选人说，那是过去的事，现在不想多说，这表明他对过去的失败，没有做过理性的分析，如果再一次面对过去的可怕，他仍然会觉得可怕，这个候选人就没有通过测试。例如像这样回答：最可怕的失败，是一次呈现，那次呈现也不好说是失败吧，是我太紧张了，我是一个容易紧张的人。

测试**常态应对**，是做一个"根源追踪测试"。在面试当中，如果候选人能用经历证明，他用自己的努力找到了问题的根源，这说明候选人处理问题时，有能力针对原因规划常态化的应对方案。如果候选人处理问题只针对现象去推测原因，说明候选人没有追踪问题根源的习惯，他也无法规划出常态化的应对方案。根据这个特征，测试常态应用是问两个问题。第一个是引导问题：在工作中，哪个问题会时不时地困扰你？

第二个问题：这个问题的根源是什么？候选人说出寻找根源的过程，他就通过了测试。例如像这样回答：困扰我的问题，是每月写一份市场报告，市场部总说我写得不好。我问同事哪里不好，他们说得都不一样，把我说糊涂了。我换了个问题，问哪一份报告写得最好，他们说得也不太一样，我把同事说的报告都看了一遍，有一百多份，发现好报告的观点都很明确，怎么做一目了然，观点、论证都很短，不展开论证，还很少用专业词汇，外行人也能看懂。我也照着那个样子去写报告，同事都说，我的报告越写越好。

候选人回答问题根源时说不出寻找根源的过程，只有对根源的猜测，候选人就没有通过测试。例如像这样回答：困扰我的问题，是每月写一份报告。市场部的同事说报告要改进，我问了同事，为什么要改进，他们的理由五花八门、前后矛盾。我觉得，是同事们有业务压力，希望各方面的资源都是最好的，所以对报告提要求。

内控预设、挫败脱敏、常态应对，这三个特质会促进当事人承担团队责任，需要承担团队责任的岗位，招聘要做一轮专门的面试，以确认候选人具备这三个特质。

4.4 组织责任：吕不韦戈上为何留名

本节介绍三项能力，**责权认知**、**机制调整**、**责任具象**，这三项能力可以帮助公司更好地分配责任。需要承担组织责任的岗位，招聘的时候，要做一轮专门的面试，以确认候选人具备这些能力。下文是这些能力的介绍。为了方便表述，我选择秦国制造的吕不韦戈，来代表这些能力。

1974年，陕西出土一枚青铜戈，戈上有十五个字："七年，相邦吕不韦造，寺工诏，丞义，工競。"因为戈上的铭文，这枚戈被称为"七年相邦吕不韦戈"。

吕不韦所造戈上的铭文，写的是四个职位。第一个职位是"相邦"。相邦就是相国，在汉朝之前，相邦、相国可以通用；到了汉朝，为了避开汉高祖刘邦的名讳，相邦就不再用了。铭文中的第二个职位是"寺工"，寺工是工厂厂长，"诏"是厂长的名字。第三个职位是"丞"，丞是辅佐厂长的主管，相当于车间主任，"义"是车间主任的名字。第四个职位是"工"，即制作工匠，"競"是工匠的名字。把戈上的铭文翻译成白话文，是这样一句话："秦王政七年，由相国吕不韦监制，厂长诏，车间主任义，工匠競。"

相国、厂长、主任、工匠，都在兵器上署名，这是秦国的管理制度，制度背后是质量追溯体系。质量追溯体系被认为是现代管理手段，它成形于第一次世界大战期间，成熟于第二次世界大战之后。秦王政七年，是公元前240年，在那个时候，秦国就用质量追溯体系去管理戈的质量，说明秦国人对品质有极致的追求。攀登珠穆朗玛峰的人，不论从北坡上山，还是从南坡上山，最后都会登上同一个巅峰。质量管理也一样，不论是古代人，还是现代人，只要追求极致品质，最后都会采用质量追溯体系，因为它是质量管理的巅峰。

质量追溯体系，是系统化的制度安排，它是无形的，这套系统作用于物，就表现为戈的品质；作用于人，则表现为吕不韦、工厂厂长和车间主任的管理能力。由于系统对物的塑造比对人的塑造更加直观，因此，我选择以吕不韦戈，来代表促进组织责任的三项能力，即责权认知、机制调整、责任具象。

承担组织责任的岗位，面试要测试的第一项能力是**责权认知**，其定义如下：**关于责权对应的个人知识。**

责任，是权力的前提条件，没有责任就没有权力。《三国演义》第四十五回（三江口曹操折兵，群英会蒋干中计）里，有一个周瑜聚众喝酒的情节，这个情节反映了责任与权力的关系。"蒋干葛巾布袍，驾一只小舟，径到周瑜寨中。周瑜曰：'子翼良苦，远涉江湖，为曹氏作说客耶？'蒋干愕然曰：'吾久别足下，特来叙旧，奈何疑我作说客也？'周瑜笑而挽其臂曰：'吾但恐兄为曹氏作说客耳。既无此心，何速去也？'遂同入帐。须臾，文官武将，分两行而入。周瑜都教相见毕，就列于两傍而坐。大张筵席，奏军中得胜之乐，轮换行酒。"

"周瑜告众官曰：'此吾同窗契友也。虽从江北到此，却不是曹家说客。公等勿疑。'遂解佩剑付太史慈曰：'公可佩我剑作监酒，今日宴饮，但叙朋友交情；如有提起曹操与东吴军旅之事者，即斩之！'太史慈应诺，按剑坐于席上。蒋干惊愕，不敢多言。"

蒋干拜访周瑜，周瑜以酒宴款待，为了保证酒宴氛围，周瑜让太史慈担任监酒，周瑜还授予他生杀大权。太史慈的权力，因监酒责任而来。古人行酒令，会推举一个人做监酒，众人会赋予其监酒罚酒，和打板子的权力。如果没有权力，监酒就无法履行职责。监酒的权力是监酒责任的副产品，酒宴结束，监酒的责任消失，他的权力也随之消失。

太史慈监酒，需要权力；吕不韦监制戈，也需要权力。举例来说，戈的材料是铜，如果铜的质量由吕不韦负责，他对铜的采购要拥有否决权；或者，他对铜的采购人要拥有罢免权。如果吕不韦不能否决采购，也不能罢免采购人，又让他负责铜的质量，这个责任他根本承担不起，这是无效责任。如果戈的运输由吕不韦负责，他就要拥有物流招标的否决权；如果戈的设计也由吕不韦负责，他就要拥有设计方案的否决权。总之，责任和权力对应，责任越多，权力就越多。

责权对应，是基本的管理逻辑。如果责权不对应，管理的效率会很低。以戈为例，如果出现质量问题，朝廷当中，相国调查问题的效率最高，因为相国拥有信息权，兵工厂的生产工艺、仓库记录、财务账本，相国都有权查看。如果戈有质量问题，相国解决问题的效率最高，因为相国拥有资源权，和戈有关的资源，如矿石、资金、工匠，相国都有权调动。因此，由相国负责戈的质量，这是效率最高的安排。如果换其他人负责，相较于由相国负责，就增加了很多无效劳动。

相国的权力，和戈的质量责任能形成对应。责权对应的组织，像流线型身体的海豚，运营的阻力小、速度快；责权不对应的组织，像异型的水母，运营的阻力大、速度慢。公司的高层经理，他们的管理水平，与责权对应的知识有关。假如吕不韦知道，戈的质量责任是哪些具体的责任，同时他也知道，这些具体的责任，对应着哪些具体的权力，吕不韦就能把水母一样的异型组织，塑造成如海豚一样的流线型公司。如果吕不韦不理解责权对应，他可能会把海豚一样的流线型公司，塑造成如水母一样的异型组织。吕不韦对责权对应关系的认识，就是他的责权认知。

在公司里，要承担组织责任的工作，工作者要有责权认知，因为它是承担组织责任的知识前提，也是提高组织效率的知识前提。

责权认知是个人知识，它看不见、摸不着，只能通过权力清单来表现。如果朝廷让吕不韦对戈的质量负责，他会向朝廷要权力。吕不韦把他要的权力，写成一份清单，就是针对质量责任的"权力清单"。如果吕不韦写在清单上的权力，都是承担质量责任的必要权力，一个也不少，一个也不多，这说明吕不韦对责权对应，拥有了足够的知识。

权力清单有时代背景。以人事权为例，传统的人事权有15项，其中包含5项资格权，即提名、保举、征召、录用、任命。吕不韦可以用这些权力来保证戈的质量，例如，征召优秀的铸造工匠。传统的人事权，也包括5项考核权，即评议、评比、表彰、奖励、处罚；同时还包括5项强制权，即调动、提拔、降级、罢免、开除。为了保证戈的质量，吕不韦针对工厂厂长，需要一部分强制权，例如，对厂长的降级和罢免。

在现代企业里，人事权有5项子权力，即签约、任命、考核、罢免、解约。现代人事权比较少，因为一些曾经的人事权，现在归入了其他类型，例如提名、保举、征召，现在都不是权力，而是公共服务；再如评议，也不再是权力，而是自主行为。

权力清单有时代背景，假如古代的吕不韦穿越时空来到现代，不论他智商多高、情商多强，他都当不好现代公司的总经理，这好比古代的马车夫，不论身体素质、心理素质多么出众，他都不能去开飞机。

权力清单有约定俗成的惯例。假如股份公司，请吕不韦去当总经理，他对生产总监的人事权就只有考核权，生产总监的签约、任命、罢免、解约，这些权力归董事会，这样安排，能保证生产总监在专业上的独立性。对于生产部经理，总经理则拥有充分的人事权，这样可以保证，生产部服从于总经理办公室的指令。

为了保证戈的质量，吕不韦还需要一部分事权，例如，工艺项目的启动权、质量项目的提案权。现代企业里的事权，包括5项决策权，它们是提案、附议、评议组织、投票、否决；通常来说，这些权力属于董事会。事权还包括5项执行权，即计划、启动、分派、调整、终止，这些权力属于执行层。事权还包括5项监督权,即见证、质询、听证、追溯、审计,这些权力属于监事会。如果吕不韦是股份公司的总经理,董事会可以授予他特定项目的否决权,但是,决策权中的其他权力,董事会不会授予总经理,这样的安排是为了从逻辑上分清楚,哪些决策是方向性的,哪些决策是事务性的。

在个人公司里,决策、执行、监督,这三项功能都由总经理承担,总经理拥有无限权力,所以他也要承担无限责任。

为了保证戈的质量,在资金上,吕不韦也需要一些权力,例如,技术改造资金的筹措权。现代企业的资金权,包括9项子权力,分别是筹资权、投资权、收益权、配置权、使用权、占用权、会计权、决算权、剩余索取权。在组织机制方面,吕不韦也需要一些权力才能保证戈的质量,例如,质量标准的修订权、兵工厂组织结构的调整权。机制是组织成员的做事方法;机制权是调整成员做事方法的权力。现代企业中的机制权,针对7个可以调整的因素,即产品标准、操作程序、工作流程、指令顺序、议事规则、组织结构、企业文化。

责权认知,是个人关于责权对应的主观知识,它们是承担组织责任的知识基础。责权认知的相关知识、相关技能,可以去管理学院学习。如果公司没有传授这些知识的能力,就应该在面试中甄选责权认知。此外,另一项保障组织责任的能力,也需要在面试中甄选,那项能力是机制调整。

承担组织责任的岗位,面试要测试的第二项能力是**机制调整**。其定义如下:**效能性的组织机制调整**。

吕不韦在戈上署名,是遵守传统。按秦国的传统,朝廷监制的兵器,都由相国署名。在相国署名的兵器中,"十四年相邦冉戈",年代较早,这柄戈是公元前293年,由相国魏冉监制。"王二年相邦义戈",年代更早,那是公元前323年,由相国张仪监制。年代最早的署名兵器,是商鞅戟。这柄戟的正面,刻有"十三年大良造",背面刻有"鞅之造戟",这是公元前339年,由大良造商鞅监制。大良造是官阶，其地位相当于相国。

从公元前 339 年的商鞅戟到公元前 240 年的吕不韦戈，间隔是 100 年。吕不韦在戈上署名，是遵守百年传统；而商鞅在戟上署名。则是开风气之先。商鞅用种种开风气之先的创新，把秦国引上了崛起之路。

最先理解商鞅的人，是魏国的相国公叔痤。据《史记》记载，公元前361年，公叔痤病重，魏王去探望，并询问谁能继任相国。公叔痤说："商鞅年龄不大，有奇才，治国可以听他的建议。"魏王没有说话。公叔痤让人退下，再告诉魏王："如果不重用商鞅，一定杀了他，不要让他离开魏国。"魏王答应后离开。公叔痤马上召见商鞅，说向魏王推荐了他，看魏王的表情，魏王没有接受推荐。公叔痤让商鞅赶紧离开，因为公叔痤建议魏王，不用商鞅就杀了他。商鞅对公叔痤说："魏王不听您的推荐，也就不会听您的建议。"商鞅没有离开。魏王从公叔痤家出来，便对随从说："公叔痤病重，我很伤心，他让我听商鞅的建议，去治理国家，他是真糊涂啊。"《史记》中的原文如下。

"会痤病，魏惠王亲往问病，曰：'公叔病有如不可讳，将奈社稷何？'公叔曰：'痤之中庶子公孙鞅，年虽少，有奇才，愿王举国而听之。'王嘿然。王且去，痤屏人言曰：'王即不听用鞅，必杀之，无令出境。'王许诺而去。公叔痤召鞅谢曰：'今者王问可以为相者，我言若，王色不许我。我方先君后臣，因谓王即弗用鞅，当杀之。王许我。汝可疾去矣，且见禽。'鞅曰：'彼王不能用君之言任臣，又安能用君之言杀臣乎？'卒不去。惠王既去，而谓左右曰：'公叔病甚，悲乎，欲令寡人以国听公孙鞅也，既又劝寡人杀之，岂不悖哉！'"

公叔痤建议魏王，如果不重用商鞅，那就杀了他，因为公叔痤担心，商鞅被别国重用，魏国就会很危险。公叔痤预见了魏国的命运，秦国重用商鞅后会变得越来越强，在重用商鞅的 130 年后，秦国灭了魏国。商鞅能让国家强大，他的威力在于观念，商鞅认为，管理是手段，如果有利于邦国，制度不必依旧法；如果有利于人民，礼仪不必守旧俗。管理没有固定方法，应该遵从效率，不应该遵从旧制。反传统的人不必非议，守旧制的人不值得赞扬。《史记》中的原文如下。

"是以圣人苟可以强国，不法其故；苟可以利民，不循其礼。治世不一道，便国不法古。反古者不可非、循礼者不足多。"

在当下，商鞅的观点属于组织学。在组织学里，设定目标、实现目标的能力，叫作组织效能。战国期间，七国都以统一天下为目标，唯独秦国实现了目标，说明秦国的效能高于六国。效能来源于机制，能够调整机制的组织，才是高效能组织。商鞅在秦国变法，就是调整机制，秦国因此成为高效能组织。

在现代公司里，机制包括7个因素，即产品标准、操作程序、工作流程、指令顺序、议事规则、组织结构、企业文化。公司任命高层经理，就是授权高层经理去调整机制、改善效能。高层经理为了优化组织效能，对7个机制因素，进行目的性的调整，这种能力叫作机制调整能力。

在公司里，要承担组织责任的工作，工作者要有机制调整能力，因为机制调整，是优化组织效能的目标基础。

强大是抽象概念，追求"强大"的公司，不知道在追求什么。就像海豚，它不能追求"快"，海豚要改变体形、增强肌肉力量、改善心肺功能，才能"快"。公司也一样，强大、高效、基业长青，都是不可追求的目标。高层经理的责任，是把强大、高效、基业长青，变成可追求的机制目标。如果不会调整机制，公司的目标就是镜中花、水中月，虚无缥缈。

战国时期，各国都想强大，而唯独秦国最终得以崛起，因为只有秦国会调整机制。公元前356年的商鞅变法，就是调整机制的事实反映。司马迁说商鞅天性刻薄，他当初游说秦孝公的帝王术，偏执浮夸，不是他的真心话，商鞅最终落得谋反的恶名，有个性上的原因。《史记》的原文如下："商君，其天资刻薄人也。迹其欲干孝公以帝王术，挟持浮说，非其质矣……卒受恶名于秦，有以也夫！"

商鞅的刻薄是真的；秦国因他提升了效能，也是真的。商鞅变法之后，秦国机制持续进化，形成了其他六国不可比拟的效能优势。用现代眼光看商鞅，他个性刻薄，只适合做管理顾问，不适当担任高层经理。

公司招聘高层经理，要测试候选人的机制调整能力，首先是测试流程调整，因为调整流程，不用投入资源，就能改变效能。举例来说，在2008年，摩托罗拉、诺基亚和苹果，它们在手机研发上的差异，来自流程起点的差异。摩托罗拉的研发流程，由财务部启动，工程师要把产品构想翻译成财务指标，之后再交给财务部审批，获批之后开始研发。由于财务部偏向保守，导致摩托罗拉的产品风格也偏向保守。诺基亚的研发流程，由市场部启动。工程师要把产品构想，翻译成市场需求，之后再交给市场部审批。由于市场需求可以无限细分，这使得诺基亚的产品极为丰富。苹果公司的研发流程，由研发部启动，工程师可以突破财务部、市场部的思维惯性，研发出具有颠覆性的产品。假如摩托罗拉把研发起点改到市场部，产品风格会接近诺基亚；如果把起点改到研发部，产品风格会接近苹果。

测试机制调整能力，还要测试指令定序。指令定序，是确定指令的优先顺序。假如员工收到基层主管、中层经理和高层总裁的指令，公司规定，员工要优先服从总裁，这叫作高层优先；规定员工服从主管，则叫作邻层优先。如果工程师收到了行政上级的指令，也收到了技术上级的指令，公司规定，优先服从技术上级的指令，就叫技术优先；规定优先服从行政上级的指令，则叫作行政优先。确定公司的指令顺序，是高层优先还是邻层优先，是技术优先还是行政优先，这就是指令定序。

如果一家传统的制造公司，要进入新型制造业，公司要把指令顺序，确定为邻层优先。因为邻层优先，使得信息在各层级里平均分布，这样能提高公司对知识的容纳能力，这样的公司适合从事高知识产业。指令定序有画龙点睛的作用：一些传统企业，虽然行业变了、资源变了，但是其骨子里还是传统企业，因为指令顺序没有变；另一些企业，不改行业、不改资源，只把指令从高层优先改成邻层优先，就能提高效率；再把指令从行政优先改成技术优先，就能实现技术升级。

测试机制调整，还要测试组织结构调整能力。每种组织结构，都对应着一种效能，例如，直线制对应执行力、职能制对应标准化、项目制对应效率、矩阵式对应专业。如果一家代理加工企业，想转型做研发，它的组织结构要经历四次演化，先从直线制到职能制，再到项目制，最后到矩阵式，这个演化不完成，公司就做不好研发。

机制调整，是改善组织效能的目标基础。需要承担组织责任的岗位，工作者应该具备机制调整能力。机制调整的相关知识和相关技能，可以去管理学院学习，如果公司没有传授这些知识的能力，就应该在面试中甄选机制调整能力。此外，另一项保障组织责任的能力，也需要在面试中甄选，那项能力是责任具象。

承担组织责任的岗位，面试要测试的第三项能力是**责任具象**。其定义如下：**将责任分解为工作行为。**

七年相邦吕不韦戈，上面有四个名字，"相邦吕不韦，寺工诏，丞义，工兢"，这样署名，说明这柄戈是系统化生产的产品。如果戈是由一个工匠制作的，就只需要署一个工匠的名字。由工匠在物品上署名，这种署名形式叫作"物勒工名"。物勒工名，出自《礼记》的"月令"篇，每年农历十月，宫廷要检查祭祀器物，并考核工匠的绩效，考核的基础是物勒工名。

《礼记》记载："是月也，命工师效功，陈祭器，按度程，毋或作为淫巧以荡上心，必功致为上。物勒工名，以证其诚；功有不当，必行其罪，以穷其情。"

物勒工名中的"物"是器物，"勒"的意思是刻，"工名"是工匠的名字。

物勒工名，是指在器物上刻下工匠的名字，以保证工匠诚心制作。如器物制作不当，可以根据工匠的名字追究责任。物勒工名是最早的质量管理手段，它起源于石器时代。石器时代的器物，都由个人制作，每个器物对应着一个工匠，器物和工匠的对应关系给管理带来了便利。假如一个白玉酒杯有瑕疵，主管看一看杯底上的名字，再找工匠来问一问，就能把主观责任和客观原因都调查清楚。

到了青铜时代，物勒工名的意义被弱化了，因为青铜器是系统化生产的产品，每件产品对应的不是一个工匠，而是一个协作系统。

吕不韦戈的制作材料是铜锡合金，材料的生产包括探矿、采矿、选矿、冶炼，这个过程需要上万人协作。戈的前期制作有设计、制模，中期有熔炼、浇铸，后期有精修、装配，这个过程需要上千人协作。倘若一柄戈有问题，不可能用物勒工名来确定责任人，因为潜在的责任人成千上万。如何在协作系统中合理地分配责任，这是来自青铜时代的管理难题。

系统化生产带来了责任难题，却也解决了责任难题。系统化，先要实现标准化和程序化。假如一家餐厅用清单说明，麻婆豆腐应该包含多少克豆腐、多少克牛肉、多少克花椒，麻婆豆腐就有了标准。餐厅把菜品的标准都写出来，这个餐厅就实现了标准化。

标准化之后，达到标准，就需要程序。为了保证达标，餐厅会规范麻婆豆腐的烹饪步骤：第一步，把豆腐切成1.5厘米的方块；第二步，把豆腐方块浸泡在3%的盐水里；第三步，把10克大蒜、10克生姜、10克大葱切成1毫米的碎末；第四步，把25克牛肉切成1毫米的碎末；第五步、第六步……这种以品质为目标的过程清单，就是程序。有了程序，厨师烹饪麻婆豆腐，就有了操作规范。餐厅把菜品的操作规范都写出来，这个餐厅就实现了程序化。

有了标准和程序，生产才能系统化。如果某个豆腐厂专门生产1.5厘米的豆腐块，某个配料厂专门生产麻婆豆腐的配料，某个牛肉厂专门生产麻婆豆腐的牛肉末，三家工厂向餐厅供货，就可以提高生产效率。当客人点了麻婆豆腐，厨师拿出三家工厂的原料，按照程序为客人做麻婆豆腐，这份麻婆豆腐是由多个独立单位，基于行业标准协作生产的，这就是系统化生产。

在系统化生产中，各单位不需要知道对方的存在也能合作。因为实现了系统化，整个社会能进行跨时空合作，这是范围最广、效率最高、品质最稳定的合作。从外部竞争的角度看，标准化、程序化和系统化，这"三化"的意义非凡。

从责任管理的角度看，"三化"也是意义非凡。以吕不韦戈为例，系统化明确了相国的责任，相国负责编制青铜标准、戈的标准。标准化明确了厂长的责任，厂长负责编制铸件标准、模具标准。程序化明确了主任的责任，主任负责编制熔炼程序、浇铸程序。有了程序，工匠只对操作负责。通过"三化"，戈的质量责任按层次分给了相国、厂长、主任、工匠，抽象的系统责任，变成了具体的岗位责任。如果吕不韦能借助"三化"，把系统责任分解到岗位，这个能力叫作责任具象能力。

在公司里，要承担组织责任的工作，工作者要有责任具象能力，它能把组织的责任，变成具体的工作行为。

如果责任不能分解，吕不韦不敢在戈上署名，因为戈的生产，需要上万名工匠协作生产，其中有很多归属不清的责任，就算吕不韦敢承担，他也不知道问题出在哪里。如果责任不能分解，工匠也不敢在戈上署名，因为工匠处在生产系统的底层，上层的厂长、主任，会把那些归属不清的责任推给工匠。这样的责任，就算工匠敢于承担也是白承担，因为没人知道问题出在哪里。责任具象之后工匠才敢署名，因为工匠只对操作负责，如果工匠操作符合程序，戈的质量达不到标准，说明是标准有问题，或者是程序有错误，那不是工匠的责任。

通过责任具象，系统责任被分解成了具体的责任，在这样的系统中，人们才有承担责任的能力，也才有承担责任的勇气。

责任具象，是承担组织责任的操作基础。如果吕不韦是现代公司的董事长，他要把公司的管理责任，分配给董事会、监事会和执行层。责任分配有两个原则，其中之一是期限原则。超过总经理任期的责任，就由董事会负责。例如公司章程、主营业务、企业文化、组织结构，它们的影响会长于总经理的任期，因此，这些领域里的事务都是董事会的责任。如果总经理要改变公司章程、调整主营业务，先要获得董事会的授权；总经理要重塑企业文化、调整组织结构，也需要获得董事会的授权。责任分配的第二原则，是时间原则。公司里的事务，按未来、现在、过去三个时段来区分责任：针对未来的事务，例如战略、投资，都是董事会的责任；针对现在的事务，例如效率、方法，都是执行层的责任；针对过去的事务，如调查、审计，都是监事会的责任。

如果吕不韦是现代公司的总经理，他要把公司的产品责任，分配给各个部门。在分配责任之前，吕不韦先要明确产品标准。以餐厅为例，假定吕不韦是餐厅的总经理，他先要明确麻婆豆腐的标准，如果有了成分标准，吕不韦可以为麻婆豆腐制定感受标准，明确麻婆豆腐的口感、味道、色泽；标准完善之后，吕不韦要把标准中的各项责任，分配给各个部门，例如，麻婆豆腐的成分，由采购部负责；麻婆豆腐的感受，由厨房部负责。责任分配之后，吕不韦要推动各个部门编写程序，例如，采购部的验收程序、厨房部的烹饪程序。通过程序，部门责任被细分成了个人的行为责任。

有些公司，管理像一团乱麻，从能力上来解释，是高层经理缺少责任具象能力，导致责任不能有效分解。不能分解责任的公司，靠主人翁精神，能弥补一部分基层的责任模糊，但是，解决不了高中层的责任模糊问题。

责任具象，是承担组织责任的操作基础，需要承担组织责任的岗位，工作者应该具备责任具象能力。责任具象的相关知识、相关技能，可以去管理学院学习。如果公司不具备传授这些知识的能力，就应该在面试中甄选责任具象。

需要承担组织责任的岗位，面试要测试**责权认知、机制调整、责任具象**，它们分别是承担组织责任的知识基础、目标基础和操作基础。

测试**责权认知**，是先做一个"类型差异测试"。如果候选人理解责任和权力的对应关系，他就会知道，股份有限公司、有限责任公司，这两种公司的总经理，在人事权上有哪些具体的差异。这两种公司的人事权、事权、资金权和机制权，差异都很大，其中人事权的差异最容易理解，比较适合测试。这一步测试是笔试，题目是：请简述股份有限公司、有限责任公司，这两种公司的总经理，对于公司生产总监的人事权，会有哪些差异？如果候选人不知道这两种公司的人事权差异，表明他没有形成责权对应的观念，候选人就没有通过测试。

责权认知的第二步测试，是面试。面试是问两个问题。第一个问题：如果由你主持产品研发，半年内要研发出一款有竞争力的产品，你需要哪些权力？回答这个问题，如果候选人能大致说出，研发责任所对应的人事权，例如研发经理的任命、考核、罢免，还能说出相应的事权，例如研发项目的提案、否决、启动、终止，候选人就通过了测试。

通过了第一个问题的测试，再问第二个问题：上一次，你因为权力不够，而向公司申请授权，是为什么事而申请授权。这个问题有三个测试点，第一个测试点是责任表述，候选人要说出他承担了什么责任；第二个测试点是对应权力，候选人要说出与责任对应的权力；第三个测试点是缺失权力，候选人要说出，为了承担责任，他缺少什么权力，所以他向公司申请授权。三个测试点都清晰明确，候选人就通过了测试。

测试**机制调整**，是先做一个"机制知识测试"，以测试候选人对组织机制的了解，这一步测试，是问四个问题。第一个问题：你们公司的组织结构，导致了哪些积极现象和哪些消极现象？如果候选人，能把一种组织结构的积极面和消极面都说清楚，就问第二个问题：如果把你们公司全面重组，重组成一家新公司，这家新公司应该采用什么结构？回答这个问题，如果候选人能说出组织结构对应的效能，就再问第三个问题：请介绍一下你们公司的业务流程，它的起点在哪里？中间有多少个环节？终点在哪里？候选人回答这个问题，如果能说出流程步骤，就再问第四个问题：如果重新设计这个流程，你会怎么设计？如果候选人能说出，新流程对应的组织效能，候选人就通过第四个问题的测试。

通过了机制知识测试，接下来做"机制经验测试"。机制经验测试是问问题。问：你上一次调整组织结构，哪些人质疑你的调整？你是怎么说服这些人的？回答这个问题时，如果候选人说出的质疑者是有名有姓的人，而且，质疑者提出质疑，有具体的场景、具体的问题，说明候选人是在回忆过去的经历。这样的候选人就通过了测试。如果候选人说的质疑者不是具体的人，而是"有些人""个别人"这种泛指的称呼，所提出的质疑，不是针对具体的问题，而是"不合理""不实用"这种宽泛的描述，候选人就没有通过测试。

测试**责任具象**，是做一个"责任来源测试"。在公司里，直线部门的责任来源于产品，如果候选人能围绕产品，把产品责任分配给各个直线部门，说明候选人了解部门责任的来源。公司里的个人，其责任来源于程序，如果候选人能围绕工作过程，把过程责任分配给部门里的每个人，说明候选人了解个人责任的来源。根据这个特征测试责任具象，是两个问题。第一个问题：你们公司的产品，哪个方面的质量最不稳定？如果要提高质量的稳定性，需要哪些部门合作？回答这个问题时，如果候选人能把质量不稳定的现象对应到直线部门的工作中。例如，研发部的工艺安排，导致质量不稳定；生产部的设备老化，导致质量不稳定；质检部的人员流失导致质量不稳定，等等。像这样回答，候选人就通过了测试。如果候选人不能把质量不稳定的现象，对应到部门的工作中，只是宽泛地找原因，例如，协调不充分、跨部门沟通不畅导致了质量不稳定，这样回答的候选人就没有通过测试。

通过了第一个问题的测试，就再问第二个问题：如果要提高质量，而你只能选择改变一个部门，你会选哪个部门？你会让那个部门的人做些什么？候选人回答这个问题，如果能说出部门工作和产品质量的关系，候选人就通过了测试。例如像这样回答，我会去改变研发部，让研发工程师写一份针对多种工艺选择的论证报告，这会提高质量的稳定性。如果候选人回答问题，不能说出具体的办法，只能说出大致的方向。例如像这样回答，加强研发工程师的责任感和上进心。这样回答的候选人，就没有通过测试。

责权认知、机制调整、责任具象，这三项能力可以帮助公司合理分配组织责任，需要承担组织责任的岗位，招聘的时候，要做一轮专门的面试，以确认候选人具备这些能力。

附录

定义汇总

第1章 计划

1.1 部分计划
困惑失察：对认知盲点的习惯性忽视。
断言推理：基于陈述性结论的推理。
线性假设：主观假设的线性延伸。

1.2 个人计划
长段思考：单一思绪的长时段思考。
层面意识：行为社会性的分层觉察。
进程优选：进程方案的开发与优选。

1.3 团队计划
原理解析：原理性因素的关系分析。
性状提取：客体属性和状态的概括。
升维规划：新增认知维度的进程规划。

1.4 组织计划
多元视角：事物性状的多角度分析。
原则立场：从原则出发的行为审视。
概率估算：事件可能性的客观分析。

第2章 执行

2.1 部分执行
失败预判：对自我事件的失败预判。
指令消解：对指令的习惯性消极应付。
内驱失效：内在驱动力的不自觉失效。

2.2 个人执行
动作自觉：动作的意识觉察与描述。

兴趣强化：基于分解步骤的积极强化。

感受追踪：感受过程的意识追踪。

2.3 团队执行

任务描述：任务因素的说明性描述。

前馈控制：基于可能性的事先控制。

联动设置：团队联动的情景化设置。

2.4 组织执行

聚焦迭代：目标指向的代际持续强化。

系统构建：功能系统的设计与建设。

工作简化：简化作业以提高组织效率。

第3章 合作

3.1 部分合作

攀比接纳：基于人际比较的自我接纳。

低阈应激：对弱刺激的强反应倾向。

对象投射：不良情绪的对象来源假设。

3.2 个人合作

先验欣赏：超经验的普适性积极预期。

人格共情：基于人性的无差别共情。

态度探询：以态度表达的善意探询。

3.3 团队合作

内在乐观：对积极结果的广泛预期。

脆弱明示：自我脆弱感的真实流露。

行为评价：基于情景行为的人际评价。

3.4 组织合作

  人性塑造：组织行为的人性化塑造。

  范式转化：人本理念的情景行为转化。

  文化维护：职能性的文化理念维护。

第4章 责任

4.1 部分责任

  管束依赖：基于外在管制的自我约束。

  批评内化：外部消极评价的人格化。

  因令执行：依照操作指令的任务执行。

4.2 个人责任

  冲动延迟：身心冲动的刻意延迟。

  推导追溯：对论证推理过程的追溯。

  局限自知：自我认知局限的清晰认识。

4.3 团队责任

  内控预设：基于内在可控条件的规划。

  挫败脱敏：创伤性挫败的主动脱敏。

  常态应对：常态化方案的问题应对。

4.4 组织责任

  责权认知：关于责权对应的个人知识。

  机制调整：效能性的组织机制调整。

  责任具象：将责任分解为工作行为。